KB210844

믿음은 세상보다 달콤하다

믿음은 세상보다 달콤하다

· 초판 1쇄 발행 2023년 10월 22일

· 지은이 박민희
· 펴낸이 민상기
· 편집장 이숙희
· 편집부 민경훈
· 펴낸곳 도서출판 드림북
· 등록번호 제 65 호 · 등록일자 2002. 11. 25.
· 경기도 양주시 광적면 부흥로847 양주테크노시티 220호
· Tel (031) 829-7722, Fax (02) 2272-7809

하나님을 섬기는 삶을 위한 성찰

믿음은 세상보다 달콤하다

박민희 지음

faith

드림북

목차

3부. 바라는 삶

|서언|

인간은 생각하는 존재이다. 그리고 묻고 대답하는 존재이다. 이런 점에서 볼 때, 인간의 삶은 생각하면서 묻고 대답해 가는 평생의 과정이라고 말할 수 있다.

그런데 인간의 삶에서 물어야 하는 물음 가운데 가장 중요한 물음은 '하나님은 존재하는가?'이다. 왜냐하면 하나님의 존재 유무에 대한 답에 따라 그 이후의 인생길이 달라지기 때문이다. 하나님이 없다는 결론에 이르게 되면, 인간의 삶은 자기의 뜻대로 살다가 어느 날 역사의 뒤안길로 사라져가는 것이 된다. 반면에 하나님이 있다는 결론에 이르게 되면, 인간의 삶은 하나님과 동행하면서 하나님의 뜻에 따라 영위하다가 영원한 나라로 이어지는 것이 된다.

이처럼 그 물음에 대한 인간의 대답에 따라 이 세상에서의 인간의 삶의 방식과 내용 그리고 영원한 운명이 결정된다. 따라서 인간에게 가장 중요한 물음은 하나님의 유무에 대한 물음이고, 가장 근본적인 대답은 그 물음에 대한 대답이라고 말할 수 있다.

이 책은 인생길에서 하나님을 믿고 섬기는 삶의 문제를 다룬다. 전체가 3부로 구성된 이 책에 담긴 30편의 글은 그 문제와 관계가 있다. 그래서 이 책을 읽는 독자는 각 페이지에서 이 문제를 접하게 된다. 하나님을 인정하고 제시하는 성서적 관점에서 볼 때, 인간의 삶에서 가장 중요하고 의미 있고 귀한 것은 하나님을 믿고 섬기는 삶이다. 믿음은 인간의 존재 방식이고 삶의 방식이다.

사도 바울은 '예수 그리스도를 아는 지식이 가장 고상하여 다른 모든 것을 그를 위해서 잃어버리고 배설물로 여긴다'(빌 3:8)고 고백한다. 이 말을 다른 말로 표현하면, 예수 그리스도 안에서 하나님을 믿는 것이 세상의 어떤 것보다 좋고 달콤하다는 것이다. 예수 그리스도를 참되게 경험하는 사람은 누구나 바울의 고백이 자신의 고백이 됨을 알게 된다.

이 책이 이 세상에서 믿음의 사람으로 확신 있게 살기를 바라는 독자들에게 조금이나마 도움과 힘이 되기를 바란다.

필자가 문서를 통해 하나님을 섬기는 '글목회' 사역은 하나님의 역사 안에서 쓰임 받는 여러 돕는 손길로 인해 가능했다. 그중에서도 특별히 나의 문서사역에 도움을 주면서 하나님의 나라와 그분의 교회를 위해 함께 수고하는 목회자들과 교회들에게 감사한다. 김명채 목사님과 명덕교회 성도님들, 박명룡 목사님과 청주서문교회 성도님들, 박성호 목사님과 상도교회 성도님들, 박해정 목사님과 인천성암교회 성도님들, 배재영 목사님과 복의근원교회 성도님들, 우종성 목사님과 평강교회 성도님들 그리고 이후용 목사님과 신광명교회 성도님들에게 진심으로 감사한다.

끝으로 부족한 글인데도 늘 흔쾌히 출판을 맡아주시는 도서출판 드림북의 민상기 사장님에게도 감사의 마음을 전한다. 우리 두 사람에게 '문서사역'이라는 소원을 두고 행하게 하시는 하나님의 기쁘고 선하신 뜻과 계획이 계속해서 아름답게 열매를 맺어가기를 간절히 바란다.

2023년 9월 10일
박 민 희

1부 드리는 삶

"그러므로 형제들아 내가 하나님의
모든 자비하심으로 너희를 권하노니
너희 몸을 하나님이 기뻐하시는
거룩한 산 제물로 드리라
이는 너희가 드릴 영적 예배니라."

(롬 12:1)

1장
하나님의 기억에 남는 삶을 살라

인간은 망각의 존재이면서 동시에 기억의 존재이다. 망각은 인간이 정신적으로 건강한 삶을 사는 데 꼭 필요한 것이다. 만일 우리가 살아가면서 경험하는 모든 것을 잊어버리지 않고 모조리 기억하게 된다면, 우리는 머지않아 정신적으로 문제가 생길 것이다. 이런 망각은 하나님이 인간에게 주신 복 중 하나라고 말할 수 있다.

그렇다고 해서 망각이 다 좋은 것은 아니다. 기억할 것을 기억하지 못할 때, 우리는 인간다운 삶을 제대로 영위하기 어렵다. 경우에 따라서 그것은 우리의 삶을 불행하게 하는 요인이 될 수도 있다. 만일 어떤 사람이 사고나 다른 어떤 이유로 인해 기억력을 상실하고 모든 것을 잊어버리게 된다면, 그 사람은 불행한 삶을 살 수밖에 없을 것이다. 그러므로 우리가 인간답고 좋은 삶을 살고자 한다면, 어떤 것은 잊어버려야 하지만 어떤 것은 기억하며 살아야 한다.

이처럼 기억은 우리의 삶을 인간적으로 만드는 데 없어서는 안 되는 요소이다. 특히, 하나님은 우리가 기억할 것을 기억하며 살도록 인간에게 기억의 능력과 힘을 주셨다. 우리의 기억은 하나님의 선물인 것이다. 그래서 우리는 살면서 꼭 필요한 것을 기억하며 살 수 있게 된다.

기억하시는 하나님

인간처럼 하나님도 기억의 존재이다. 그러나 하나님은 망각의 존재는 아니다. 하나님은 인간처럼 시간이 지나면 저절로 잊어버리는 유한한 존재가 아니다. 영원하신 하나님의 기억력은 무한하고 지속적이다. 게다가 아무도 하나님의 기억 속에 있는 것을 임의로 지우거나 망각하게 할 수 없다.

성서의 하나님은 기억하시는 하나님이다. 특히, 하나님은 자신의 백성을 기억하신다. 이스라엘 백성이 애굽에서 고통을 당할 때 하나님을 향해 부르짖자, 하나님은 그들의 조상 아브라함과 이삭과 야곱에게 세운 언약을 기억하시고 그들을 애굽에서 해방시켜 주셨다. 하나님은 이렇게 말씀하셨다. "이제 애굽 사람이 종으로 삼은 이스라엘 자손의 신음 소리를 내가 듣고 나의 언약을 기억하노라"(출 6:5).

히스기야 왕은 병들어 죽게 되었을 때 하나님의 기억에 근거하여 자신의 생명을 연장해 달라고 요청했다. 그는 자신이 과거에 하나님 앞에서 바르게 행했던 것을 기억해 달라고 간청했다. "히스기야가 낯을 벽으로 향하고 여호와께 기도하여 이르되 여호와여 구하오니 내가 진실과 전심으로 주 앞에 행하며 주께서 보시기에 선하게 행한 것을 기억하옵소서 하고 심히 히스기야가 심히 통곡하더라"(왕하 20:2-3). 그 때에 하나님은 그의 삶을 기억하시고 그의 기도에 응답하셨다. 하나님은 그에게 15년을 더 살게 해주셨다.

'하나님은 기억의 하나님'이라는 말은 우리에게 우리의 삶을 다시 생각하게 한다. 우리의 삶 전부가 하나님의 기억 속에 고스란히 남게 되기 때문이다. 하나님은 자신 앞에서 우리가 살아가는 모습 그대로 자신의 기억 속에 우리를 기억하신다. 우리의 삶의 내용 전체가 하나님의 기억 속에 그대로 남는다. 그런 이유로 우리는 장차 하나님의 기억에 어떤 모습으로 남게 될까 라는 문제는 정말로 중요하다.

우리가 살아가는 삶에 따라 우리의 삶이 하나님께 기억하고 싶지 않은 모습으로 기억될 수도 있고 기억하는 것이 하나님께 기쁨이 되는 모습으로 기억될 수도 있다. 그리고 하나님은 그 기억에 근거하여 우리를 심판하실 것이다. 상을 줄 사람에게는 상을 주시고 벌을 줄 사람에게는 벌을 주실 것이다. 다윗은 이렇게 읊었다. "여호와께서 만민에게 심판을 행하시오니 여호와여 나의 의와 나의 성실함을 따라 나를 심판하소서 악인의 악을 끊고 의인을 세우소서 의로우신 하나님이 사람의 마음과 양심을 감찰하시나이다"(시 7:8-9). 같은 맥락에서 사도 바울은 이렇게 말했다. "하나님께서 각 사람에게 그 행한 대로 보응하시되 참고 선을 행하여 영광과 존귀와 썩지 아니함을 구하는 자에게는 영생으로 하시고 오직 당을 지어 진리를 따르지 아니하고 불의를 따르는 자에게는 진노와 분노로 하시리라"(롬 2:6-8).

그러나 '하나님은 우리의 모든 것을 기억하신다'는 말이 우리에게 절망과 불안을 가져다주는 요인은 아니다. 왜냐하면 기억의 하나님은 어떤 일에 대해서는 스스로 기억하지 않으시는 하나님이기 때문이다.

특히, 그것은 우리의 죄와 관련하여 그렇다. 하나님은 우리의 죄를 기억하시고 그것에 따라 심판하실 것이지만, 우리가 우리의 죄를 자백하고 회개하면 은혜와 긍휼의 하나님은 우리의 모든 죄를 사하시고 기억하지 않으신다. 다윗은 하나님께 "여호와여 내 젊은 시절의 죄와 허물을 기억하지 마시고 주의 인자하심을 따라 주께서 나를 기억하시되 주의 선하심으로 하옵소서"(시 25:7)라고 기도했다. 사도 요한은 이렇게 말했다. "만일 우리가 우리 죄를 자백하면 그는 미쁘시고 의로우사 우리 죄를 사하시며 우리를 모든 불의에서 깨끗하게 하실 것이요 만일 우리가 범죄하지 아니하였다 하면 하나님을 거짓말하는 이로 만드는 것이니 또한 그의 말씀이 우리 속에 있지 아니하니라"(요일 1:9-10). 하나님은 분명 우리가 우리의 죄를 자백하고 회개하면 우리의 죄를 용서하고 기억하지 않으신다. 이 하나님은 용서의 하나님이다.

그런 사실은 하나님이 이스라엘 백성에게 하신 말씀에서 분명하게 드러난다. 하나님은 에스겔 선지자를 통하여 이렇게 말씀하셨다.

주 여호와의 말씀이니라 이스라엘 족속아 내가 너희 각 사람이 행한 대로 심판할지라 너희는 돌이켜 회개하고 모든 죄에서 떠날지어다 그리한즉 그것이 너희에게 죄악의 걸림돌이 되지 아니하리라 너희는 너희가 범한 모든 죄악을 버리고 마음과 영을 새롭게 할지어다 이스라엘 족속아 너희가 어찌하여 죽고자 하느냐 주 여호와의 말씀이니라 죽을 자가 죽는 것도 내가 기뻐하지 아니하노니 너희는 스스로 돌이키고 살지니라. (겔 18:30-32)

그러므로 우리는 이 말씀을 신뢰하면서 우리에게 있는 죄와 허물과 잘못을 하나님 앞에 내어놓고 회개함으로써 용서를 받고 우리의 마음과 영을 새롭게 할 필요가 있다. 그렇게 할 때, 우리는 하나님의 긍휼과 은혜를 온전히 받아 누릴 수 있게 된다. 하나님의 풍성한 생명을 얻고 그 안에 거할 수 있게 된다.

내가 너희를 도무지 알지 못하노라

우리가 하나님께 좋은 하나님의 사람으로 기억되는 것은 복되다. 그러나 하나님께 나쁜 사람으로 기억되는 것은 불행하다. 예수님은 산상수훈에서 마지막 심판 때에 관해 말씀하시면서 이 점에 대해 경고하셨다. 예수님은 참 선지자와 거짓 선지자를 구분 짓는 기준은 "열매"라고 하시면서 이렇게 말씀하셨다. "이와 같이 좋은 나무마다 아름다운 열매를 맺고 못된 나무가 나쁜 열매를 맺나니 좋은 나무가 나쁜 열매를 맺을 수 없고 못된 나무가 아름다운 열매를 맺을 수 없느니라 아름다운 열매를 맺지 아니하는 나무마다 찍혀 불에 던져지느니라 이러므로 그들의 열매로 그들을 알리라"(마 7:17-20). 그리고는 거짓 선지자들을 향해서는 이렇게 경고하셨다. "나더러 주여 주여 하는 자마다 다 천국에 들어갈 것이 아니요 다만 하늘에 계신 내 아버지의 뜻대로 행하는 자라야 들어가리라"(21절).

예수님의 말씀에 따르면, 이런 상황이 되면 "그날에 많은 사람"이 예수님께 이렇게 대답할 것이다. "주여 주여 우리가 주의 이름으로 선지자 노릇하며 주의 이름으로 귀신을 쫓아내며 주의 이름으로 많은 권능을 행하지 아니하였나이까"(22절). 그러면 그 때에 예수님은 이렇게 말씀하실 것이라고 하셨다. "그 때에 내가 그들에게 밝히 말하되 내가 너희를 도무지 알지 못하니 불법을 행하는 자들아 내게서 떠나가라 하리라"(23절).

그런 심판의 소리를 듣게 될 사람들은 모두 예수님을 참되게 따르지 않은 사람들, 다시 말해서 그런 사람들은 불신자들은 물론이거니와 제자로서의 기독교적 삶을 살지 않은 이름뿐인 사람들-그저 종교적 삶을 사는 사람들 또는 교인들-이거나 불의한 사람들이다. 예수님의 말씀에 따르면, 비록 그들이 명목상으로는 그리스도인들일지 모르지만 실제로는 그리스도와 아무런 관계가 없는 사람들이다. 이에 대해 로버트 멀홀랜드(M. Robert Mulholland, Jr.)는 이렇게 말한다.

> 예수님이 서술하고 있는 사람들은 큰일들, 큰 '종교적인'(religious) 일들을 수행하고 있었다. 기능적인 면에서 볼 때, 그들은 그 모든 것을 함께 지니고 있었다. 그러나 그들이 하고 있었던 것은 하나님과의 관계에서 나오지 않았다. 그들은 하나님에게서 나오는 모든 말씀이 아닌, 오직 빵으로만 살려고 하고 있었다.

그들은 영적으로 하나님과 아무런 관계가 없는 사람들, 인격적으로 예수님과 아무런 관계가 없는 사람들이다. 그래서 예수님을 따르는 제자로서의 삶과 관련하여 그들은 예수님의 기억 속에 없는 사람들이다. 그런 이유로 당연히 예수님에게서 "내가 너희를 도무지 알지 못하니 불법을 행하는 자들아 내게서 떠나가라"는 소리를 듣게 된다.

신앙인으로서 우리는 이런 말씀을 읽고 들을 때마다 특별히 주의를 기울일 필요가 있다. 왜냐하면 이러한 말씀은 일차적으로 불신자들에게 한 것이 아니라 소위 신앙인이라고 하는 사람들, 신앙 공동체 안에 있었던 사람들, 하나님과 그리스도의 이름으로 사역을 했던 사람들에게 하신 경고이기 때문이다.

하나님의 기억에 남는 삶을 살려면

그러면 우리는 어떻게 하면 하나님의 기억에 신실하고 아름다운 하나님의 사람으로 남을 수 있을까? 어떻게 하면 하나님의 기억에 남을 수 있는 좋은 삶을 살 수 있을까? 여러 가지가 있을 수 있겠지만 다음의 네 가지는 필수적이라고 여겨진다.

첫째, 우리가 하나님의 기억 속에 남는 삶을 살려면 무엇보다도 먼저 우리는 하나님을 기억하고 그분을 경외하는 삶을 살아야 한다. 하나님에 대한 기억은 하나님을 섬기는 삶의 토대이다. 그리고 하나님을 섬기는 우리의 삶은 하나님의 기억에 새겨진다. 그뿐 아니라 생명의 길로 그분의 인도를 받을 수 있게 된다. 반면에 우리가 하나님을 기억하지 않으면, 우리는 방종하게 되고 결국에는 멸망하게 된다.

이스라엘 백성은 광야에 있을 때 하나님을 기억하지 않았다. 모세는 광야에서 이스라엘 백성에게 이렇게 설교했다. "네 하나님 여호와를 기억하라…네가 만일 네 하나님 여호와를 잊어버리고 다른 신들을 따라 그들을 섬기며 그들에게 절하면 내가 너희에게 증거하노니 너희가 반드시 멸망할 것이라"(신 8:18-19). 그런데도 그들은 그렇게 살지 않았다. 시인은 그것을 다음과 같이 비판한다.

> 그들은 육체이며 가고 다시 돌아오지 못하는 바람임을 기억하셨음이라 그들이 광야에서 그에게 반항하며 사막에서 그를 슬프시게 함이 몇 번인가 그들이 돌이켜 하나님을 거듭거듭 시험하며 이스라엘의 거룩하신 이를 노엽게 하였도다 그들이 그의 권능의 손을 기억하지 아니하며 대적에게서 그들을 구원하신 날도 기억하지 아니하였

도다. (시 78:39-42)

잠언 8장 17절에서 잠언 기자는 이렇게 쓴다. "나를 사랑하는 자들
이 나의 사랑을 입으며 나를 간절히 찾는 자가 나를 만날 것이니라."
우리가 하나님을 기억하면, 하나님도 관계적으로 우리를 기억하신다.
물론 하나님에 대한 우리의 기억이 우리에 대한 하나님의 기억의 조
건은 아니다. 그럼에도 우리가 하나님을 기억하는 것과 하나님이 우
리를 기억하시는 것은 인격적으로 밀접하게 관련되어 있다. 그래서
우리가 하나님을 사랑하면, 우리 또한 우리를 먼저 사랑하시는 하나
님의 사랑을 입게 된다. 우리에게 하나님을 기억하는 삶이 없고 우리
에게 하나님을 사랑하는 삶이 없으면, 우리는 하나님과 아무런 상관
이 없는 사람들이다. 그러므로 그런 우리라면 우리가 그분에게 기억
되지 못하는 것은 당연하다.

둘째, 하나님이 행하신 일을 기억해야 한다. 우리는 하나님이 지으
신 그분의 피조물이다. 하나님은 우리의 존재와 생명의 근원이다. 우
리는 이 사실을 받아들이고 또 기억해야 한다. 그뿐 아니라 우리는 하
나님이 우리를 구속하신 것을 기억해야 한다. 하나님은 구원의 주이
다. 하나님은 이스라엘 백성에게 이렇게 말씀하셨다. "너는 애굽 땅에
서 종 되었던 것과 네 하나님 여호와께서 너를 속량하셨음을 기억하
라 그것으로 말미암아 내가 오늘 이같이 네게 명령하노라"(신 15:15). 이
스라엘 백성이 애굽에서 종이 되었던 것을 기억한다는 것은 자신들이
과거의 노예 생활에서 벗어나서 자유롭게 된 것과 당시의 삶이 스스
로 이룩한 것이 아니라 창조와 구원의 주 하나님의 구속 행위를 힘입

은 것임을 기억하는 것이었다. 그 기억은 곧바로 하나님을 섬기고 예배하는 것과 연관되었다. 이런 인간의 하나님 섬김은 두 가지에 근거한다. 하나님의 '창조'와 하나님의 '구속'이 그것이다. 마찬가지로 우리는 하나님이 우리를 지으시고 구속하신 분이기 때문에 하나님을 섬기고 예배한다.

특히, 하나님은 독자 예수 그리스도를 이 땅에 보내시고 십자가에 달려 죽게 하심으로써 죄와 사망 가운데 있는 인류에게 구원과 영생의 길을 제공해주셨다. "십자가의 도가 멸망하는 자들에게는 미련한 것이요 구원을 받는 우리에게는 하나님의 능력이라"(고전 1:18). 따라서 우리가 그 사실을 받아들이고 예수 그리스도 안에서 하나님을 섬기면, 우리는 구원을 받은 하나님의 자녀로서 그분의 기억에 영원히 남는 사람들이 된다.

셋째, 하나님을 예배하는 날을 기억하고 지켜야 한다. 하나님은 이스라엘 백성에게 "안식일을 기억하여 거룩하게 지키라"(출 20:8)고 명하셨다. 피조물이 창조주를 예배하는 것은 당연하다. 창조주 하나님을 향한 인간의 예배는 피조물로서의 인간 됨의 본질적인 표현이다. 특히, 그리스도인들에게 있어서 예배는 모든 신앙생활의 토대이며 출발점이다. 예배를 등한시하면서 영적으로 깊이 있는 삶을 사는 것은 불가능하다. 신앙의 역사에서 그런 사람은 아무도 없었다.

유대인들과는 달리 그리스도인들에게 예배하는 날은 주일이다. 그 날은 죄와 사망 가운데 있는 인류를 구원하기 위해 십자가에 달려 죽으신 하나님의 아들 예수 그리스도가 부활하신 날이다. 그래서 그리스도인으로서 우리는 주일마다 예수님의 부활을 축하하고 그 희망 안에서 그분의 다시 오심을 고대하면서 하나님을 예배한다. 우리가 예수 그리스도 안에서 우리를 구원하신 하나님을 섬기고 예배하면서 살면, 우리는 하나님의 기억 속에 영원히 있게 된다.

넷째, 하나님이 주신 계명을 기억하고 지키며 살아야 한다. 기독교 신앙은 하나님의 말씀(계명)을 삶으로 사는 실천이다. 기독교 신앙은 명사가 아니라 동사이다. 말이 아니라 삶이다. 그래서 삶(행함)이 없는 신앙은 온전하지 않다. 하나님을 섬기는 삶에서 신앙의 고백과 신앙의 삶은 절대로 나뉘지 않는다(출 20:6; 레 22:31; 마 19:17; 약 2:26).

우리가 예수 그리스도 안에서 믿음을 따라 하나님과 동행하는 삶을 살면, 우리는 하나님의 기억 속에 영원히 남게 된다. 아름다운 모습으로 간직된다. 우리의 믿음은 영적으로 우리에 대한 하나님의 기억의 조건이다. 매일 매일 그리고 일평생 믿음 안에서 하나님이 기뻐하시는 삶을 살아감으로써 우리는 모두 하나님의 기억 속에 영원히 새겨지는 아름답고 복된 사람들이 될 수 있다.

2장
사람은 두 가지로 산다

사람은 먹고사는 존재이다. 사람에게 먹는 것은 생존과 관계가 있다. 아무리 힘이 장사라도 먹지 않고는 힘을 낼 수가 없다. 그뿐 아니라 배고픈 상태에서는 어떤 즐거움도 누리기 어렵다. 이런 점에서 우리말 속담 '아무리 좋고 즐거운 일도 배가 불러야 흥이 난다'는 의미의 "금강산도 식후경"이라는 말은 일리가 있다. 사람은 자고로 배가 불러야 다른 만족을 찾고자 하는 마음이 생긴다.

그뿐 아니라 먹는 것은 사람에게 기쁨을 준다. 그래서 전도서 기자는 "사람이 먹고 마시며 수고하는 것보다 그의 마음을 더 기쁘게 하는 것은 없나니"(2:24)라고 말한다. 인간은 먹고 마시면서 기쁨을 누린다.

'사람은 먹고사는 존재'라는 말은, 사람은 물질적인 존재라는 것을 뜻한다. 인간은 물질적인 존재이기에 물질을 필요로 한다.

그러나 본질적인 의미에서 인간은 물질만으로는 살 수가 없다. 인간은 영으로도 살아야 한다. 이 말은, 인간은 하나님과의 영적 관계 안에서 살아야 한다는 것을 의미한다. 왜냐하면 인간은 물질적인 존재이면서 동시에 영적인 존재이기 때문이다. 그래서 예수님은 40일간의 금식 후에 자신을 유혹하러 온 사탄에게 구약의 말씀을 인용하여 이렇게 말씀하셨다 "사람이 떡으로만 살 것이 아니요 하나님의 입으로부터 나오는 모든 말씀으로 살 것이라"(마 4:4). 사람은 육신의 음식을 먹고 살아야 하지만 동시에 영의 음식도 먹고 살아야 한다는 말씀이다. 사람에게는 삶을 위해 떡과 함께 하나님의 말씀이 필요하다.

사람과 떡

하나님은 흙으로 사람을 지으시고 그의 코에 생기를 불어넣음으로써 생령이 되게 하신 후에 이렇게 말씀하셨다. "내가 온 지면의 씨 맺는 모든 채소와 씨 가진 열매 맺는 모든 나무를 너희에게 주노니 너희의 먹을 거리가 되리라"(창 1:29). "동산 각종 나무의 열매는 네가 임의로 먹되 선악을 알게 하는 나무의 열매는 먹지 말라 네가 먹는 날에는 반드시 죽으리라"(창 2:16-17).

여기에서 알 수 있는 것 두 가지가 있다. 하나는, 인간은 먹고사는 존재라는 것이다. 하나님은 인간을 창조하실 때 먹고살도록 창조하셨다. 걱정 없이 먹고 살 수 있는 환경을 주셨음은 두말할 필요가 없다. 특히, 하나님이 인간을 먹고사는 존재로 창조하셨다는 것은, 인간에게 먹는 것은 일종의 영적 실천이라는 것을 뜻한다. 고든 스미스(Gordon T. Smith)는 성례전과 관련하여 다음과 같이 이 점을 설명한다.

> 우리는 먹지 않고는 살 수가 없다. 더욱 주목할 만한 사실은, 먹는 것은 영적 실천(spiritual practice)이라는 것이다. 먹는 것과 마시는 것은 단순히 우리 육신의 배고픔에 대한 반응이 아니라는 것을 성서의 증언과 교회의 영적 유산이 우리에게 상기시켜 준다. 먹고 마시는 행위가 우리의 육신의 필요를 충족시키는 한편, 그 속에서 또한 우리 영혼들

의 가장 깊은 갈망을 충족시키는 그밖에 다른 무언가가 생긴다.

다른 하나는, 인간은 자기 마음대로 아무거나 먹으면 안 된다는 것이다. 이것은 오늘날에도 동일하게 적용된다. 인간은 임의대로 아무거나 먹으면 몸에 문제가 생기게 된다. 많은 경우에 우리의 질병은 우리가 먹는 것과 관계가 있다. 죄가 세상에 들어온 것도 먹는 것을 통해서였다.

인간은 하나님 앞에서 타락하기 전에는 노동의 수고를 하지 않고도 먹고 살 수 있었다. 그러나 하나님께 불순종하여 죄를 짓게 됨으로써 인간은 노동을 해야만 먹고 살 수 있게 되었다. 하나님은 아담과 하와가 불순종했을 때 아담에게 이렇게 말씀하셨다.

> 네가 네 아내의 말을 듣고 내가 네게 먹지 말라 한 나무의 열매를 먹었은즉 땅은 너로 말미암아 저주를 받고 너는 네 평생에 수고하여야 그 소산을 먹으리라 땅이 네게 가시덤불과 엉겅퀴를 낼 것이라 네가 먹을 것은 밭의 채소인즉 네가 흙으로 돌아갈 때까지 얼굴에 땀을 흘려야 먹을 것을 먹으리니 네가 그것에서 취함을 입었음이라 너는 흙이니 흙으로 돌아갈 것이니라. (창 3:17-19)

일은 본래부터 인간의 삶에서 필수적인 요소였다. 하나님이 인간을 지으신 중요한 이유 중 하나는 인간이 일하도록 하기 위해서였다. 즉 하나님과의 협력 관계 안에서 청지기로서 하나님의 창조세계를 돌보고 다스리도록 하기 위함이었다. 이런 의미에서 인간은 하나님의 동반자이고 협력자다.

> 하나님이 이르시되 우리의 형상을 따라 우리의 모양대로 우리가 사람
> 을 만들고 그들로 바다의 물고기와 하늘의 새와 가축과 온 땅과 땅에
> 기는 모든 것을 다스리게 하자 하시고 하나님이 자기 형상 곧 하나님
> 의 형상대로 사람을 창조하시되 남자와 여자를 창조하시고 하나님이
> 그들에게 복을 주시며 하나님이 그들에게 이르시되 생육하고 번성하
> 여 땅에 충만하라, 땅을 정복하라, 바다의 물고기와 하늘의 새와 땅에
> 움직이는 모든 생물을 다스리라 하시니라. (창 1:26-28)

그렇다고 해서 하나님이 고된 노동을 시키기 위해 인간을 창조하신
것은 아니다. 일은 본래 노역이 아니라 하나님이 자신의 나라를 위해
하시는 사역과 같은 활동이었다. 인간에게 있어서 일은 하나님과 관
계를 맺고 섬기는 하나의 방식이었고 인간 삶의 한 부분이었다. 본분
이었고 삶의 활력이었다.

그러나 인간이 타락한 후에 일은 고된 노동으로 변했고 수고가 되었
다. 저절로 채소를 내고 열매를 맺는 나무를 내던 땅은 저주를 받게 되
어 "가시덤불과 엉겅퀴"를 내게 되었다. 그로 인해 인간은 노동을 통
해 땅을 일구고 가꾸어야만 음식을 얻을 수 있게 되었다. 열매는 노동
의 대가이며, 인간은 힘든 과정을 통하지 않고는 먹을 것을 얻기가 어
렵게 되었다(창 3:17-19). 타락 이후에 인간은 노동을 해야 떡을 얻을 수
있게 된 것이다. 전도서 기자는 인간의 이런 모습을 이렇게 묘사했다.
"마음을 다하며 지혜를 써서 하늘 아래에서 행하는 모든 일을 연구하

며 살핀즉 이는 괴로운 것이니 하나님이 인생들에게 주사 수고하게 하신 것이라"(전 1:13).

그런데 더 불행한 것은 인간이 떡을 위해 이런 수고를 한다 해도 결국에는 하나님과 무관한 상태로 죽어 홀로 흙으로 돌아가게 된다고 하는 것이다. 인간은 영적으로 죽은 존재이기 때문이다. 영적 떡이 없는 육신의 떡은 결국 인간을 죽게 한다. 육신의 떡에는 하나님의 영원한 생명이 없기 때문이다. 빈 독에 물을 붓는 것과 같은 이치이다. 이것이 인간의 육신의 떡이 지닌 한계이다. 그렇다면 인간은 육신의 떡만을 의지하며 살지 않아야 한다. 그 이상의 것을 구하고 또 그것에 의지하며 살아야 한다.

사람과 하나님의 떡

예수님은 이렇게 말씀하셨다.

> 예수께서 이르시되 내가 진실로 진실로 너희에게 이르노니 모세가 너희에게 하늘로부터 떡을 준 것이 아니라 내 아버지께서 너희에게 하늘로부터 참 떡을 주시나니 하나님의 떡은 하늘에서 내려 세상에게 생명을 주는 것이니라⋯나는 생명의 떡이니 내게 오는 자는 결코 주리지 아니할 터이요 나를 믿는 자는 영원히 목마르지 아니하리라⋯아버지께서 내게 주시는 자는 다 내게로 올 것이요 내게 오는 자는 내가 결코 내쫓지 아니하리라 내가 하늘에서 내려온 것은 내 뜻을 행하려 함이 아니요 나를 보내신 이의 뜻을 행하려 함이니라. (요 6:32-33, 35, 37-39)

예수님은 또 이렇게 말씀하셨다. "진실로 진실로 너희에게 이르노니 믿는 자는 영생을 가졌나니 내가 곧 생명의 떡이니라…나는 하늘에서 내려온 살아 있는 떡이니 사람이 이 떡을 먹으면 영생하리라 내가 줄 떡은 곧 세상의 생명을 위한 내 살이니라"(요 6:47-48, 51).

인간의 떡은 인간을 살게 하는 데 한계가 있지만, 하나님의 떡은 한계가 없다. 인간의 떡을 먹으면 인간은 결국 죽게 되지만 하나님의 떡을 먹으면 죽지 않고 영원히 살게 된다. 설령 죽어도 살게 된다. 그것이 생명의 근원이신 하나님이 아들을 통해 인간에게 주신 약속이다. 우리는 하나님의 사람으로 그 약속을 믿는다.

예수님은 "말씀"이시다. 하나님의 말씀이시다(요 1:1-3). 하나님의 생명의 떡인 그 말씀이 우리에게 오셔서 우리 가운데 거하시고 우리를 위해 십자가에서 죽으신 후 부활하여 하나님께로 다시 가셨다. 때문에 누구든지 하나님의 생명의 떡을 먹으면 구원을 받고 영원히 살 수 있게 된다. "나는 부활이요 생명이니 나를 믿는 자는 죽어도 살겠고 무릇 살아서 나를 믿는 자는 영원히 죽지 아니하리니"(요 11:25-26). 하나님의 아들의 말씀이다.

하나님을 붙잡아라

전도서 기자는 "내가 해 아래에서 행하는 모든 일을 보았노라 보라 모두 다 헛되어 바람을 잡으려는 것이로다"(전 1:14)라고 말했다. 인간이 육신의 떡만을 위해 살면, 그것은 "바람을 잡으려는 것"과 같다. 그것은 아무리 잡으려 해도 잡히지 않고 우리 안에 공허감만 남는다. 그런데도 어리석게도 이 세상에는 바람을 잡으려는 식으로 사는 사람들이 헤아릴 수 없이 많다. 그러나 그런 삶에는 결코 잡히는 것이 없다. 존재를 의미로 채울 수 있는 것들과 관련하여 그렇다. 생명의 떡이 없는 육신의 떡은 일시적이며 헛되다. 생명의 떡이 육신의 떡을 의미 있게 하고 가치 있게 한다.

육신의 떡만을 추구하는 삶이 얼마나 헛된 것인지를 우리는 성서에 나오는 예를 통해 보게 된다. 누가복음 12장에 나오는 '어리석은 부자의 이야기'는 언제나 우리에게 귀감이 된다.

어느 해에 한 부자가 밭에서 많은 수확을 거둬들이게 되었다. 그것이 그에게 행복한 고민거리가 되었다. 그 많은 곡식을 넣어 둘 곳이 없었기 때문이다. 그래서 곡식을 넣어두는 곡간을 부순 후에 새로이 넓은 곡간을 짓고 그곳에 그 많은 곡식과 물건을 쌓아두기로 했다. 그리고는 만족감에 젖어 자기 영혼에게 이렇게 말했다. "영혼아 여러 해 쓸 물건을 많이 쌓아 두었으니 평안히 쉬고 먹고 마시고 즐거워하자"(19절). 그러나 인간의 영혼은 인간 마음대로 할 수 있는 것이 아니다. 인간의 영혼은 오직 그것을 만드신 하나님만이 다루실 수 있는 것이다. 하나님은 그 부자를 향해 "어리석은 자여 오늘 밤에 네 영혼을 도로 찾으리니 그러면 네 준비한 것이 누구의 것이 되겠느냐"(20절)라고 물으셨다. 하나님은 여전히 모든 인간에게 동일하게 물으신다.

그 어리석은 부자는 자신에 대해서는 물질적으로 부유했을지라도 하나님을 향해서는 영적으로 궁핍했고 가난했다. 그는 오직 육신의 떡만을 위해 살려고 했다. 그것이 하나님께는 문제가 되었다. 예수님의 말씀처럼 사람의 생명은 분명 소유의 넉넉함에 있지 않다. 하나님의 말씀에 있다. 그런 이유로 하나님의 말씀에 그리고 하나님이 주시는 생명에 더 많은 관심을 기울일 필요가 있다. 그의 나라를 먼저 생각하고 구해야 하는 것이다. 그러면 그 나머지는 하나님이 책임지실 것이라고 말씀하셨다.

누가복음 15장에 나오는 〈탕자의 이야기〉는 우리에게 또 다른 교훈이 된다.

어느 날 둘째 아들이 아버지의 재산 중 자신의 몫을 받아가지고 먼 나라로 갔다. 하지만 곧바로 허랑방탕하며 자신의 전 재산을 모두 탕진하고 만다. 그리고는 흉년이 들어 궁핍해지자 그 나라 백성 중 한 사람의 종으로 들어가 연명하려 했다. 하지만 그것마저도 여의치 않았다. 결국에 그는 모든 것이 풍족하고 자애로운 아버지께로 돌아가기로 결심하고 집으로 향했다. 그는 자신이 기대했던 것과는 달리 아버지로부터 풍성한 대접을 받고 아들의 신분을 회복하게 되었다.

그가 처음에 아버지를 떠날 때, 그는 세상 향락을 좇으며 떡을 위해 살려고 했다. 그러나 그가 그렇게 살았을 때, 그에게 남는 것은 아무것도 없었다. 오히려 내적 공허감과 인생에 대한 허망함 그리고 인간에 대한 배신감만 남았다. 그러나 아버지 곁은 달랐다. 그가 풍성함을 느끼고 풍성한 삶을 살 수 있었던 곳은 다름 아닌 아버지 곁이었다. 우리가 아버지 곁에 있을 때, 우리의 삶이 든든하게 된다. 그 아버지는 바로 하나님이다.

삶이 헛되지 않기를 원한다면 하나님께 붙잡히고 또 하나님을 붙잡아야 한다. 그분의 영원한 말씀에 붙잡히고 또 붙잡아야 한다. 하나님 곁에 머무르면서 하나님의 말씀을 따라 살아야 한다. 그러면 영원히 썩지 않는 것을 얻게 될 것이다. "풀은 마르고 꽃이 시듦은 여호와의 기운이 그 위에 붊이라 이 백성은 실로 풀이로다 풀은 마르고 꽃은 시 드나 우리 하나님의 말씀은 영원히 서리라"(사 40:7-8).

　하나님의 생명의 떡을 먹는 사람, 하나님의 말씀을 먹는 사람은 절 대로 시들지 않고 영원히 서게 된다. 이것이 우리가 물질적 존재로서 육신의 양식으로 살아야 하지만 또한 영적 존재로서 생명의 양식, 곧 영의 양식을 먹고 살아야 하는 이유다. 우리가 손을 내밀어 우리를 향해 내밀고 계신 하나님의 손을 붙들면 하나님의 손도 우리의 손을 붙 으신다. 바로 그 때에 우리에게 새로운 만남과 영원한 생명이 시작된다. 영원이 하늘에서 삶으로 들어온다. 모든 것이 바뀐다. 그리스도 안에서 새로운 피조물, 새로운 존재가 되기 때문이다(고후 5:17).

3장
하나님을 경외하라

인간의 개체성과 평등을 강조하는 인본주의적이고 세속화된 시대인 오늘날에 이 시대적 흐름에 적합하지 않다고 여겨지는 말 중 하나는 "경외"라는 말일 것이다. "경외"라는 말은 종교적 색채를 띨 뿐만 아니라 상하의 수직 관계를 내포하기 때문이다. 그래서 오늘날 사람들 대부분에게 그 말은 시대에 맞지 않는 봉건적이고 구시대적이며 전근대적인 용어 정도로 취급을 받기 십상이다.

하지만 그 용어에 대한 이러한 시대적 반감에도 불구하고, 경외라는 말은 기독교 신앙과 관련하여 가장 중요한 의미를 지니는 용어 중하나다. 성서적 관점에서 볼 때, 경외는 일시적이고 유한한 피조물인인간이 자기를 지으신 창조주이며 영원하신 분인 하나님을 향해 갖는마음과 삶의 가장 근본적인 태도이다. 경외는 하나님을 섬기는 삶의가장 기본적인 마음가짐인 것이다.

경외의 두 가지 의미
기독교적 관점에서 경외는 일반적으로 두 가지 의미로 사용된다. 한편으로, 경외는 존중하고 공경하는 것을 말한다. 우리 안에 자발적으로 하나님을 존중하는 삶이 없다면, 우리는 진정으로 하나님을 경외할 수 없다. 존중은 어떤 사람 또는 존재에 대해 그가 가지고 있는 가치를 인정하는 데서부터 시작된다. 우리가 다른 사람을 존중할 때, 우리는 그를 한 사람의 인격체로 보는 것이다. 우리가 다른 사람을 무시할 때, 우리는 그를 자신보다 못하다고 업신여기는 것이다. 자신보다 수준이 낮다고 비인격적으로 대하는 것이다. 마찬가지로 우리가 진정으로 하나님을 존중하고 공경할 때, 우리는 하나님을 경외하는 것이다. 하나님을 높이는 것이다.

다른 한편으로, 경외는 두려워하는 것을 말한다. 우리가 누군가에게 경외심을 갖는 것은 그와 나 사이의 어떤 차이를 느끼기 때문이다. 하나님과 우리 사이에는 질적이면서 존재론적인 차이가 있다. 하나님은 창조주이시고, 우리는 그 창조주 하나님의 피조물이다. 그래서 인간의 삶은 하나님의 생명에 의존적이다. 하나님은 무한하고 영원하시지만, 우리는 유한하면서 일시적이다. 하나님은 지혜가 한이 없으시지만, 우리는 지식도 지혜도 한이 있다. 인간에게 하나님은 비교할 수 있는 대상이 아니다. 높이고 섬겨야 하는 분이다. 이것이 바로 우리에게 하나님을 향해 경외하는 마음이 필요한 이유이다.

우리에게는 하나님을 두려워하는 마음이 있어야 한다. 그래야 우리의 삶과 행위가 바를 수 있다. 은혜만 강조하면 제멋대로 될 수 있고 방종할 수 있다. 인간에게는 여전히 죄성이 있고 그런 이유로 언제나 은혜에 대한 남용 가능성을 지니고 산다. 그래서 날마다 거룩하신 하나님 앞에서 두렵고 떨리는 마음을 지녀야 한다. 그런 마음을 상실하면 하나님을 이용하게 된다.

영적인 의미에서 두려움은 공포가 아니다. 하나님은 공포의 대상이 아니다. 오히려 그것은 마음에 한계를 두고 늘 그 한계를 인식하는 것이다. 나의 나됨, 곧 피조물 됨을 인지하고 그분의 그분 됨, 곧 창조주 되심을 인정하는 것이다. 그렇게 함으로써 영적 경계선을 긋고 자신의 본래의 모습을 지키는 것이다.

이처럼 우리가 경외의 의미를 바르게 이해하려면 이 두 가지의 의미를 늘 염두에 두어야 한다. 그리고 우리가 하나님을 바르게 경외하는 삶을 살려면 이것을 가슴 깊이 새길 필요가 있다.

하나님을 경외하는 삶을 잃어버린 시대

누가복음 18장을 보면, 예수님은 "항상 기도하고 낙심하지 말아야 할 것"(1절)에 대해 말씀하시면서 한 가지 비유의 말씀을 주셨다. 그 비유의 말씀에는 "어떤 도시에 하나님을 두려워하지 않고 사람을 무시하는 한 재판장"(2절)이 나온다.

어느 날 한 과부가 그를 찾아가서 자신의 원수에 대한 원한을 풀어 달라고 요청한다. 그러나 그 재판장은 자신의 본래의 성품대로 그것을 완전히 무시해 버린다. 하지만 그 과부의 요청이 계속되자 얼마 후 그는 마음에 다음과 같이 생각하면서 그 과부의 청을 들어주기로 한다. "내가 하나님을 두려워하지 않고 사람을 무시하나 이 과부가 나를 번거롭게 하니 내가 그 원한을 풀어 주리라 그렇지 않으면 늘 와서 나를 괴롭게 하리라"(4-5절).

예수님의 이 비유는 기본적으로 기도를 지속해서 해야 할 필요와 관련해서 하신 말씀이다. 그러나 우리는 불의한 재판관이 한 말을 한 번쯤 깊게 생각해 볼 필요가 있다. "내가 하나님을 두려워하지 않고." 우리는 이 재판관의 태도에서 오늘날 하나님께 대한 이 시대 사람들의 일반적인 태도를 읽게 된다. 오늘날 많은 사람이 하나님을 공경하지 않고 두려워하지도 않는다. 경외하지 않는 것이다. 심지어는 교회 안에서도 하나님을 경외하지 않는 사람들이 있다. 하나님을 존중하지도 않고 하나님을 두려워하지도 않는 것이다. 믿음을 따라 산다고 하면서도 하나님이 원하시는 것이 아니라 자신이 원하는 대로 한다. 하나님의 뜻이 아니라 자기 뜻대로 행한다. 이것이 바로 죄인인 인간의 전형적인 삶의 태도이다.

그러나 그런 삶의 끝은 심판이요 멸망이다. 예수님은 제자들에게 이렇게 말씀하셨다. "몸은 죽여도 영혼은 능히 죽이지 못하는 자들을 두려워하지 말고 오직 몸과 영혼을 능히 지옥에 멸하실 수 있는 이를 두려워하라"(마 10:28). 이 말씀은 우리가 듣고 계속해서 되새겨야 하고, 또 세상 사람들이 귀담아들어야 할 말씀이다. 그리고 하나님을 두려워하는 삶을 살아야 한다. 우리가 믿음 없이 하나님을 두려워하지 않는 삶을 살면 누구든 몸과 영혼이 지옥에 처하게 된다.

인간이 하나님을 경외하는 삶을 잃어버리면 자신을 경외하게 되어 있다. 자신을 높이게 되는 것이다. 그뿐 아니라 다른 사람들로 자신을 경외하게 하려고 한다. 곧 교만해진다. 교만은 자기가 제일이며 자기보다 나은 사람이 아무도 없다는 마음가짐이다. 자신이 최고라는 태도이다. 그러나 하나님에 대한 경외 없는 자기 존중 또는 자기 경외는 잘못된 것이다. 따라서 인간이 바른 삶을 살려면 오늘날 인간에게 가장 시급한 것은 하나님을 경외하는 삶을 회복하는 것이다.

하나님을 경외하지 않는 현대인의 삶을 단적으로 나타내는 것이 그분의 이름을 함부로 부르고 사용하는 것이다. 이와 관련하여 존 스토트(John Stott)는 이렇게 말한다.

하나님의 '이름'은 하나님이 자신을 알리는 용어들('주', '하나님', '전능자', '그리스도', 예수' 등)과 관계가 있다. 그리고 킹 제임스 역본(KJV)에서처럼, '그분의 이름을 헛되이 사용하는 것'이란 말은 그 이름 중 어떤 이름을 부가적으로 사용하는 것을 포함한다…하나님의 이름을 저주의 말로 사용하는 것은 그분에 대해 존경하는 마음이 없음을 보여주는 명백한 증후이다…만일 우리가 진정으로 일관되려면, 우리는 아마도 하나님과 예수님에 대한 완곡한 표현들인 '아이고'(gosh)와 '제기랄'(gee)과 같이, (하나님의 이름으로) 더 이상 인정되지 않지만 (실제로는) 하나님의 이름들의 불순화된 어형들조차도 사용을 중단해야 할 것이다…하나님의 이름은 하나의 용어 그 이상을 의미한다. 그것은 하나님이 계시된 대로의 그분 자신이다. 그러므로 우리는 우리의 행동이 그분의 본성(who he is)과 양립하지 않을 때 그분의 이름을 악용하는 것이다. 만일 우리가 하나님을 사랑한다면, 우리는 그분의 이름과 일치하는 방식으로 살므로써 그분의 이름을 존중하기 원할 것이다.

영어를 모국어로 사용하는 사람들이 오늘날 자기 기분이 나쁠 때 감정 해소를 위해서 사용하는 말 중에 이런 말도 있다. Holy cow(거룩한 소)나 holy shit(거룩한 똥)가 그것이다. '거룩'이란 말은 신적 용어로서 오직 하나님께만 적용되는 말이다. 그런데도 사람들이 그 말을 엉뚱한 데 사용하고 있다. 사람들이 그만큼 하나님을 존중하지 않는 것이다. 더 나아가 모욕하고 있는 것이다.

이름은 그 사람의 인격이며 그 사람의 전인을 나타낸다. 그래서 누군가의 이름을 욕되게 하는 것은 그를 무시하고 짓밟는 것이 된다. 이것은 하나님의 거룩하신 이름에도 그대로 적용된다. 이러한 하나님을 경외하는 삶은 하나님의 존귀한 이름을 존중하는 삶과 무관하지 않다.

경외, 하나님이 요구하시는 것

창조주 하나님이 인간에게 요구하시는 첫 번째가 바로 "하나님 경외"이다. 모세는 광야에서 이스라엘 백성을 향하여 이렇게 설교했다. "이스라엘아 네 하나님 여호와께서 네게 요구하시는 것이 무엇이냐 곧 네 하나님 여호와를 경외하여 그의 모든 도를 행하고 그를 사랑하며 마음을 다하고 뜻을 다하여 네 하나님 여호와를 섬기고 내가 오늘 네 행복을 위하여 네게 명하는 여호와의 명령과 규례를 지킬 것이 아니냐"(신 10:12-13).

하나님은 이스라엘 백성이 자신을 버리고 다른 신을 섬길 때 이렇게 책망하셨다.

> 어느 나라가 그들의 신들을 신 아닌 것과 바꾼 일이 있느냐 그러나 나의 백성은 그의 영광을 무익한 것과 바꾸었도다 너 하늘아 이 일로 말미암아 놀랄지어다 심히 떨지어다 두려워할지어다 여호와의 말씀이니라 내 백성이 두 가지 악을 행하였나니 곧 그들이 생수의 근원되는 나를 버린 것과 스스로 웅덩이를 판 것인데 그것은 그 물을 가두지 못할 터진 웅덩이들이니라 이스라엘이 종이냐 씨종이냐 어찌하여 포로가 되었느냐…네 하나님 여호와가 너를 길로 인도할 때에 네가 그를

떠남으로 이를 자취함이 아니냐 네가 시홀의 물을 마시려고 애굽으로 가는 길에 있음은 어찌 됨이며 또 네가 그 강물을 마시려고 앗수르로 가는 길에 있음은 어찌 됨이냐 네 악이 너를 징계하겠고 네 반역이 너를 책망할 것이라 그런즉 네 하나님 여호와를 버림과 네 속에 나를 경외함이 없는 것이 악이요 고통인 줄 알라 주 만군의 여호와의 말씀이니라. (렘 2:11-14, 17-19)

하나님은 인간이 자신을 경외하지 않는 것을 아주 싫어하신다. 그리고 그것을 절대로 간과하지 않으신다. 하나님은 이스라엘 백성이 자기들의 창조와 구속의 주이신 자신을 버리고 자신을 진심으로 경외하지 않을 때 그들을 징계하셨다. 하나님은 여전히 인간이, 특히 자기 백성이 자신을 경외하며 섬기기를 원하신다. 궁극적으로 하나님은 자신을 경외하지 않은 모든 사람을 심판하실 것이다.

하나님은 아브라함이 자기 아들 이삭을 아낌없이 바쳤을 때 "네가 네 아들 네 독자까지도 내게 아끼지 아니하였으니 내가 이제야 네가 하나님을 경외하는 줄을 아노라"(창 22:12)고 말씀하셨다. 하나님을 경외하는 아브라함의 삶은 결과적으로 아브라함을 하나님의 복을 얻는 삶으로 이끌어주었다. 하나님을 경외하는 삶을 살면 하나님이 복되게 하신다(출 1:21). 하나님은 이스라엘 백성에게 각각 이렇게 명하셨다.

너는 귀먹은 자를 저주하지 말며 맹인 앞에 장애물을 놓지 말고 네 하나님을 경외하라 나는 여호와이니라. (레 19:14)
너는 센 머리 앞에서 일어서고 노인의 얼굴을 공경하며 네 하나님을

경외하라 나는 여호와이니라. (레 19:32)

너희 각 사람은 자기 이웃을 속이지 말고 네 하나님을 경외하라 나는 너희의 하나님 여호와이니라 너희는 내 규례를 행하며 내 법도를 지켜 행하라 그리하면 너희가 그 땅에 안전하게 거주할 것이라. (레 25:17-18)

인간에게 하나님을 경외하는 마음이 있으면 자신을 낮추고 겸손하게 된다. 또한 하나님의 말씀을 지키려고 하고 그분을 섬기려고 한다. 그러나 하나님을 경외하는 마음을 잃어버리면 인간은 스스로 자기 인생의 주(lord)가 된다. 아담과 하와는 하나님을 경외하는 삶을 잃어버렸을 때 타락하게 되었다. 스스로 하나님과 같이 되고자 했기 때문이다. 우리도 예외는 아니다.

하나님은 자신이 지은 인간이 하나님 자신을 공경하고 두려워하기를 원하신다. 인간은 하나님을 경외하지 않을 때 제멋대로 행하고 방종하게 된다. 다윗은 이렇게 읊었다.

어리석은 자는 그의 마음에 이르기를 하나님이 없다 하는도다 그들은 부패하고 그 행실이 가증하니 선을 행하는 자가 없도다 여호와께서 하늘에서 인생을 굽어살피사 지각이 있어 하나님을 찾는 자가 있는가 보려 하신즉 다 치우쳐 함께 더러운 자가 되고 선을 행하는 자가 없으니 하나도 없도다. (시 14:1-3)

하나님을 경외하는 삶이 없으면 다 그렇게 된다. 정도의 차이는 있을 수 있지만 근본적으로는 모두 그렇다. 그래서 우리의 삶이 바르려면, 우리는 하나님을 어려워할 줄 알아야 하고 더 나아가서는 경외할 줄 알아야 한다.

하나님을 경외하는 것은 하나님을 사랑하는 것의 시작이다. 그리고 하나님 경외는 지식과 지혜의 시작이다. 잠언 기자는 각각 이렇게 말했다. "여호와를 경외하는 것이 지식의 근본이거늘 미련한 자는 지혜와 훈계를 멸시하느니라"(잠 1:7). "여호와를 경외하는 것이 지혜의 근본이요 거룩하신 자를 아는 것이 명철이니라"(잠 9:10). 하지만 어리석은 자는 하나님이 없다고 마음속으로 말하고 그것을 삶으로 나타낸다. 그런 이유로 그런 사람들은 하나님 앞에서 바를 수 없다. 그것이 그들이 하나님 앞에서 심판을 받게 되는 이유이다.

지혜로운 자는 하나님을 경외하지 않는 자의 삶의 끝이 어떤 것인지를 분명히 안다. 그래서 그는 하나님을 경외하며 산다. 그러나 어리석은 자는 하나님을 경외하지 않는 자의 삶의 끝이 어떤 것인지를 잘 알지 못한다. 그래서 그는 하나님을 경외하며 살지 않는다.

물론 하나님 경외는 믿음에 근거한 자발적인 것이다. 벌을 받지 않으려고 억지로 하는 그런 것이 아니다. 그래서 경외는 마음에서 출발한다. 하나님을 향한 마음가짐이 바를 때 경외는 거기에 저절로 생긴다.

하나님을 경외하는 삶을 살면 지혜로운 인생이 될 수 있다. 하나님이 솔로몬에게 지혜를 주신 것처럼 그 사람에게도 지혜를 주실 것이기 때문이다.

영원하신 하나님을 경외하는 삶을 살라

그러면 우리는 어떻게 하나님을 경외하고 존중하는 삶을 살 수 있을까?

하나님을 경외하고 존중하는 삶은 무엇보다도 하나님을 인정하는 삶에서부터 시작된다. 하나님의 존재를 인정하지 않으면서 하나님을 경외하고 존중하는 삶을 산다는 것은 불가능하기 때문이다. 히브리서 기자는 이렇게 말한다. "믿음이 없이는 하나님을 기쁘시게 하지 못하나니 하나님께 나아가는 자는 반드시 그가 계신 것과 또한 그가 자기를 찾는 자들에게 상 주시는 이심을 믿어야 할지니라"(히 11:6).

둘째, 예배하는 삶을 사는 것이다. 예배는 전능하신 하나님 앞에서 유한한 인간이 무릎을 꿇는 것을 말한다. 경외하는 것은 무릎을 꿇고 내 고개를 숙이는 것이다. 무릎을 꿇는다는 것은 나를 낮추는 것이다. 나를 낮추는 것을 통해 그분을 높이는 것이다. 고개를 숙이는 것은 상대방을 높이는 것이다. 그래서 진정한 예배는 하나님을 경외하는 삶의 실천이다.

셋째, 하나님의 계명을 지키는 것이다. 하나님의 말씀에 순종하는 것이다. 우리의 삶으로 하나님께 순종하는 것은 하나님을 경외하는 삶의 꽃이다. 순종은 믿음의 절정이며 복음에 합당하게 사는 것이다.

하나님을 경외하며 사는 사람은 하나님의 말씀으로 자신을 살피며 산다. 그런 사람은 자기 삶의 기준을 자신이 정한 후 그것에 따라 살지 않는다. 오히려 자기 생각과 삶을 하나님의 말씀에 맞춘다. 다시 말하면, 자신이 원하는 대로 살지 않고 하나님이 원하시는 대로 살려고 늘 노력한다. 그런 사람만이 참된 믿음의 사람이라고 말할 수 있다.

시인은 이렇게 노래한다. "인생은 그 날이 풀과 같으며 그 영화가 들의 꽃과 같도다 그것은 바람이 지나가면 없어지나니 그 있던 자리도 다시 알지 못하거니와 여호와의 인자하심은 자기를 경외하는 자에게 영원부터 영원까지 이르며 그의 의는 자손의 자손에게 이르리니 곧 그의 언약을 지키고 그의 법도를 기억하여 행하는 자에게로다"(시 103:15-18). 시인의 말대로 인간은 유한하다. 그래서 때가 되면 아침 안개처럼 사라진다. 그러나 그런 유한한 인간이 영원하신 하나님을 경외하며 살면, 영원하신 하나님의 영원성을 힘입어 그 자신도 영원이신 하나님과 더불어 영원한 삶을 살게 된다. 하나님을 경외하며 사는 사람은 여호와 하나님의 자비와 긍휼을 입게 된다.

하나님을 경외하며 살면 영생이 있을 뿐 아니라 하나님에게서 오는 행복도 있다. 하나님이 그 마음을 기쁘게 하시고 행복하게 하신다. 그런 삶에 하나님의 은혜가 넘친다. 우리는 모두 하나님을 경외하며 사는 삶을 통해 하나님이 부어주시는 충만한 은혜를 받아 누릴 수 있다. 그 은혜는 언제나 우리 가까이에 있다. 우리에게 필요한 것은 바로 경외이다. 하나님을 경외하면 하나님의 은혜가 작용한다.

4장
하나님의 사람

다음은 『충실한 마음을 위한 이야기들』에서 론 멜(Ron Mehl)이 들려주는 이야기이다.

대서양 한가운데서 거친 풍랑을 만난 배 한 척이 있었다. 그 때에 한 부인이 그 배 위에 있는 어린이들에게 성경 이야기를 들려주면서 그들이 공포를 느끼지 않도록 이끌어주고 있었다. 몇 시간 후, 다행히 배가 안전하게 부두에 닿았고, 그 배의 선장은 그 부인에게 다가갔다. 그는 그 부인이 폭풍우 한가운데에서도 평온함을 유지하는 것을 보았기 때문이다.

그 선장은 그 부인에게 이렇게 물었다. "다른 모든 사람이 배가 폭풍우에 가라앉지 않을까 두려워할 때, 당신은 어떻게 그토록 침착함을 유지할 수 있었습니까?" 그 물음에 대해 그 그리스도인 부인은 이렇게 대답했다. "저에게는 두 딸이 있습니다. 하나는 뉴욕에서 살고 있고, 다른 하나는 하늘에서 살고 있지요. 몇 시간 후면, 그 둘 중의 한 딸을 만나게 될 것을 알고 있었습니다. 두 딸 중 누구를 만나는가는 제게 중요하지 않습니다."

그 부인이 어려운 상황 속에서도 초연할 수 있었던 것은, 그녀는 하나님 안에 소망을 두고 살아가는 하나님의 사람이었기 때문이다. 영적으로 깊이 있는 하나님의 사람에게는 죽음 너머의 세계를 바라보는 눈이 있다. 그래서 하나님 안에 있으면 소망이 있고 그 어디나 하나님의 나라가 된다. 이 땅에 있으면 살아가는 동안 하나님을 섬기고 예배하면서 하나님의 창조세계에서 문화명령을 따라 살고, 죽어서 궁극적으로 하나님의 나라에 들어가게 되면 거기서 영광의 주님을 뵙고 그분을 찬양하면서 그분과 함께 영원히 거하게 되는 것이다. 이것이 하나님의 사람이 갖는 삶의 태도이다.

하나님의 사람과 세상의 사람

사도 바울은 믿음의 아들 디모데에게 이렇게 썼다. "오직 너 하나님의 사람아 이것들을 피하고 의와 경건과 믿음과 사랑과 인내와 온유를 따르며 믿음의 선한 싸움을 싸우라 영생을 취하라 이를 위하여 네가 부르심을 받았고 많은 증인 앞에서 선한 증언을 하였도다"(딤전 6:11-12). "하나님의 사람." 이 호칭은 예수 그리스도를 따라가는 제자란 의미의 "그리스도인"이란 호칭과 더불어 예수 그리스도 안에서 하나님을 섬기는 사람의 정체성을 나타내는 가장 중요한 말이다. 하나님의 사람은 하나님께 속한 사람, 곧 하나님의 소유됨을 나타낸다.

기독교 신앙의 관점에서 볼 때, 사람은 크게 두 부류로 나뉜다. 하나는 하나님의 사람이고, 다른 하나는 하나님의 사람이 아닌 세상의 사람, 곧 마귀의 사람(예수님은 자신을 거부하는 사람들의 아비를 "마귀"라고 부른다[요한복음 8장 34-44절을 보라])이다. 이런 구분은 다원주의적이며 포스트모던 사상이 지배하는 오늘날의 사회에서 다소 이분법적이고 흑백 논리적이며 배타적이라고 비판을 받겠지만, 그럼에도 성서는 분명 그렇게 말한다.

여호수아는 이스라엘 백성을 향하여 이렇게 설교했다.

> 그러므로 이제는 여호와를 경외하며 온전함과 진실함으로 그를 섬기라 너희의 조상들이 강 저쪽과 애굽에서 섬기던 신들을 치워 버리고 여호와만 섬기라 만일 여호와를 섬기는 것이 너희에게 좋지 않게 보이거든 너희 조상들이 강 저쪽에서 섬기던 신들이든지 또는 너희가 거주하는 땅에 있는 아모리 족속의 신들이든지 너희가 섬길 자를 오늘 택하라 오직 나와 내 집은 여호와를 섬기겠노라 (수 24:14-15)

예수님도 자신을 유혹하러 온 사탄을 향해 "사탄아 물러가라 기록되었으되 주 너의 하나님께 경배하고 다만 그를 섬기라 하였느니라"(마 4:10)고 말씀하셨다.

사탄은 물론이거니와 그 어떤 인간도 우리의 경배와 신적 섬김의 대상이 될 수 없다. 인간은 그 누구도 자신과 같은 다른 인간으로부터 경배나 예배를 받을 자격이 없다. 그뿐 아니라 우리는 다른 사람에게 그렇게 할 필요도 없다. 유한성을 지닌 다 같은 인간이기 때문이다. 다른 사람을 사랑하고 존중하는 것은 필요하지만 예배나 경배의 대상은 결코 아니다. 예배는 오직 인간과 천지 만물을 지으신 하나님을 위한 것이다.

하나님의 사람은 하나님을 섬기는 사람이고, 세상의 사람은 하나님 없이 거짓의 아비 마귀가 이끄는 세상의 방식에 따라 살아가는 사람이다. 사도 바울은 이것을 다음과 같이 말한다.

> 그러므로 생각하라 너희는 그 때에 육체로는 이방인이요 손으로 육체
> 에 행한 할례를 받은 무리라 칭하는 자들로부터 할례를 받지 않은 무
> 리라 칭함을 받는 자들이라 그 때에 너희는 그리스도 밖에 있었고 이
> 스라엘 나라 밖의 사람이라 약속의 언약들에 대하여는 외인이요 세상
> 에서 소망이 없고 하나님도 없는 자이더니 이제는 전에 멀리 있던 너
> 희가 그리스도 예수 안에서 그리스도의 피로 가까워졌느니라…그러
> 므로 이제부터 너희는 외인도 아니요 나그네도 아니요 오직 성도들과
> 동일한 시민이요 하나님의 권속이라. (엡 2:11-13, 19)

이 말씀처럼 세상에 속한 사람들은 하나님이 없는 자들이다. 어둠의
자녀들이다. 그러나 하나님께 속한 사람들은 예수 그리스도 안에서
하나님을 섬기는 사람들이다. 하나님의 백성이요 하나님의 나라의 시
민이며 하나님의 나라를 유업으로 받을 빛의 자녀들이다.

믿음, 죄인인 인간을 하나님의 사람이 되게 하는 근본 요소

세상의 사람은 자기를 중심으로 살고 자기를 향하여 살며 자기를 위
하여 산다. 그래서 그 중심에는 자기 자신이 있다. 그런 이유로 자기
가 기뻐하고 자기 뜻에 맞는 것을 선택하며 산다. 마귀는 자신의 지배
를 위해 그것을 이용한다. 물론 그 모든 삶의 책임은 그 자신이 지게
된다. 그런 사람의 삶의 기반은 약하다. 예수님의 말씀대로 하면, '자
기 집을 모래 위에 짓는 것'과 같다(마 7:26).

반면에 하나님의 사람은 하나님을 중심으로 살고 하나님을 향하여 살며 하나님을 위하여 산다. 그래서 그 중심에는 하나님이 계신다. 그런 이유로 하나님이 기뻐하시고 하나님의 뜻에 맞는 것을 선택하며 산다. 하나님은 자신의 영광을 위해 그것을 사용하신다. 그런 사람의 삶의 기반은 견고하며 삶의 모든 결과도 하나님이 책임져 주신다. 이처럼 어떤 사람이 세상의 사람인가, 아니면 하나님의 사람인가를 구분 짓는 요소는 '그 사람의 삶의 중심에 그 자신이 있는가, 아니면 하나님이 계신가' 하는 것이다. 그러니까 하나님의 사람과 세상의 사람을 구분 짓는 것은 단 한 가지 곧 '믿음'이다.

예수 그리스도 안에서 하나님을 믿는 믿음을 통해 우리는 하나님의 사람이 되고 하나님의 자녀가 된다. 사도 바울도 이렇게 말했다.

> 그러므로 사람이 의롭다 하심을 얻는 것은 율법의 행위에 있지 않고 믿음으로 되는 줄 우리가 인정하노라 하나님은 다만 유대인의 하나님 이시냐 또한 이방인의 하나님은 아니시냐 진실로 이방인의 하나님도 되시느니라 할례자도 믿음으로 말미암아 또한 무할례자도 믿음으로 말미암아 의롭다 하실 하나님은 한 분이시니라. (롬 3:28-30)

이 말은 믿음만이 모든 인간을 하나님의 사람으로 만드는 절대 요소라는 의미이다. 믿음은 창조주 하나님과 피조물 인간 사이의관계 방식이다.

믿음이 없이는 결단코 하나님의 사람이 될 수 없다. 그러나 믿음이 있다면 그 사람은 진정으로 하나님의 사람이다. 하나님의 사람은 하나님의 자녀요 하나님 나라의 백성이며 그리스도의 몸의 지체이다. 대서양 한가운데서 풍랑을 만나고도 초연할 수 있었던 그 부인처럼, 또 어려움 중에서도 일평생 복음을 위해 충실하게 살 수 있었던 사도 바울처럼, 하나님의 사람에게는 하나님에게서 비롯되는 견고한 희망이 있다. 그것이 하나님의 말씀이 약속하는 바다. "우리는 그의 약속대로 의가 있는 곳인 새 하늘과 새 땅을 바라보도다 그러므로 사랑하는 자들아 너희가 이것을 바라보나니 주 앞에서 점도 없고 흠도 없이 평강 가운데서 나타나기를 힘쓰라"(벧후 3:13-14).

하나님, 사람 그리고 예수 그리스도

하나님은 보이지 않으시는 영이다. 그래서 아무도 하나님을 볼 수 없다(요 4:24). "어느 때나 하나님을 본 사람이 없으되"(요일 4:12)라고 사도 요한은 말한다. 죄인인 인간은 더욱 그렇다. 죄인인 인간은 하나님 앞에 설 수 없다. 하나님은 거룩하시기 때문이다.

하지만 감사하게도 보이지 않으시는 하나님이 자신을 인간에게 보여주셨다. 가시적이지 않은 존재가 인간의 몸을 입고 가시적인 존재가 되신 것이다. 곧 하나님이 이 땅에 나타나신 것이다. "하나님의 사랑이 우리에게 이렇게 나타난바 되었으니 하나님이 자기의 독생자를 세상에 보내심은 그로 말미암아 우리를 살리려 하심이니라"(요일 4:9). 예수님은 이 세상에 나타나신 하나님이다. 이 세상에 인간의 몸을 입고 오신 하나님이다. 그래서 우리가 예수 그리스도와 함께 하면 하나님과 함께 하는 것이며, 그 결과 죄와 사망 가운데 있는 인간이 하나님의 생명을 얻고 하나님의 영광에 참여할 수 있게 된다. 하나님의 은혜로 말미암아 영적으로 죽은 존재가 다시 살아 있는 존재가 되고 하나님의 자녀가 되는 권세를 얻게 된다.

기독교적 관점에서 볼 때, 하나님의 사람이 되는 것은 예수 그리스도의 사람이 되는 것이다. 그래서 예수 그리스도의 사람이 되는 것은 또한 하나님의 사람이 되는 것이 된다. 예수 그리스도는 하나님의 아들이시며 삼위 하나님의 한 분이시기 때문이다. 이와 관련해서 알리스터 맥그라스(Alister E. McGrath)는 이렇게 말한다.

> 우리가 그리스도를 온전하게 알고 그리스도를 아는 지식으로 인해 기뻐하는 것이 하나님의 뜻이다. 우리는 그리스도를 알도록 지음을 받았고 우리가 그리스도를 알기 전까지, 우리는 하나님이 주신 우리의 잠재력 또는 목적들을 성취하지 못할 것이다…사람은 누구나 무언가 정말로 가치 있는 것, 즉 삶에 의미와 목적과 성취를 제공해 주는 것을 찾기 원한다. 인생의 목적에 대한 탐구는 인간의 가장 큰 주제들 중 하나다. 기독교는 이런 탐구를 존중한다. 그럼에도 불구하고 기독교는 의미에 대한 이런 갈망은 오직 그리스도를 만나고 그리스도를 앎으로만 충족될 수 있다고 주장한다.

그렇다. 우리는 예수 그리스도를 통해 하나님을 알게 된다. 하나님을 알게 될 때 예수 그리스도를 알게 된다. 그러므로 우리는 힘써 예수 그리스도를 알려고 해야 한다. 그리고 그 지식에서 자라가야 한다. 예수 그리스도는 우리의 구주이고 주님이시다. "오직 우리 주 곧 구주 예수 그리스도의 은혜와 그를 아는 지식에서 자라 가라"(벧후 3:18).

하나님의 사람으로 자라 가기

사도 바울이 하나님의 사람이라고 부른 디모데를 통해서 볼 때, 그리스도인이 계속해서 하나님의 사람으로 자라 가는 것을 돕는 세 가지 요소가 있다.

첫째는 믿음의 가정이다. 사도 바울은 디모데가 "거짓이 없는 믿음"(딤후 1:5)을 가졌다고 말했는데, 그 믿음은 그의 할머니 로이스와 그의 어머니 유니게를 통해 그에게 전해진 것이었다. 그뿐 아니라 사도 바울은 디모데를 향해 "너는 배우고 확신한 일에 거하라…또 어려서부터 성경을 알았나니"(딤후 3:14-15)라고 말했다.

디모데는 어떻게 어릴 때부터 성서를 알 수 있었을까? 바로 어머니를 통해서이다. 디모데는 어릴 때부터 믿음의 가정에서 어머니를 통해 하나님을 사랑하고 섬기는 삶을 배우면서 자랐다. 믿음의 가정에서 자녀의 신앙은 일차적으로 부모에게 그 책임이 있다. 어릴 때에 부모가 자녀를 어떤 사람으로 키우느냐에 따라 자녀의 삶이 달라질 수 있다. 부모가 자녀를 믿음으로 양육하면 진리의 영 보혜사 성령의 변화시키고 도우시는 능력 안에서 하나님의 사람으로 자라갈 것이다.

특히, 하나님의 말씀을 떠나서는 진정한 하나님의 사람이 될 수 없다. 하나님의 말씀은 신앙생활의 바탕이다. 하나님의 사람은 늘 하나님의 말씀에 묶인다. 말씀을 토대로 하여 세상과 삶을 이해한다. 하나님의 말씀에 사로잡혀 살면, 삶을 보는 눈이 달라진다.

둘째는 신앙 공동체로서의 교회이다. 디모데는 믿음의 공동체 안에서 믿음의 공동체를 섬기는 삶을 살았다. 그래서 그는 일찍이 교회를 섬기는 목회자로 안수를 받았다(딤전 4:12-13).

그리스도인과 신앙 공동체의 관계는 씨앗과 흙의 관계와 같다. 한 알의 씨앗이 싹을 트고 열매를 맺으려면, 흙은 필수적이다. 마찬가지로 한 사람의 그리스도인이 바른 하나님의 사람으로 자라가려면, 신앙 공동체는 필수적이다. 그래서 그리스도인이 된다는 것은 신앙의 공동체가 된다는 것과 같다. 폴 투르니에(Paul Tournier)는 이렇게 말했다. "우리가 혼자가 될 수 없는 두 가지가 있다. 하나는 결혼하는 것이고, 다른 하나는 그리스도인이 되는 것이다." 기독교 신앙은 공동체를 생각하지 않고서는 그리고 공동체를 떠나서는 바르게 형성되기 어렵다.

셋째는 하나님의 사람으로 살고자 하는 자기 자신의 마음의 결단과 삶의 헌신이다. 디모데는 하나님 앞에서 바르고자 하는 강한 열정이 있었다. 하나님은 그런 마음을 보시고 그 안에 더 큰 믿음을 주셨다. 하나님의 나라를 위해 귀하게 쓰임 받는 사람으로 세워주셨다.

그러면 하나님의 사람은 무엇으로 사는가? 하나님의 사랑과 은혜로 산다. 하나님의 말씀으로 산다. 예배와 기도로 산다. 영적인 교제와 섬김으로 산다. 이런 요소들은 우리를 진리로 인도해 가시는 성령의 인도하심 하에서 하나님의 사람으로 형성되어 가는 데 밑거름이 된다.

우리가 믿음 안에서 살아가면, 우리도 디모데처럼 사람들로부터 "하나님의 사람"이라고 불리게 된다. 더 중요한 것은 하나님 바로 그분으로부터 그렇게 불리게 된다고 하는 것이다. '너는 나의 사람이다'라고. 세상에 이보다 더 큰 복이 있을까? 사도 바울은 이렇게 말했다. "우리가 살아도 주를 위하여 살고 죽어도 주를 위하여 죽나니 그러므로 사나 죽으나 우리가 주의 것이로다"(롬 14:8). 이 고백은 오직 하나님의 사람만이 할 수 있는 것이며, 그런 영광은 하나님의 사람만이 받아 누릴 수 있는 은혜요 특권이다. 우리도 같은 고백을 하면서 계속해서 우리 인생의 근원이신 하나님을 향하여 자라가고 살아가야 한다. 그것이 우리를 향한 하나님의 뜻이다.

5장
너도 죄인이다

인간에게는 영원히 살고자 하는 내적인 열망이 있다. 전도서 기자는 그런 열망과 관련하여 이렇게 쓴다. "하나님이 모든 것을 지으시되 때를 따라 아름답게 하셨고 또 사람들에게는 영원을 사모하는 마음을 주셨느니라 그러나 하나님이 하시는 일의 시종을 사람으로 측량할 수 없게 하셨도다"(전 3:11). "영원을 사모하는 마음." 이것은 인간의 가장 큰 열망을 가장 적절하게 나타내는 말이다.

실제로, 인간에게는 영원을 사모하는 마음이 있다. 이런 영원을 사모하는 것은 인간에게 가장 근본적이고 강한 본능이라고 할 수 있다. 그것은 '존재본능'이고 '영생본능'이다.

인간이 죽음을 두려워하는 것은 바로 영원히 살고자 하는 그 내적인 열망 때문이다. 자신은 영원히 살고 싶은데 자신의 의지와는 상관없이 어느 순간 자신의 존재가 없어진다는 것으로 인해 말할 수 없는 불안과 고통을 느낀다. 그래서 영원히 살고자 하는 인간에게 죽음이라는 피할 수 없는 현실은 가장 큰 고통이고 절망이자 딜레마이다. 여기에서 인간의 종교적 추구가 나온다.

종교는 인간이 자기 한계를 넘어 보고자 하는 추구이고 시도이자 내면에 있는 영원을 사모하는 마음의 최고의 표현이다. 즉 종교는 인간 안에 내재해 있는 종교성의 발로이다. 이런 점에서 기독교와 다른 종교는 다르다. 기독교는 인간의 종교성이나 영원을 추구하는 마음에서 출발한 것이 아니라 인간을 지으시고 구속하시는 하나님과 그분의 '특별 계시'인 예수 그리스도로부터 출발했기 때문이다.

기독교는 인간이 이름 모를 어떤 신을 찾아가는 종교적 추구가 아니라 천지와 그 가운데 있는 모든 것을 창조하시고 인간을 지으신 창조주 하나님이 죄인인 인간을 구원하시기 위해 이 세상에 오신 좋은 소식, 곧 복음을 의미한다. 그래서 그 복음에 응답하여 예수 그리스도 안에서 하나님과 새로운 관계를 맺는 사람은 누구나 다시금 영원한 생명을 얻게 된다. 죄에 대한 용서를 받고 죽음을 넘어서 영원을 소유하게 되는 것이다. 그래서 예수님은 "진실로 진실로 너희에게 이르노니 믿는 자는 영생을 가졌나니 내가 곧 생명의 떡이니라"(요 6:47-48)고 말씀하셨다.

인간은 왜 죄인인가?

그러면 인간은 왜 죽는가? 인간에게는 영원히 살고자 하는 내적인 열망이 있음에도 불구하고, 인간은 왜 이 땅에서 얼마간 머물다가 가을날 지는 낙엽처럼 사라져야 하는가? 이에 대해 성서는 인간이 죽는 것은 "죄" 때문이라고 분명하게 말한다. 죽음은 죄의 결과라는 것이다. "한 사람으로 말미암아 죄가 세상에 들어오고 죄로 말미암아 사망이 들어왔나니 이와 같이 모든 사람이 죄를 지었으므로 사망이 모든 사람에게 이르렀느니라"(롬 5:12). "죄의 삯은 사망이요 하나님의 은사는 그리스도 예수 우리 주 안에 있는 영생이니라"(롬 6:23).

인간은 죄인이라는 성서의 증언이 사실이라면, 인간은 왜 죄인이 되었는가? 그것은 인간이 하나님의 말씀을 듣지 않고 불순종했기 때문이라고 성서는 말한다. 인간의 죽음의 문제의 중심에는 다름 아닌 인간 자신이 있다. 하나님의 말씀을 거역함으로써 인간 스스로가 죽음을 초래한 것이다.

성서에 따르면, 하나님은 인간을 창조하신 후에 그를 에덴동산에 두셨다. 그리고 창조세계를 다스리게 하셨다. 그러나 창조세계에 대한 인간의 다스림은 자신의 임의대로 할 수 있는 것이 아니었다. 창조주 하나님의 청지기로 오직 그분의 말씀에 근거하여 그분의 뜻에 합당하게 다스려야 했다. 하나님은 최초의 인간인 아담을 동산에 두실 때 다음과 같이 분명하게 말씀하셨다. "여호와 하나님이 그 사람에게 명하여 이르시되 동산 각종 나무의 열매는 네가 임의로 먹되 선악을 알게 하는 나무의 열매는 먹지 말라 네가 먹는 날에는 반드시 죽으리라 하시니라"(창 2:16-17).

그러나 아담과 하와는 하나님의 말씀을 듣지 않았다. 그래서 죽게 되었다. 영적으로 죽어 하나님의 생명을 상실하게 되었고 육신은 흙으로 돌아가게 되었다. 하나님은 아담에게 이렇게 말씀하셨다.

네가 네 아내의 말을 듣고 내가 네게 먹지 말라 한 나무의 열매를 먹었은즉 땅은 너로 말미암아 저주를 받고 너는 네 평생에 수고하여야 그 소산을 먹으리라 땅이 네게 가시덤불과 엉겅퀴를 낼 것이라 네가 먹을 것은 밭의 채소인즉 네가 흙으로 돌아갈 때까지 얼굴에 땀을 흘려야 먹을 것을 먹으리니 네가 그것에서 취함을 입었음이라 너는 흙

이니 흙으로 돌아갈 것이니라. (창 3:17-19)

인간이 하나님의 말씀을 듣지 않고 자기 마음대로 살아가면, 결국 하나님 없이 죽음에 이르고 흙으로 돌아가게 된다. 그것이 성서가 인간의 운명에 대해 말하는 것이다.

모든 사람이 죄인이다

성서에서 죄는 일차적으로 하나님과의 관계에서 정의되는 말이다. 그래서 성서가 인간을 죄인이라고 말할 때, 그것은 본래 도덕적이고 윤리적인 개념이라기보다는 영적이고 존재론적인 개념이다. 인간은 하나님께 대해 죄인이다. 영적으로, 존재론적으로 죽어 있다. 하나님의 말씀에 순종하지 않고 하나님을 떠나 살면 누구나 하나님께 대하여 영적으로, 존재론적으로 죽어 있는 죄인이다. 아담과 하와가 죄인으로 그리고 영적으로 죽은 존재로 여김을 받은 것은 바로 그런 이유에서다.

이 점은 오늘날에도 여전히 사실이며 앞으로도 사실이다. 하나님과 관계없이 살아가는 사람은 누구나 영적으로 죽어 있고 죄인인 것이다. 그가 다른 사람들의 눈에 아무리 착하게 보인다고 하더라도 그리고 다른 사람들에게 직접 죄를 짓지 않았다고 하더라도 그렇다. 죄인 됨에 대한 판결은 인간을 지으신 창조주 하나님이 하신다. 하나님만이 참된 심판자이시기 때문이다. 하나님은 창조와 구속의 주이지만 또한 심판의 주이기도 하다. 하나님이 인간에 대하여 죄인이라고 선언하시면, 그는 죄인이다. 반면에 하나님이 인간에게 의롭다고 인정하시면, 그는 하나님에 의해 의롭다고 인정을 받은 존재가 된다. 용서받은 죄인이 되는 것이다.

하나님에 대하여 죄인이자 영적으로 죽었던 아담과 하와의 후손들로서의 모든 인간은 죄의 본성을 지니고 태어난 후 죄인으로 살다가 죄인으로 죽는다. 사도 바울은 "모든 사람이 죄를 범하였으매 하나님의 영광에 이르지 못하더니"(롬 3:23)라고 말했다. 태어나는 모든 사람은 누구도 예외 없이 죄인이라는 말이다. 그런 이유로 영적으로 죽어 있다. 그래서 예수님은 "내 말을 듣고 또 나 보내신 이를 믿는 자는 영생을 얻었고 심판에 이르지 아니하나니 사망에서 생명으로 옮겼느니라"(요 5:24)고 말씀하셨다. 만일 인간이 죄인이 아니고 영적으로 죽어 있지 않다면, 하나님은 독자 예수 그리스도를 이 세상에 보내실 이유와 필요가 전혀 없다. 그것은 헛되다. 따라서 예수 그리스도가 이 세상에 오신 것은 인간이 죄와 사망 가운데 있기 때문이다.

하지만 "모든 사람은 죄인이다"라는 이 말은 현대인의 마음을 불편하게 한다. 스토트가 말하는 것처럼, 오늘날 죄는 인기 없는 주제이다. 그리스도인들은 종종 그 말을 너무 자주 되풀이한다고 비판을 받는다. 물론 절대 가치를 부정하고 모든 것을 상대적으로 받아들이는 사람들이 많은 오늘날의 상황에서 그것은 당연한 반응이자 태도일지도 모른다. 자신을 의롭다고 여기는 사람에게 "당신은 죄인이다"라고 말하면 좋아할 사람이 누가 있겠는가? 하지만 현대인들의 이런 태도에도 불구하고, 성서는 아주 분명하게 '모든 사람이 죄를 범했고, 그래서 모든 사람이 죄인이다'라고 말한다.

오늘날 말고도 자신을 의롭다고 여기는 사람들은 예수님 당시에도 있었다. 예수님 당시의 어떤 사람들은 자신들을 의롭게 여기며 살았다. 그들은 대부분 종교적 규정들을 지키려고 노력하며 살았던 사람들이다. 그들은 대부분 예수님의 행동에 대한 비판자들로 외적으로는 그리고 율법적으로는 의롭게 비쳤다. 하지만 그들도 하나님 앞에서는 죄인이었다. 내면은 하나님의 말씀을 떠나 있었기 때문이다.

누가복음 18장에는 자기를 의롭다고 믿고 다른 사람을 멸시하는 사람들을 향해 예수님이 하신 비유의 말씀이 나온다. 어느 날 두 사람이 기도하러 성전에 올라갔다. 한 사람은 자칭 의롭다고 여기는 바리새인이요, 다른 한 사람은 스스로 자신이 죄인임을 아는 세리였다. 바리새인은 서서 자신에 관해 이렇게 기도했다. "하나님이여 나는 다른 사람들 곧 토색, 불의, 간음을 하는 자들과 같지 아니하고 이 세리와도 같지 아니함을 감사하나이다 나는 이레에 두 번씩 금식하고 또 소득의 십일조를 드리나이다"(11-12절). 반면에 세리는 멀리 서서 감히 고개를 들지 못한 채로 가슴을 치며 이렇게 기도했다. "하나님이여 불쌍히 여기소서 나는 죄인이로소이다"(13절).

예수님은 이 비유의 말씀을 들려주시면서 이렇게 말씀하셨다. "저 바리새인이 아니고 이 사람[세리]이 의롭다 하심을 받고 그의 집으로 내려갔느니라"(14절). 하나님의 아들 예수님께서는 자칭 의롭다고 여기며 살았던 바리새인들도 죄인이었다. 예수님은 지금도 자신을 의롭다고 여기는 모든 인간을 향하여 이렇게 말씀하신다. "너도 죄인이다."

예수 그리스도와 죄인
인간의 모든 문제의 바탕에는 영적인 문제가 있다. 곧 하나님과의 관계의 문제가 있다. 빌리 그래함(Billy Graham)은 이렇게 말한다.

> 우리의 영혼은 한 가지 병을 가지고 있다고 성경은 가르친다. 그것은 우리가 직면할 수 있는 어떤 무서운 암이나 심장병보다도 더 나쁜 것이다. 그것은 이 세상에 있는 모든 곤란과 어려움을 일으키는 병이다. 그것은 우리의 삶 속에 모든 고통과 혼란 그리고 망상을 일으킨다. 이병은 우주에서 가장 무섭고 가장 황폐시키는 문제이다…그 병의 이름은 추한 용어이다. 우리는 그것을 사용하기를 꺼린다. 그것을 듣기조차도 싫어한다. 그러나 이 영적 병은 모든 문제의 뿌리이다. 모든 슬픔, 모든 괴로움, 모든 폭력, 비극, 마음의 고통 그리고 역사의 수치는 이 하나의 짧은 단어에 집약된다. 그 단어는 죄이다.

죄는 인간과 하나님 사이를 갈라놓는다. 하나님은 거룩하신 분이다. 그래서 하나님과 죄는 하나가 될 수 없다. 인간이 죄 가운데 살아가면, 인간은 하나님과 함께 할 수 없다. 그런 이유로 인간이 하나님과 하나가 되려면, 인간은 죄에서 돌이켜야 한다.

인간이 죄 가운데 살아가면, 그 마지막은 사망이다. 인간은 죄의 짐을 벗어야 영생을 얻을 수 있다. 사랑과 은혜가 풍성하신 하나님은 인간이 그런 삶을 살 수 있도록 은혜를 베풀어주셨다. 독자 예수 그리스도를 이 세상에 보내시고 십자가에 달려 죽게 하심으로 인간에게 죄의 용서와 영생의 길을 열어 주신 것이다. 그래서 누구든지 예수 그리스도를 자신의 구원자로 영접하고 그를 통해 하나님을 섬기며 살면, 그는 새로운 존재, 새로운 피조물이 되고 하나님의 나라에서 영원한 생명을 누릴 수 있게 된다.

예수님은 이 세상에 죄인을 부르러 오셨다. 더 정확히 말하면, 예수님은 인간의 죄를 사하시고 자기의 백성을 삼고자 하시는 성부 하나님의 보내심을 받아 이 땅에 오셨다. 예수님은 이렇게 말씀하셨다. "인자가 온 것은 섬김을 받으려 함이 아니라 도리어 섬기려 하고 자기 목숨을 많은 사람의 대속물로 주려 함이니라"(마 20:28). "건강한 자에게는 의사가 쓸 데 없고 병든 자에게라야 쓸데 있나니 내가 의인을 부르러 온 것이 아니요 죄인을 불러 회개시키러 왔노라"(눅 5:31-32).

예수님이 이 땅에 오신 것은 스스로 의롭다고 여기는 사람들을 위해서가 아니다. 죄인들을 위해서다. 건강한 사람들은 의사를 찾지 않는다. 아니, 찾을 필요도 없고 찾을 필요를 느끼지도 못한다. 그러나 아픈 사람은 의사를 찾는다. 아프기 때문이고 낫기 위해서다. 죄인들에게는 예수님이 필요하다. 그들이 하나님의 생명을 얻으려면 하나님의 죄 사함이 필요하기 때문이다. 죄의 모습 그대로는 하나님의 생명에 참여할 수 없다.

예수 그리스도를 통해 오는 하나님의 구원의 은혜를 받아 누리려면 그 앞으로 나아가 자신의 죄를 회개하고 그분을 영접해야 한다. 인간의 구원은 하나님만의 능력이요 영역이다. 그러나 그것이 우리에게 영향을 미치고 열매를 맺는 것은 우리의 응답적이고 책임적인 삶을 통해서다. 빌리 그래함은 이렇게 말한다.

여러 가지 면에서 회심은 신비이다. 왜냐하면 우리의 관점에서 볼 때 그것은 우리의 일(our work)이면서 하나님의 일(God's work)이기 때문이다. 우리의 책임은 우리의 죄에서 돌이켜 믿음으로 하나님이 우리의 심장 안으로 들어오시도록 요청하면서 신앙과 회개 안에서 예수 그리스도께로 돌아서는 것이다. 우리는 우리가 우리의 인생 과정을 바꾸기로 작정해도 하나님의 도움이 없이는 이것을 할 수 있는 능력이 없음을 인정한다. 우리가 우리의 죄에서 돌이켜 하나님께로 향할 때, 회심의 신비에 있어서 그분이 감당하시는 부분이 우리의 심장과 마음을 갱생시키고 새롭게 하신다. 그 때에야 비로소 우리는 참되게 회심을 한 것이다.

인간은 의롭다고 인정받을 수 있다

인간은 결코 스스로 또는 다른 인간에 의해 의롭게 될 수 없다. 인간이 의롭게 되는 것은 오직 의로운 존재를 통해서다. 그것이 바로 하나님만이 우리를 의롭게 하실 수 있는 이유이다. 오직 하나님만이 의로우신 분이기 때문이다(막 10:18). 이런 점에서 우리에게는 우리를 의롭게 해 줄 수 있는 근거가 있는 것이다. 우리는 의인이 아니지만 의롭다고 인정을 받을 수는 있다. 회개와 믿음을 통해서다.

우리가 예수 그리스도 안에 있으면, 우리는 의롭다고 여김을 받게 된다. 사도 바울은 이렇게 선포한다. "그리스도 예수 안에 있는 속량으로 말미암아 하나님의 은혜로 값없이 의롭다 하심을 얻은 자 되었느니라"(롬 3:24). 우리는 모두 하나님 앞에서 죄인이지만, 그럼에도 하나님은 아들을 믿는 믿음을 통해 우리를 의롭다고 인정하신다. 우리에게 예수 그리스도가 중요한 이유가 바로 여기에 있다. 그래서 베드로는 성령이 충만한 가운데 이스라엘 백성의 관원들과 장로들 앞에서 이렇게 설교했다. "이 예수는 너희 건축자들의 버린 돌로서 집 모퉁이의 머릿돌이 되었느니라 다른 이로써는 구원을 받을 수 없나니 천하 사람 중에 구원을 받을 만한 다른 이름을 우리에게 주신 일이 없음이라"(행 4:11-12).

우리는 예수 그리스도로 말미암아 하나님과 새로운 관계를 형성하게 된다. 그분은 하나님께 이르는 유일한 "길이요 진리요 생명"이기 때문이다(요 14:6). 우리는 진정 하나님 앞에서 죄인이지만 예수 그리스도를 믿는 믿음을 통해 하나님으로부터 의롭다고 인정을 받고 영생에 참여하는 복된 사람들이 될 수 있다. 믿음만 있으면 그렇다.

6장
십자가와 부활

해마다 고난 주간이 되면 그리스도인들 대부분이 묵상하게 되는 말씀이 '가상칠언'이다. 가상칠언은 예수님이 십자가 위에서 마지막으로 하신 말씀으로 그 내용은 다음과 같다.

> 아버지 저들을 사하여 주옵소서 자기들이 하는 것을 알지 못함이니이다. (눅 23:34)
>
> 오늘 네가 나와 함께 낙원에 있으리라. (눅 23:43)
>
> 여자여 보소서 아들이니이다. (요 19:26)
>
> 엘리 엘리 라마 사박다니(나의 하나님, 나의 하나님, 어찌하여 나를 버리셨나이까). (마 27:46)
>
> 내가 목마르다. (요 19:28)
>
> 다 이루었다. (요 19:30)
>
> 내 영혼을 아버지 손에 부탁하나이다. (눅 23:46)

이 말씀들을 묵상하다 보면, 예수님이 십자가에서 당하신 고통이 얼마나 컸을지를 조금이나마 짐작하게 된다. 그리고 예수님의 큰 고통을 생각하면 할수록 이사야 53장의 〈고난받는 종〉의 모습이 저절로 떠오른다.

> 그는 멸시를 받아 사람들에게 버림 받았으며 간고를 많이 겪었으며
> 질고를 아는 자라 마치 사람들이 그에게서 얼굴을 가리는 것 같이 멸
> 시를 당하였고 우리도 그를 귀히 여기지 아니하였도다 그는 실로 우
> 리의 질고를 지고 우리의 슬픔을 당하였거늘 우리는 생각하기를 그는
> 징벌을 받아 하나님께 맞으며 고난을 당한다 하였노라 그가 찔림은
> 우리의 허물 때문이요 그가 상함은 우리의 죄악 때문이라 그가 징계
> 를 받음으로 우리는 평화를 누리고 그가 채찍에 맞으므로 우리는 나
> 음을 받았도다 우리는 다 양 같아서 그릇 행하여 각기 제 길로 갔거늘
> 여호와께서는 우리 모두의 죄악을 그에게 담당시키셨도다. (3-6절)

이사야에서 묘사되는 고난 받는 종의 모습은 신약에서는 특히 사도
바울의 서신서들에서 중심적인 주제로 나타난다. 고난의 십자가의 신
앙 또는 십자가의 고난의 신앙은 그의 신앙과 신학의 중심 사상이었
다. 사도 바울은 "내게는 우리 주 예수 그리스도의 십자가 외에 결코
자랑할 것이 없으니 그리스도로 말미암아 세상이 나를 대하여 십자가
에 못 박히고 내가 또한 세상을 대하여 그러하니라"(갈 6:14)고 말했다.
그는 이렇게도 말했다. "형제들아 내가 너희에게 나아가 하나님의 증
거를 전할 때에 말과 지혜의 아름다운 것으로 아니하였나니 내가 너
희 중에서 예수 그리스도와 그가 십자가에 못 박히신 것 외에는 아무
것도 알지 아니하기로 작정하였음이라"(고전 2:1-2).

이처럼 사도 바울의 삶과 사역의 중심에는 예수 그리스도의 십자가

가 있었다.

그러면 왜 하필 십자가인가? 왜 사도 바울은 그토록 십자가를 고집하는가? 그는 왜 십자가에 목숨을 거는가? 그리고 모든 진정한 그리스도인은 왜 그토록 십자가를 강조하는가? 흔히 종교다원주의 시대라고 불리는 오늘날에도 하나님의 말씀의 권위를 인정하는 참된 성서적, 복음적인 그리스도인들은 왜 십자가의 신앙을 포기하거나 버릴 수 없는가?

십자가는 인간의 구원을 위한 하나님의 유일하고도 최선의 방법

사도 바울은 고린도전서 1장 18절에서 이렇게 말한다. "십자가의 도가 멸망하는 자들에게는 미련한 것이요 구원을 받는 우리에게는 하나님의 능력이라." 이 말씀에 따르면, 예수 그리스도의 십자가는 본질상 인간의 구원과 관련되어 있으며 하나님이 죄와 사망 가운데 있는 인간을 구원하시는 방법과 능력이다.

본래 십자가는 로마 시대에는 극악무도한 죄인들을 벌하는 형틀이었다. 즉 십자가는 인간을 죽이는 도구였다. 그래서 당시의 많은 사람에게 십자가를 통하여 인간이 구원을 받는다고 하는 것은 말이 되지 않는 우스운 이야기였다. 바울이 말하는 것처럼 십자가를 통한 구원은 "유대인에게는 거리끼는 것이요 이방인에게는 미련한 것"(고전 1:23)이었다.

그러나 그리스도인들에게 있어서 십자가는 인간의 죄를 사하시고 영원한 생명을 주시는 하나님의 독특한 방법이다. 하나님께서는 인간이 다른 인간을 죽이던 형벌의 도구를, 죄로 죽을 수 밖에 없는 인간을 살리는 은혜의 도구로 사용하셨기 때문이다. 그래서 세상 사람들에게 십자가의 복음은 미련해 보이는 것일지라도, 십자가를 통해 구원을 받는 그리스도인들에게 그리스도의 십자가는 죄인을 살리시는 하나님의 능력이요 지혜요 자랑이 된다. 그런 이유로 사도 바울은 "오직 부르심을 입은 자들에게는 유대인이나 헬라인이나 그리스도는 하나님의 능력이요 하나님의 지혜니라"(고전 1:24)고 말할 수 있었다. 실제로, 십자가는 죄인인 인간을 구원하시는 하나님의 유일하고도 최선의 방법이다.

인간에게 그리스도의 십자가가 필요한 이유

그러면 왜 인간은 구원을 위해 예수 그리스도의 십자가를 필요로 하는가? 그 이유를 두 가지로 설명할 수 있다.

첫째, 인간은 하나님 앞에서 죄인이며 영적으로 죽은 존재이기 때문이다(롬 3:23). 인간은 하나님의 말씀에 불순종함으로써 하나님 앞에서 죄인이 되었다. 그로 인해 인간은 영적으로 죽은 존재가 되었다(창 3:19; 롬 5:12; 6:23). 그래서 하나님 앞에서 영적으로 죽은 인간은 하나님 앞에서 영적으로 다시 살기 위해 하나님의 구원의 방법인 십자가, 곧 예수 그리스도의 십자가를 필요로 한다.

둘째, 인간이 구원을 위해 십자가를 필요로 하는 것은, 인간은 스스로를 구원할 수 없는 유한한 존재이기 때문이다. 인간에게는 구원의 능력이 없다. 누구도 자신을 그리고 다른 사람을 구원할 수 없다. 구원의 능력은 오직 하나님께만 있다. 하나님만 구원하실 수 있다. 그래서 인간은 구원을 위해 하나님을 의지해야 하고 그분의 구원의 방법인 십자가를 필요로 한다.

다윗은 이렇게 읊었다. "나의 영혼이 잠잠히 하나님만 바람이여 나의 구원이 그에게서 나오는도다 오직 그만이 나의 반석이시요 나의 구원이시요 나의 요새이시니 내가 크게 흔들리지 아니하리로다"(시 62:1-2). 하나님의 사자는 마리아에게 이렇게 말했다. "아들을 낳으리니 이름을 예수라 하라 이는 그가 자기 백성을 그들의 죄에서 구원할 자이심이라"(마 1:21). 그 예수님은 서기관들을 향하여 "인자가 세상에서 죄를 사하는 권능이 있는 줄을 너희로 알게 하려 하노라"(마 9:6)고 말씀하셨다. 베드로는 유대인을 향한 설교에서 이렇게 말했다. "이스라엘 온 집은 확실히 알지니 너희가 십자가에 못 박은 이 예수를 하나님이 주와 그리스도가 되게 하셨느니라"(행 2:36). 이 말씀들의 메시지는 분명하다. 죄인인 인간의 구원과 예수 그리스도의 십자가는 불가분리의 관계에 있다는 것이다. 그래서 우리는 우리의 죄 사함과 구원을 위해 하나님이 보내주신 예수 그리스도와 그분의 십자가를 필요로 한다.

하나님의 아들 예수 그리스도는 십자가의 구원자이시다. 인간의 구원은 예수 그리스도께 있다. 그래서 우리는 예수 그리스도의 십자가를 통해서 구원을 받는다. 우리는 예수 그리스도의 십자가를 통해서 하나님의 사랑을 경험하고 하나님과 화해를 이루게 된다. 사도 바울은 이렇게 말한다.

그리스도 예수 안에 있는 속량으로 말미암아 하나님의 은혜로 값없이 의롭다 하심을 얻은 자 되었느니라 이 예수를 하나님이 그의 피로써 믿음으로 말미암는 화목제물로 세우셨으니 이는 하나님께서 길이 참으시는 중에 전에 지은 죄를 간과하심으로 자기의 의로우심을 나타내려 하심이니 곧 이 때에 자기의 의로우심을 나타내사 자기도 의로우시며 또한 예수 믿는 자를 의롭다 하려 하심이라. (롬 3:24-26)

이것이 우리에게 예수 그리스도의 십자가가 필요한 이유이다. 그 십자가와 함께 우리는 하나님 앞에서 의롭다 여김을 받고 구원을 받게 되는 것이다.

왜 부활인가?

예수 그리스도의 십자가 위에서의 죽으심은 필연적으로 성부 하나님의 전능하신 능력 안에서 그분의 부활과 연결되어 있다. 그래서 부활 없는 십자가는 허무이자 무의미이며, 십자가 없는 부활은 망상이자 거짓이다. 그것은 하나님이 주신 예수 그리스도의 복음이 아니다. 룩 티모시 존슨(Luke Timothy Johnson)은 이렇게 말한다.

신앙은 두 가지 방식으로 예수님의 부활과 함께 시작된다. 첫째로, 부활은 기독교적 삶 전체를 위한 근거이다. 만일 예수님이 살아나지 않았다면, 사도 바울이 고린도교회 교인들에게 말하는 것처럼, 우리의 신앙은 헛된 것이다(고전 15:14). 둘째로, 부활은 기독교의 연대기적 기원이다. 기록에 따르면, 예수님이 자신의 사역기간 동안 제자들 안에 일으킨 충성과 헌신이 무엇이었든지 간에, 그가 죽을 때 그들이 그를 배반하고 부인하고 버리는 것을 막는 데는 불충분했다. 예수 운동(the Jesus movement)은 예수의 죽음과 함께 끝났지만 그의 부활 후에 다시 시작되었다.

특히, 사도 바울은 부활신앙을 중요하게 여겼다. 십자가에 근거한 부활신앙을 말이다. 그에게 있어서 예수신앙은 십자가 신앙과 부활신 앙이었다. 그는 이렇게 확신한다.

> 만일 우리가 그의 죽으심과 같은 모양으로 연합한 자가 되었으면 또 한 그의 부활과 같은 모양으로 연합한 자도 되리라 우리가 알거니와 우리의 옛 사람이 예수와 함께 십자가에 못 박힌 것은 죄의 몸이 죽어 다시는 우리가 죄에게 종 노릇 하지 아니하려 함이니 이는 죽은 자가 죄에서 벗어나 의롭다 하심을 얻었음이라 만일 우리가 그리스도와 함 께 죽었으면 또한 그와 함께 살 줄을 믿노니 이는 그리스도께서 죽은 자 가운데서 살아나셨으매 다시 죽지 아니하시고 사망이 다시 그를 주장하지 못할 줄을 앎이로라 그가 죽으심은 죄에 대하여 단번에 죽 으심이요 그가 살아 계심은 하나님께 대하여 살아 계심이니 이와 같 이 너희도 너희 자신을 죄에 대하여는 죽은 자요 그리스도 예수 안에 서 하나님께 대하여는 살아 있는 자로 여길지어다. (롬 6:5-11)

사도 바울의 이 확신은 하나님의 말씀 안에서 우리의 확신이 된다. 예수님의 말씀처럼 십자가의 복음 안에서 예수 그리스도는 부활이요 생명이시기 때문에 그분을 믿는 사람은 누구나 죽어도 살게 되며 더 욱이 살아서 믿는 사람들은 영원히 죽지 않게 된다는 것을 하나님의 말씀에 근거하여 우리는 믿을 수 있다.

이처럼 예수 그리스도의 십자가의 고난에서 우리는 부활의 영광을 본다. 그리고 그 부활의 영광 안에서 십자가를 지고 가야 하는 우리의 삶을 이해한다. 비록 오늘 우리의 삶에는 말로 다 형용할 수 없는 힘든 일들이 많이 있다고 하더라도 그렇다. 부활의 영광은 오늘 우리의 십자가를 지고 가는 제자들로서의 삶을 품고 견디게 한다. 오직 그리스도인들인 우리만 이런 희망을 품을 수 있다. 우리에게는 십자가에서 고난 받으신, 그러나 지금은 부활하여 하나님 아버지의 우편에 계시고 또한 성령을 통해 현재 우리와 함께 하시는 그분, 십자가의 주요 부활의 주 예수 그리스도께서 계시기 때문이다.

우리가 부활하게 되면

예수님은 이렇게 말씀하셨다. "내가 너희를 고아와 같이 버려두지 아니하고 너희에게로 오리라 조금 있으면 세상은 다시 나를 보지 못할 것이로되 너희는 나를 보리니 이는 내가 살아 있고 너희도 살아 있겠음이라 그 날에는 내가 아버지 안에, 너희가 내 안에, 내가 너희 안에 있는 것을 너희가 알리라"(요 14:18-20). 예수 그리스도는 영원부터 영원까지 살아계신다. 그분은 영존하시는 성자 하나님으로서 부활하신 주님이다. 부활하고 승천하셔서 성부 하나님과 함께 계신다. 그래서 우리는 그분으로 인해 영원히 살게 될 것이다. 그뿐 아니라 예수 그리스도와 함께 하나님의 나라에서 하나님의 온전한 다스림을 받으며 영원히 살게 될 것이다. 이와 같이 우리에게는 종말론적 희망, 더 정확히는 종시론적 희망이 있다(하나님의 시간의 역사 안에서 이 역사의 종말은 동시에 새로운 시작이기에 그렇게 이해하는 것이 더 적절하다고 필자는 생각한다).

이런 성서적, 기독교적 진리 앞에서 나 자신에게 이렇게 묻는다. 왜 십자가인가? 그리고 이렇게 대답한다. 구원의 주이신 예수 그리스도의 십자가는 죄인인 나와 전 인류를 구원하시는 하나님의 능력이기 때문이다. 또 이렇게 묻는다. 왜 부활인가? 그리고 또 이렇게 대답한다. 부활의 주이신 예수 그리스도는 부활하셨고, 우리의 십자가를 지고 가는 삶의 마지막은 예수 그리스도를 믿는 믿음 안에서 부활의 영광이기 때문이다. 부활이 없는 기독교는 있을 수 없다. "만일 부활이 거부된다면, 진리의 체계로서 기독교의 모든 것은 무너진다"(빌리 그래함). 기독교의 중심에는 분명 십자가에서 죽으신 예수 그리스도의 부활이 있다.

우리는 예수 그리스도의 십자가를 통해서 구원을 받고 십자가 안에서의 삶을 통해서 하나님 나라에서의 부활의 아침을 맞이하게 될 것이다. 그리고 거기에서 주님과 함께 영원히 살게 될 것이다. 이처럼 예수 그리스도의 십자가와 부활은 예수 그리스도를 믿는 우리 신앙의 핵심이고 두 기둥이다. 하나님의 말씀을 존중하는 신실한 그리스도인은 이것을 믿는다.

7장
세상의 단맛과 믿음의 단맛

내가 어릴 때 다닌 시골의 초등학교는 집에서 걸어서 약 1시간 거리에 있었다. 그리고 집과 학교 사이에는 그 두 곳을 이어주는 신작로, 곧 큰 길이 나 있었다. 나는 매일 그 길을 걸어서 학교에 다녔다. 그 당시 그 길에는 버스가 다니지 않았기 때문이다. 매일 매일 걸어서 학교와 집에 가고 오는 것은 힘들긴 했지만 나름대로 즐거움도 있었다. 특히, 가을이면 그 길 양쪽으로 무수히 심긴 코스모스가 아름답게 피어 우리의 가고 오는 발걸음을 반겨 주곤 했다. 더욱이 바람에 흩날리는 모습은 마치 우리를 보고는 "안녕!"하고 인사하는 것처럼 느껴지기도 했다.

많은 경우에 피어 있는 코스모스 꽃마다 꿀벌들이 날아들어 그 위에 앉곤 했다. 그러면 우리는 몰래 다가가서 움직이지 못하도록 양 날개를 손으로 잡거나 작은 막대기로 집고서는 꽁무니에 나 있는 벌침을 잡아 뺀 후에 그 벌을 가지고 장난을 치며 놀기도 했다. 벌의 침을 빼는 것은 벌을 가지고 놀 때 쏘이지 않도록 하기 위해서였다.

벌들이 꽃에 날아드는 것은 그 꽃에 담긴 당분 때문이다. 벌들은 그것을 빨아먹기 위해 꽃으로 날아들었다. 그리고는 열심히 빨아먹었다. 벌들이 꽃의 단맛에 빠져 있을 때, 우리는 그때를 이용해 벌을 잡았다. 그것은 여간 재미있는 일이 아니었다. 벌들에게는 목숨이 걸린 문제였지만, 먼길을 걸어가야 하는 우리에게는 지루함을 달래주는 즐거운 놀이였다. 때로는 그렇게 하다가 벌에 쏘이기도 했는데, 지금은 그것마저도 아름다운 추억으로 남아 있다.

제자의 길을 버리고 세상으로 간 사람들

우리는 힘든 일보다는 쉬운 일을 선호하듯이 벌처럼 쓴 것보다는 단 것을 더 좋아하는 경향이 있다. 당연하다. 단 것이 있는데 굳이 쓴 것을 좋아할 사람이 어디 있겠는가? 하지만 단 것이 다 좋은 것은 아니다. 때론 단 것이 우리의 삶에 해로 작용하기도 한다. 반대로 종종 쓴 것이 우리의 삶에 유익하게 작용하기도 한다.

단맛의 정도로 본다면 일견 믿음의 세계보다는 인간 세상이 더 달콤하게 여겨질 수 있다. 믿음의 세계에는 제자로서의 삶을 사는데 절제해야 할 것들이 많이 주어지지만, 세상은 내가 하고 싶은 대로 하면서 살 수 있기 때문이다. 예수님의 말씀대로 하면, 믿음의 세계는 좁은 길이고 세상은 넓은 길이다(마 7:13-14). 그래서 믿음의 길은 불편하고 쓰게 느껴질 수 있고, 세상의 길은 편하고 달콤하게 느껴질 수 있다. 그런 이유로 사람들은 믿음의 세계보다는 세상을 더 좋아한다. 심지어는 신자들 가운데에도 그런 사람들이 적지 않게 있다. 때로는 믿음의 세계에 있다가도 세상의 단맛에 빠져 세상으로 가는 경우도 있다.

요한복음 6장에는 당시 예수님을 따르던 사람 중 적지 않은 사람들이 세상의 단맛을 찾아 예수님을 떠나가는 장면이 나온다. 예수님은 자신을 따르던 사람들에게 "생명의 양식"으로서의 자신을 가리켜 말씀을 전하셨다. 하지만 예수님을 따르던 사람들은 그 말씀을 제대로 이해하지 못했다.

그 때에 예수님은 그들이 "이 말씀은 어렵도다 누가 들을 수 있느냐"라고 수군거리는 것을 아시고 이렇게 말씀하셨다. "이 말이 너희에게 걸림이 되느냐 그러면 너희는 인자가 이전에 있던 곳으로 올라가는 것을 본다면 어떻게 하겠느냐 살리는 것은 영이니 육은 무익하니라 내가 너희에게 이른 말은 영이요 생명이라 그러나 너희 중에 믿지 아니하는 자들이 있느니라"(61-64절). 그런 다음 계속해서 이렇게 말씀하셨다. "그러므로 전에 너희에게 말하기를 내 아버지께서 오게 하여 주지 아니하시면 누구든지 내게 올 수 없다 하였노라"(65절). 그러자 그 때부터 예수님의 "제자 중에서 많은 사람이 떠나가고 다시 그와 함께 다니지 아니"했다(66절). 그들은 생명을 위해 예수님을 따르는 길을 포기하고 세상을 향하여 다시 방향을 전환했다. 그런 다음 죽을 때까지 세상에 빠져 살아갔다.

그들은 사실 복음을 위해, 하나님의 생명을 위해 예수 그리스도를 따른 것이 아니었다. 그들은 육신의 만족을 위해 따랐다. 그것이 예수님이 "너희가 나를 찾는 것은 표적을 본 까닭이 아니요 떡을 먹고 배부른 까닭이로다"(26절)라고 말씀하신 이유이다.

데마와 세상

교회 역사적으로 볼 때도 처음에는 복음을 듣고 예수 그리스도를 믿고 따랐지만 후에 신앙을 버리고 세상에 빠져 살다가 생을 마친 사람들이 많이 있다. 그런 사람들은 대부분 역사 속에 익명으로 남아 있어서 우리는 그들을 잘 알지 못한다. 하지만 하나님은 알고 계신다. 하나님의 기억 속에는 그들의 행적이 고스란히 새겨져 있다. 그래서 훗날 심판 때에 분명하게 드러나 모든 사람이 알게 될 것이다.

성서에는 처음에는 믿음의 길을 가다가 나중에는 세상으로 간, 초기 교회 교인 중의 한 사람의 이름이 직접 나와 있다. 데마(Demas)라는 사람이다. 사도 바울은 디모데후서 4장 10절에서 "데마는 이 세상을 사랑하여 나를 버리고 데살로니가로 갔고 그레스게는 갈라디아로, 디도는 달마디아로 갔고"라고 쓴다.

데마는 본래 사도 바울의 친구이자 동역자로서 복음을 위해 살았던 사람이다. 그에 관한 기록은 위의 본문을 포함하여 신약성서에서 세번 나온다. "사랑을 받는 의사 누가와 또 데마가 너희에게 문안하느니라"(골 4:14). "또한 나의 동역자 마가, 아리스다고, 데마, 누가가 문안하느니라"(몬 1:24). 그가 사도 바울이 보내는 편지의 문안 인사에 나오는 것을 보면, 당시 편지의 수신자들이 모두 그를 알아볼 만큼 아시아의 그리스도인들 사이에는 널리 알려져 있던 인물임이 틀림없다.

바울이 두 편지-골로새서와 빌레몬서-를 쓸 때만 해도 그는 여전히 복음의 일꾼이었다. 그러나 사도 바울이 두 번째로 감옥에 갇히게 되었을 때에 그는 세상을 사랑하여 바울을 버리고 데살로니가로 갔다. 그는 생명의 복음과 함께 하면서 주님을 위해 수고하고 고난을 받기보다는 복음이 없는 세상의 즐거움을 누리기 원했다. 그는 세상에서의 즐거움을 위해 자신이 지니던 신앙을 저버렸다. 예수 그리스도로 말미암는 구원과 하나님의 나라에서의 영생을 이 땅에서의 일시적인 즐거움과 맞바꾼 것이다. 성서는 그런 사람을 "어리석은 사람"이라고 부른다.

어리석은 사람 데마가 사랑하고 추구했던 세상은 그에게 감각적 즐거움을 주는 세상이다. 데마의 세상은 쾌락이 있는 곳이다. 그러나 하나님이 없는 죄로 물든 세상이다. 그 세상은 사도 바울이 로마서 10장 2절에서 로마 교인들에게 "본받지 말라"고 했던 불경건과 불의의 세상이다. 그 세상은 사도 요한이 요한복음 1장 10-11절에서 말했던, 하나님에 의해 지음을 받았음에도 자신을 지은 창조주를 알지도 못하고 그분을 영접하지도 않은 불신앙의 세상이다. 그 세상은 누가복음 15장에 나오는 탕자가 아버지로부터 받은 자신의 몫을 가지고 가서 향락을 누리려고 했던 쾌락의 세상이다.

그러나 그 세상은 헛되고 헛된, 그래서 결국에는 공허함과 허탈함과 더 나아가서는 사망의 나락으로 빠지는 세상이다. 한마디로 말해서 생명이 없는 세상이다. 죄에서 비롯되는 사망이 있는 세상이다. 그곳에는 하나님이 없기 때문이다. 사도 요한은 이렇게 썼다.

> 이 세상이나 세상에 있는 것들을 사랑하지 말라 누구든지 세상을 사랑하면 아버지의 사랑이 그 안에 있지 아니하니 이는 세상에 있는 모든 것이 육신의 정욕과 안목의 정욕과 이생의 자랑이니 다 아버지께로부터 온 것이 아니요 세상으로부터 온 것이라 이 세상도, 그 정욕도 지나가되 오직 하나님의 뜻을 행하는 자는 영원히 거하느니라. (요일 2:15-17)

신앙의 관점에서 볼 때, 하나님이 없는 세상은 우리가 사랑의 관계로 빠져야 할 대상이 아니라 믿음의 능력으로 이겨야 할 대상이며(요일 5:4), 예수 그리스도의 복음을 전해야 하는 영적으로 죽어 있는 자들이 있는 곳이다. "불의로 진리를 막는 사람들"(롬 1:18)이 있는 곳이자 자기들 "마음에 하나님 두기를 싫어하"는 사람들의 세상이다(롬 1:28).

그러나 성서에서 세상을 사랑하지 말라고 하거나 세상을 부인하라고 하는 것은 하나님이 지으신 창조세계, 창조질서를 거부하라는 말이 아니다. 하나님이 창조하신 물질세계를 부정적으로 대하라는 말이 아니다. 그것은 하나님이 원하시는 것이 아니다. 하나님은 자신이 지으신 창조세계를 보시며 "보시기에 좋았더라"고 긍정하셨고 인간에게 청지기적 태도로 책임적으로 잘 돌보라고 명하셨다. 비록 인간의 죄로 인해 땅이 함께 저주를 받았지만, 그럼에도 하나님의 창조세계는 여전히 아름답고 가치가 있으며 우리가 돌보고 지켜야 할 대상임이 틀림없다. 우리가 창조세계를 잘 돌보는 것은 그것을 지으신 창조주 하나님을 존중하는 것이다.

이처럼 성서가 세상을 사랑하지 말라고 하는 것은 하나님의 창조세계를 거부하라거나 세상을 등지고 조용한 곳으로 가서 홀로 경건하게 살라고 하는 것이 아니다. 오히려 그것은 인간이 창조주 하나님을 거부하고 배제하면서 자신이 중심이 되어 만들어 가는 잘못된 문화로 이루어진 세상을 거부하라는 것이다. 어리석은 사람 데마처럼 그것에 빠져 살지 말라는 것이다. 오히려 복음을 들고 가서 그곳을 복음으로 변화시키고 영적으로 죽어 있는 곳을 하나님의 생명으로 살리라고 하는 것이다.

세상에도 있고 믿음의 세계에도 있는 단맛과 쓴맛

언뜻 보기에 세상은 단맛만 있는 것으로 보일 수 있다. 그러나 세상에는 단맛만 있는 것이 아니라 쓴맛도 있다. 아니, 실상은 쓴맛이 더 많다고 하겠다. 세상의 단맛은 우리가 가진 것이 있을 때 그리고 우리가 내놓을 만한 것이 있을 때 달콤하게 다가온다. 하지만 우리가 가진 것이 없거나 가진 것이 모두 바닥이 날 때, 세상은 쓰고 냉정하고 야비해진다. 우리는 그런 사실을 누가복음 16장에 나오는 탕자의 이야기를 통해 듣게 된다.

하지만 하나님은 그렇지가 않다. 하나님은 변덕스러운 세상과는 비교할 수 없을 만큼, 더욱이 세상 사람들과는 비교할 수 없을 만큼 달콤하다. 더욱 놀라운 사실은, 우리의 형편과 조건에 상관없이 하나님은 늘 한결같게 달콤하신 분이라는 사실이다. 하나님은 자신의 동나지 않는, 바닥나지 않는 사랑과 은혜의 달콤함으로 우리 인생의 여러 쓴 부분을 바꾸어 놓으신다. 달콤하게 하신다.

하나님은 분명 세상보다 달콤하다. 하나님을 믿는 믿음도 세상보다 달콤하다. 그리고 하나님의 말씀도 세상보다 달콤하다. 진정으로 그 맛을 본 사람은 그 맛을 안다. 시인은 "주의 말씀의 맛이 내게 어찌 그리 단지요 내 입에 꿀보다 더 다니이다"(시 119:103)라고 노래했다. 참으로 올바른 노래이다. 하나님의 말씀의 맛이 왜 그리 달콤한가? 꿀보다 더 단 하나님의 입에서 나온 말씀이기 때문이다.

물론 하나님은 달콤한 하나님이시지만 우리의 형편에서 보면 우리가 걸어가는 믿음의 길이 쓰게 느껴질 때가 있다. 우리는 복음을 위해 살다가 어려운 일을 당할 때 쓰다는 느낌이 들 수 있다. 하지만 그 쓴

느낌은 세상에서 쾌락을 좇으며 살다가 세상으로부터 버림을 받았을 때 느끼게 되는 쓴맛과는 질적으로 다르다. 세상에서 느끼는 쓴맛은 '무시당함'과 '버림받음'에서 오는 것이지만, 하나님의 말씀에 따라 살아갈 때 세상 때문에 느껴지는 쓴맛은 하나님의 말씀에의 '참여'로 인해 느껴지는 쓴맛이다. 복음을 위해 수고하는 삶을 살 때 겪게 되는 십자가를 지는 아픔이고 제자도의 아픔이며 순교적 아픔이다. 그런 이유로 그런 쓴맛은 절대로 헛되지 않다(마 10:29-30). 복음에 참여하는 영광의 아픔이기 때문이다. 사도 바울은 이렇게 말했다.

> 찬송하리로다 그는 우리 주 예수 그리스도의 하나님이시요 자비의 아버지시요 모든 위로의 하나님이시며 우리의 모든 환난 중에서 우리를 위로하사 우리로 하여금 하나님께 받는 위로로써 모든 환난 중에 있는 자들을 능히 위로하게 하시는 이시로다 그리스도의 고난이 우리에게 넘친 것 같이 우리가 받는 위로도 그리스도로 말미암아 넘치는도다 우리가 환난 당하는 것도 너희가 위로와 구원을 받게 하려는 것이요 우리가 위로를 받는 것도 너희가 위로를 받게 하려 하려는 것이니 이 위로가 너희 속에 역사하여 우리가 받는 것 같은 고난을 너희도 견디게 하느니라 너희를 위한 우리의 소망이 견고함은 너희가 고난에 참여하는 자가 된 것 같이 위로에도 그러할 줄을 앎이라. (고후 1:3-7)

하나님을 참되게 섬기고 예수 그리스도를 충실하게 따라가면서 복음을 위한 삶을 살려고 하면 당연히 어려움이 있고 고난이 있게 마련이다. 의인이 당하는 필연적인 고난이 있다. 예수님도 그런 고난을 당하셨다. 그뿐 아니라 믿음으로 충실하게 살아갔던 수많은 사람도 그런 고난을 당했다. 그렇다면 우리에게도 그런 고난이 있는 것은 당연하지 않은가? 예수 그리스도를 따르는 제자로서의 우리는 분명 그런 고난을 당할 것이다. 그러므로 우리 앞에 고난이 찾아올 때 그것을 대면하는 것이 힘든 일이지만 당황하지 않는 것이 좋다. 사도 베드로는 "부당하게 고난을 받아도 하나님을 생각함으로 슬픔을 참으면 이는 아름다우나 죄가 있어 매를 맞고 참으면 무슨 칭찬이 있으리요 그러나 선을 행함으로 고난을 받고 참으면 이는 하나님 앞에 아름다우니라"(벧전 2:19-20)고 말했다. 믿음 안에서 당하는 고난의 쓴맛은 하나님 앞에서 복되고 아름답고 귀한 것이다.

사도 바울은 이렇게 말했다. "만일 너희가 믿음에 거하고 터 위에 굳게 서서 너희 들은 바 복음의 소망에서 흔들리지 아니하면 그리하리라 이 복음은 천하 만민에게 전파된 바요 나 바울은 이 복음의 일꾼이 되었노라 나는 이제 너희를 위하여 받는 괴로움을 기뻐하고 그리스도의 남은 고난을 그의 몸된 교회를 위하여 내 육체에 채우노라"(골 1:23-24). 복음 때문에 겪는 고난의 쓴맛은 우리 자신이 손수 "그리스도의 남은 고난을 그의 몸된 교회를 위하여" 우리의 육체에 채우는 것을 의미한다. 믿음 안에서의 우리의 모든 삶은 하나님 안에 있다. 하나님을 위해 살면 하나님으로부터 인정을 받게 된다.

하나님의 단맛은 영원하다

룻기 2장 11-12절을 보면, 보아스가 룻에게 이렇게 말한다. "네 남편이 죽은 후로 네가 시어머니에게 행한 모든 것과 네 부모와 고국을 떠나 전에 알지 못하던 백성에게로 온 일이 내게 분명히 알려졌느니라 여호와께서 네가 행한 일에 보답하시기를 원하며 이스라엘의 하나님 여호와께서 그의 날개 아래에 보호를 받으러 온 네게 온전한 상 주시기를 원하노라." 하나님의 날개 밑은 안전하고 포근하다. 그래서 어머니 품에 안겨 포근히 잠을 자는 아기처럼 우리는 하나님의 날개 아래에서 편히 쉴 수 있다. 중요한 것은 룻처럼 그 날개 아래로 보호를 받으러 가는 것이다. 그러면 하나님은 우리에게 칭찬과 더불어 상을 주신다.

하나님의 날개 아래의 포근함처럼, 하나님의 말씀의 달콤함은 우리의 영혼에 활력이 된다. 생의 에너지가 된다. 달콤하신 하나님이 우리의 삶을 감싸 안고 품으신다. 그로 인해 우리는 다시금 소생을 경험하게 된다. 그 때에 시편 23편의 다윗의 고백이 우리의 고백이 된다. "여호와는 나의 목자시니 내게 부족함이 없으리로다 그가 나를 푸른 풀밭에 누이시며 쉴 만한 물가로 인도하시는도다 내 영혼을 소생시키시고…주께서 나와 함께 하심이라 주의 지팡이와 막대기가 나를 안위하시나이다"(1-4절).

세상보다 하나님을 우선시하는 것이 믿음의 세계요 그리스도인의 삶이다. 성격과 정도가 다르지만 믿음의 세계처럼 세상에도 분명 즐거움과 매력이 있다. 그 나름의 단맛이 있다. 그런 이유로 사람들이 죄악된 것인 줄 알면서도 그토록 세상의 달콤함에 빠져 사는 것이 아니겠는가?

그러나 세상이 주는 단맛이 지닌 문제는, 그것은 일시적이고 한계가 있다는 것이다. 그 끝은 허무와 하나님으로부터의 영원한 단절이다. 세상의 단맛은 순간적으로는 달지만, 껌처럼 씹으면 씹을수록 단맛은 사라진다. 나중에는 딱딱해지고 물린다. 결국에는 영원한 절망에 빠지게 한다. 반면에 하나님의 단맛은 지속적이다. 맛을 보면 볼수록 더 달콤하다. 단맛이 우러나온다. 그리고 그 단맛은 우리를 영원한 희망으로, 영원한 생명으로 인도한다. 그 단맛에 이끌릴 때 천국의 기쁨을 맛보아 알게 된다.

믿음은 세상보다 달콤하다. 분명 그렇다. 믿음의 당도는 세상의 당도보다 훨씬 높다. 하나님은 세상보다 달콤하기 때문이다. 믿음의 단맛은 세상의 단맛과 질적으로 다르며 비교할 수 없을 만큼 좋다. 믿음의 단맛은 아무리 맛을 보아도 물리지 않는다. 세상의 단맛은 맛을 보면 볼수록 우리를 파멸로 인도한다. 하지만 믿음의 단맛은 맛을 보면 볼수록 영적으로 깊이 있는 삶을 살아갈 수 있게 된다. 시인은 "너희는 여호와의 선하심을 맛보아 알지어다 그에게 피하는 자는 복이 있도다"(시 34:8)라고 읊었다. 우리에게는 계속해서 하나님에 대한 믿음의 단맛을 맛보아 아는 삶이 필요하다. 그런 삶은 하나님과 함께 할 때만 가능하다.

언젠가 하나님은 믿음의 단맛으로 세상의 단맛을 평가하고 판단하실 것이다. 세상을 심판하시는 그날이 되면 그렇게 하실 것이다. 그때에는 세상의 단맛이 거짓임이 드러날 것이다. 결과적으로 세상의 단맛에 빠져 믿음의 단맛, 하나님의 선하심의 단맛을 저버리고 산 사람들은 하나님 나라의 생명 잔치에 참여하지 못하게 될 것이다. 그 잔치는 믿음 안에서 하나님의 선하심을 맛보아 아는 삶을 산 사람들에게 주어지는 하나님의 선물이기 때문이다.

하나님의 사랑에 잠기고 믿음의 단맛을 제대로 맛본 사람이라면, 곧 하나님의 선하심의 단맛을 제대로 맛본 사람이라면, 그 맛이 세상보다 훨씬 더 달콤할 뿐만 아니라 더 좋다는 것을 알게 된다. 우리 모두 이 단맛을 보고 베드로처럼 "주여 영생의 말씀이 주께 있사오니 우리가 누구에게로 가오리이까 우리가 주는 하나님의 거룩하신 자이신 줄 믿고 알았사옵나이다"(요 6:68-69)라고 고백하면서, 오늘도 영생의 말씀을 따라 하나님을 충실하게 섬기며 살아가는 하나님의 사람들이 되기를 소망한다. 꿀을 찾아 꽃으로 날아드는 벌들처럼, 죽는 날까지 하나님을 향해 날아드는 믿음의 사람들이 되기 원한다. 믿음은 정녕 세상보다 달콤하기 때문이다.

8장
헌신

인간의 삶은 의존적이다. 비록 인간이 성인이 되어 자율적이고 독립적으로 살아간다고 하더라도, 근본적으로는 의존적이다. 인간은 살기 위해 음식에 의존해야 하고 자연이라고 불리는 창조세계에 의존해야 한다. 주변 환경에 의존해야 하고 다른 사람들에게 의존해야 한다. 사회에 의존해야 하고 국가에 의존해야 한다. 이렇듯 인간의 삶은 의존을 빼놓고는 말할 수도 생각할 수도 그리고 존재할 수도 없다.

인간의 이러한 의존적 삶의 이면에는 다른 사람들의 헌신이 있다. 아무도 다른 사람의 헌신을 받지 않고 홀로 존재하는 사람은 없다. 우리는 모두 누군가의 헌신을 바탕으로 이만큼 삶을 영위해 왔다.

헌신은 몸을 드리는 것을 말한다. 누군가 우리를 위해 헌신했다면, 그 사람은 우리를 위해 자신의 몸을 드린 것을 의미한다. 그래서 헌신은 희생을 뜻한다. 가깝게는 우리의 삶은 우리의 부모와 가족의 희생을 바탕으로 하고 있고, 멀게는 다른 사람들의 희생을 담고 있다. 우리가 살아가면서 은혜를 잊지 않고 살려면 이 점을 기억하는 것이 중요하다.

인류를 위한 예수 그리스도의 헌신

인간의 삶이 누군가의 헌신을 바탕으로 영위된다면, 그 모든 헌신의 바탕에는 하나님이 있다. 인간이 자신이란 존재가 하나님에게서 왔다는 사실을 인정하는 한에서, 우리의 삶이 좋으려면 우리는 그 누구의 헌신에 대해서보다도 먼저 하나님의 헌신에 대해서 생각할 수 있어야 한다.

모든 인간은 하나님에게서 왔다고 성서는 분명하게 말한다(창 1:26-27). 그뿐 아니라 인간은 그분의 돌보심을 받으며 산다. 예수님은 이것과 관련하여 다음과 같이 말씀하셨다.

> 공중의 새를 보라 심지도 않고 거두지도 않고 창고에 모아들이지도 아니하되 너희 하늘 아버지께서 기르시나니 너희는 이것들보다 귀하지 아니하냐 너희 중에 누가 염려함으로 그 키를 한 자라도 더할 수 있겠느냐 또 너희가 어찌 의복을 위하여 염려하느냐 들의 백합화가 어떻게 자라는가 생각하여 보라 수고도 아니하고 길쌈도 아니하느니라 그러나 내가 너희에게 말하노니 솔로몬의 모든 영광으로도 입은 것이 이 꽃 하나만 같지 못하였느니라 오늘 있다가 내일 아궁이에 던져지는 들풀도 하나님이 이렇게 입히시거든 하물며 너희일까 보냐 믿음이 적은 자들아. (마 6:26-30)

이 말씀을 통해서 알 수 있듯이, 인간의 삶은 근본적으로 그리고 궁극적으로 하나님의 돌보시는 사랑과 은혜와 헌신, 곧 그분의 희생을 토대로 영위된다.

그런데 하나님의 돌보심에 바탕을 둔 이러한 인간의 삶은 인간이 하나님의 말씀에 불순종함으로 하나님이 정하신 삶의 원리를 저버렸을 때 금이 가고 말았다. 결국 하나님의 희생의 삶을 외면한 인간은 그 대신 자기희생을 치르면서 손수 수고해야 살 수 있게 되었다(창 3:17-19). 그러나 비록 고생스럽기는 했어도, 하나님의 풍성히 베푸시는 은혜를 힘입어 인간은 계속해서 생존할 수 있었다.

하지만 문제는 여전히 남아 있었다. 인간의 삶은 신체적, 물질적 차원만으로 한정되지 않기 때문이다. 인간은 영이신 하나님의 형상을 따라 지음을 받은 영적 존재이기 때문에 육신의 만족만으로는 진정으로 만족할 수가 없다. 오히려 인간은 하나님 앞에서 영적으로 죽은 존재이기 때문에 인간에게 있어서 영적으로 다시 사는 것이 가장 우선적이고 근본적이며 중요한 문제이다. 아담과 하와가 그랬고 이 땅에 존재하는 모든 인간이 그렇다. 그런데 문제는, 인간은 스스로 이 문제를 해결할 수가 없다는 데 있다. 그로 인해 인간은 절망을 경험하게 된다. 때가 되면, 모든 인간은 영적으로 죽은 존재 상태 그대로 흙으로 돌아가야 한다. 그것이 모든 인간이 처한 운명이다.

그렇다고 인간에게 절망만 있는 것은 아니다. 왜냐하면 하나님은 손수 이 문제를 해결해 주시기 위해 이 세상에 하나님의 독자 예수 그리스도를 보내 주셨기 때문이다. 하나님은 예수님으로 하여금 죽음에 처한 인류를 위해 그 자신을 헌신하게 하셨다. 하나님은 아들로 하여금 십자가에 달려 죽게 하심으로 인간에게 영원히 절망으로 남아 있던 죽음의 문제에서 벗어나 영원한 생명을 얻을 수 있는 길을 열어 주신 것이다(요 11:25-26). 그래서 인간이 영원한 생명을 얻을 수 있게 된 것은 전적으로 하나님의 값 없이 주시는 은혜와 그분의 아들 예수 그리스도의 헌신과 희생을 통해서다.

사도 바울은 이렇게 말한다. "너희 안에 이 마음을 품으라 곧 그리스도 예수의 마음이니 그는 근본 하나님의 본체시나 하나님과 동등됨을 취할 것으로 여기지 아니하시고 오히려 자기를 비어 종의 형체를 가지사 사람들과 같이 되셨고 사람의 모양으로 나타나사 자기를 낮추시고 죽기까지 복종하셨으니 곧 십자가에 죽으심이라"(빌 2:5-8). "너희는 누룩 없는 자인데 새 덩어리가 되기 위하여 묵은 누룩을 내버리라 우리의 유월절 양 곧 그리스도께서 희생되셨느니라"(고전 5:7). 죄인인 인간의 구원 문제의 중심에는 예수 그리스도의 자기 비움과 희생이 있다. 예수 그리스도의 헌신과 희생으로 인해 우리에게 새로운 삶의 길이 열리게 되었다. 우리의 구원받은 삶은 이 은혜에 근거한다.

누가와 데오빌로

예수 그리스도의 복음을 받아들이고 그분의 십자가의 희생을 통해 죄와 사망에서 구원을 받아 영원한 생명을 얻게 된 사람은 누구나 복음을 위해 사는 삶으로 요청을 받는다. 복음을 위해 사는 삶은 하나님께 헌신된 삶으로 하나님의 뜻을 구하면서 다른 사람을 위해 희생하며 사는 삶을 말한다. 복음을 받고 복음으로 말미암아 사는 사람은 자기가 받은 은혜의 삶을 혼자 누리지 않는다. 오히려 죽을 수밖에 없는 자기를 위해 존귀하신 예수 그리스도가 자신을 헌신하고 자기 몸을 희생하면서 사신 것처럼 그 자신도 기꺼이 그런 삶을 살아가고자 한다.

사도 바울은 복음을 위해 자신의 모든 것을 버리고 복음에 헌신하는 삶을 살았다. 왜냐하면 그에게 있어서 복음은 자기 정체성의 바탕이 었기 때문이다. 그는 이렇게 말한다. "내가 그리스도와 함께 십자가에 못 박혔나니 그런즉 이제는 내가 사는 것이 아니요 오직 내 안에 그리 스도께서 사시는 것이라 이제 내가 육체 가운데 사는 것은 나를 사랑 하사 나를 위하여 자기 자신을 버리신 하나님의 아들을 믿는 믿음 안 에서 사는 것이라"(갈 2:20). 사도 바울에게 있어서 예수 그리스도는 자 신을 위해 자기 몸을 버리신 하나님의 아들이었다. 그래서 사도 바울 은 기꺼이 예수 그리스도와 그분의 복음을 위해 자신을 헌신하며 살 았다.

복음을 위해 수고하며 살았던 많은 사람 중에 주목할 만한 사람이 있다. 바로 누가이다. 그는 이방인이자 의사로서 누가복음과 사도행 전을 기록한 사람이다. 그런데 독자를 다수, 즉 신앙의 공동체를 대상 으로 하는 신약의 다른 복음서들과 대부분의 서신서와는 달리 이 두 책의 일차적 독자는 데오빌로라는 한 사람이다. 누가는 한 사람을 위 해 두 권의 책을 쓴 것이다. 물론 하나님은 그 후에 더 많은 자기 백성 과 믿지 않는 사람들을 자기 백성으로 삼으시기 위해 자신의 말씀으 로서의 그 기록된 말씀을 사용하셨지만 말이다.

누가복음과 사도행전은 각각 다음과 같이 시작된다.

우리 중에 이루어진 사실에 대하여 처음부터 목격자와 말씀의 일꾼 된 자들이 전하여 준 그대로 내력을 저술하려고 붓을 든 사람이 많은 지라 그 모든 일을 근원부터 자세히 미루어 살핀 나도 데오빌로 각하 에게 차례대로 써 보내는 것이 좋은 줄 알았노니 이는 각하가 알고 있

는 바를 더 확실하게 하려 함이로라. (눅 1:1-5)

데오빌로여 내가 먼저 쓴 글에는 무릇 예수께서 행하시며 가르치시기를 시작하심부터 그가 택하신 사도들에게 성령으로 명하시고 승천하신 날까지의 일을 기록하였노라. (행 1:1-2)

오늘날에는 컴퓨터와 같은 도구들이 있어서 쉽게 문서를 작성할 수 있지만 그 당시에는 그렇지가 못했다. 볼펜이나 종이와 같은 제대로 된 좋은 필기도구도 없었다. 그래서 누가복음과 사도행전과 같은 방대한 양의 글을 손수 쓴다는 것은 그 당시로는 쉬운 일이 아니었다. 많은 시간과 노력을 들여야 했다. 그럼에도 누가는 그것을 마다하지 않고 한 사람에게 복음을 전하기 위해 기꺼이 자신을 헌신하고 희생했다. 왜냐하면 누가 자신이 예수 그리스도의 희생을 통해 구원을 받고 영원한 생명을 얻게 되었기 때문이다. 은혜를 바로 아는 사람은 모두 그와 같이 산다.

우리는 한 사람을 위한 누가의 헌신과 희생의 모습에서 복음에 헌신된 한 사람의 그리스도인의 고귀하고 아름다운 삶을 보게 된다. 이 얼마나 멋진 삶인가!

예수 그리스도를 위한 우리의 헌신

인간은 자신이 의식하든 의식하지 못하든 저마다 무엇인가에 자신을 헌신하며 산다. 그리고 각자는 자신이 헌신한 것으로부터 대가를 받게 된다. 이런 점에서 바른 것에 헌신하는 것은 중요하다. 바른 것에 헌신하면 바른 것을 거두고, 잘못된 것에 헌신하면 잘못된 것을 거두게 되기 때문이다.

그런데도 오늘날 이 세상에는 헌신하며 살만한 것이 못 되는 것, 곧 바르지 못한 것에 자신을 헌신하며 사는 사람들이 얼마나 많은가! 그들은 "땅의 일을 생각하는 자"(빌 3:19)이다. 그러나 그런 삶은 끝이 허무하다. 내적으로 공허감만 남는다. 그래서 텅 빈 가슴을 채우기 위해 계속해서 또 다른 허무한 것을 찾아 나선다. 그러나 그런 삶의 마침은 멸망이다(빌 3:19). 땅의 일을 구하며 살면, 결국에는 땅의 것을 대가로 받게 된다. 땅의 것은 하나님의 진노를 가져온다(골 3:6).

사도 바울은 에베소서에 있는 믿음의 형제들에게 이렇게 권면한다.

> 그러므로 내가 이것을 말하며 주 안에서 증언하노니 이제부터 너희는 이방인이 그 마음의 허망한 것으로 행함 같이 행하지 말라 그들의 총명이 어두워지고 그들 가운데 있는 무지함과 그들의 마음이 굳어짐으로 말미암아 하나님의 생명에서 떠나 있도다 그들이 감각 없는 자가 되어 자신을 방탕에 방임하여 모든 더러운 것을 욕심으로 행하되 오직 너희는 그리스도를 그같이 배우지 아니하였느니라 진리가 예수 안에 있는 것 같이 너희가 참으로 그에게서 듣고 또한 그 안에서 가르침을 받았을진대 너희는 유혹의 욕심을 따라 썩어져 가는 구습을 따르는 옛 사람을 벗어버리고 오직 너희의 심령이 새롭게 되어 하나님을 따라 의와 진리의 거룩함으로 지으심을 받은 새 사람을 입으라. (엡 4:17-24)

그리스도인은 세상 사람들이 추구하고 세상 사람들이 헌신하는 방식대로 살지 않아야 한다. 오히려 하나님의 뜻에 따라 복음 안에서 새 사람을 입고 복음에 헌신하며 살아야 한다. 예수 그리스도의 제자가 되어 복음을 따르며 사는 삶은 미래가 있고 하나님의 생명이 있는 삶이다.

바른 것에 자신을 헌신하며 사는 삶은 결코 헛되지도 허무하지도 않다. 바른 것에 바르게 헌신하며 사는 삶은 의미 있고 아름답다. 바른 것을 위한 헌신의 삶은 생명을 낳는다. 다른 사람들에게 희망을 준다. 이런 점에서 복음에 자신을 헌신하면서 사는 사람은 복되며 그런 삶은 약속이 있는 삶이다. "썩는 양식을 위하여 일하지 말고 영생하도록 있는 양식을 위하여 하라 이 양식은 인자가 너희에게 주리니 인자는 아버지 하나님께서 인치신 자니라"(요 6:27).

우리가 예수 그리스도의 이름으로 복음 안에서 헌신하며 살면, 하나님이 우리의 헌신을 향기로운 예물로 받으신다. 그리고 그것을 사용하셔서 생명을 낳는 일을 해 가신다. 우리는 복음에 대한 우리의 헌신의 삶을 통해 하나님의 구원과 생명의 일에 참여한다. 그런 삶은 하나님이 인정하신다. 이 세상에서 하나님이 인정해 주시는 것보다 더 큰 인정이 어디에 있겠는가? 이보다 더 값진 삶이 이 세상에 또 있을까?

예수 그리스도를 위한 우리의 헌신에는 교회를 위한 삶이 있다. 그리스도의 몸으로서의 교회는 우리가 우리의 헌신을 통해 바르고 건강하게 세워가야 할 책임의 영역이다. 교회를 세우는 것은 결코 쉬운 일이 아니다. 그러나 힘든 일만도 아니다. 우리가 날마다 조금씩 복음에 자신을 헌신하고 희생하면서 교회를 섬기며 살면, 우리의 이런 노력은 반드시 성령 안에서 아름다운 열매들을 맺게 될 것이다. 그로 인해 교회가 점점 더 든든하게 세워져 갈 것이다.

헌신하는 삶이 힘들더라도

복음을 위한 삶에는 기쁘고 즐거운 일만 있는 것은 아니다. 복음을 위한 삶은 헌신과 희생을 동반하기 때문이다. 우리는 믿음의 선배들의 삶을 통해 그런 점을 확인할 수 있다. 헌신하고 희생하며 사는 삶 자체가 힘들고 어려운 일 아닌가! 더욱이 예수 그리스도를 위해 헌신하는 삶에는 고난이 따르기 마련이다(벧전 2:19-21).

고난은 우리의 삶을 아프고 힘들게 하지만, 복음 안에서 우리가 겪는 고난은 결단코 헛되지 않는다. 그것은 하나님을 위한 것이며 하나님 앞에서 아름다운 것이기 때문이다. 그래서 베드로 사도는 "오히려 너희가 그리스도의 고난에 참여하는 것으로 즐거워하라 이는 그의 영광을 나타내실 때에 너희로 즐거워하고 기뻐하게 하려 함이라"(벧전 4:13)고 말할 수 있었다.

예수 그리스도의 복음을 위해 자신을 헌신하며 사는 삶은 아름답고 고귀하다. 그것은 생명이 있는 삶이다. 그리고 그런 삶에는 하나님에게서 오는 상급이 있다. 예수 그리스도 안에서 하나님께 헌신하며 산 사람들에게는 하나님의 나라에서의 영원한 삶이 선물로 주어진다. 그러므로 우리가 할 일은 생명의 면류관을 꿈꾸며 죽도록 충성하는 것이다(계 2:10). 그것이 참된 헌신이다. 그것이 참된 믿음이다. 그러므로 헌신하는 삶이 힘들고 때론 부담스러워도 능동적으로 하나님과 복음에 자신을 헌신하며 살아가자.

9장
섬김의 삶

우리가 사는 시대는 어느 때보다도 평등을 강조하는 시대이다. 그래서 오늘날 더욱 섬김이라는 말은 헌신이란 말처럼 시대에 맞지 않는 것으로 여겨지곤 한다. 오늘날 사람들은 대부분 다른 사람들보다 높임을 받고 대접을 받기를 원하기 때문이다. 그런데 섬김은 그런 일반적인 마음에 반대되며, 그런 이유로 섬김은 그것을 실천하는 사람에게 다른 사람보다 못한 사람으로 취급받는다는 느낌을 받게 한다.

그럼에도 성서는 섬김을 중요하게 다루고 강조한다. 특히, 사역(ministry)이라는 말은 헬라어 디아코니아(diakonia)에서 왔는데, 그것은 봉사 또는 섬김을 의미한다. 그런 점에서 기독교적 삶의 기본적인 성질은 섬기는 것이라고 말할 수 있다.

인간을 향한 하나님의 섬김-나는 섬기러 왔노라

섬기는 삶은 그리스도인의 삶의 한 특징이다. 그리스도인의 삶은 섬기는 삶이다. 예수님이 그렇게 사셨고 또한 제자들에게 그렇게 살라고 하셨기 때문이다. 섬김은 예수님의 삶의 가장 큰 특징이다. 이 땅에서 예수님의 삶은 섬기는 삶이었다.

실제로, 예수님은 이 땅에 섬기러 오셨다. 하나님을 섬기고 사람을 섬기러 오신 것이다. 먼저, 위로는 성부 하나님을 섬기며 사셨다. 예수님은 이렇게 말씀하셨다. "나를 보내신 이가 나와 함께 하시도다 나는 항상 그가 기뻐하시는 일을 행하므로 나를 혼자 두지 아니하셨느니라"(요 8:29). 하나님의 기뻐하시는 일을 한다는 것은 하나님을 섬기는 것을 말한다. 예수님의 삶은 모든 면에서 하늘 아버지를 향한 봉사였고 섬김이었다. 예수님의 하나님 섬김의 삶은 모든 그리스도인의 하나님 섬김의 삶의 모범이다. 그래서 우리가 하나님을 섬기며 사는 삶이 무엇인지 진정으로 알고자 한다면 예수님의 삶을 보면 된다.

그뿐 아니라 예수님은 아래로는 사람들을 섬기며 사셨다. 예수님은 제자들을 향해 이렇게 말씀하셨다. "인자가 온 것은 섬김을 받으려 함이 아니라 도리어 섬기려 하고 자기 목숨을 많은 사람의 대속물로 주려 함이니라"(막 10:45). 예수님은 이 땅에 사람들을 섬기러 오셨고 오신 목적대로 사람들을 섬기며 사셨다. 하나님이신 예수님이 피조물인 인간을 섬기신 것이다. 인간을 향한 예수님의 섬김은 자기 몸을 인간의 생명을 위해 대속물로 주시는 데서 그 절정을 이루었다. 이처럼 참된 섬김은 희생이 없이는 불가능하다. 섬기는 것은 희생을 감수하는 것이다.

참된 섬김은 "인격적인" 너/당신(thou)을 전제하고 인정한다. 섬김은 너를 세우는 삶을 통해 나를 세우는 일이다. 그래서 섬김은 나를 낮추고 상대방을 높이는 데서 시작된다. 나를 낮추지 않고서는 결코 남을 섬길 수 없고 높일 수 없다.

예수님이 제자들에게 주신 위의 말씀, 곧 예수님은 '섬기고 자기를 대속물로 주기 위해서 오셨다'는 말씀은 그들이 서로 높은 자리에 앉고 크고자 하는 상황에서 주어진 것이다. 그것은 예수님의 제자 중 세 배대의 아들 야고보와 요한이 주의 영광의 때에 주님의 좌, 우편의 자리에 앉게 해 달라고 요청했을 때, 그 소리를 듣고 나머지 열 명의 제자들이 야고보와 요한에 대해 분히 여기는 상황에서 예수님이 제자들에게 하신 말씀이다. 높은 자리에 앉고 크고자 한다는 것은 섬김을 받는 자가 되기 원한다는 것이다. 오늘날 사람들 대부분과 같이 예수님 당시의 제자들도 모두 섬기기보다는 섬김을 받는 것을 더 기뻐했다. 그러나 예수님은 "너희 중에는 그렇지 않을지니 너희 중에 누구든지 크고자 하는 자는 너희를 섬기는 자가 되고 너희 중에 누구든지 으뜸이 되고자 하는 자는 모든 사람의 종이 되어야 하리라"(막 10:43-44)고 말씀하심으로써 제자들의 그런 마음을 나무라셨다.

우리는 또한 섬기는 삶을 살지 못했던 사람의 예를 아담과 하와에게서 찾을 수 있다. 그들은 본래 섬김을 위해 지음을 받았다. 아담과 하와는 하나님께 영광을 돌리고 그분과 교제하면서 그분의 창조세계를 다스리는 삶을 살도록 그리고 서로를 섬기면서 살도록 지음을 받았다. 곧 하나님을 섬기고 봉사하는 자들로 그리고 서로를 섬기고 봉사하는 자들로 살도록 창조된 것이다. 하지만 그들은 섬기는 삶보다는 창조세계를 다스리는 자가 되어 섬김을 받는 삶을 살기 원했다. 하나님의 몫을 자신들이 취하려고 한 것이다. 그로 인해 그들은 하나님으로부터, 자기 자신으로부터, 다른 사람들로부터 그리고 더 나아가서는 창조세계로부터 소외된 삶을 살아가게 되었다. 섬기는 자가 아니라 섬김을 받는 자가 되려고 하면 결국에는 타락하게 된다. 인간의 욕심은 한이 없으며, 인간이 자신의 정체성을 상실하게 되면 결국에는 자기 우상화에 빠지게 되기 때문이다.

예수님의 제자들의 모습과 아담과 하와의 모습은 많은 경우 오늘날 교회 안에 있는 우리의 모습, 우리의 자화상이기도 하다. 오늘날 우리도 섬기기보다는 섬김을 받기 원한다. 그래서 섬김을 받는다고 느껴지지 않으면 마음의 상처를 받거나 섬김받는 곳을 찾아 다른 곳으로 미련 없이 떠나가곤 한다. 그러나 섬김을 받으려고만 한다면 어디에서도 만족을 누릴 수 없다. 그리스도인의 삶에서 참된 만족은 섬기는 삶에서 비롯되기 때문이다.

섬김의 본을 따라 너희도 섬겨라

섬김을 받기 위해서가 아니라 섬기러 오신 예수님은 자기를 따르는 제자들을 향하여 서로 섬기라고 말씀하셨다. 예수님은 유월절 전에 제자들과 함께 식사하는 자리에서 제자들의 발을 손수 씻기시는 시간을 가지셨다. 손수 섬김의 본을 보여주시면서 제자들의 발을 모두 씻어 주신 다음에 예수님은 제자들을 향하여 이렇게 말씀하셨다.

> 내가 너희에게 행한 것을 너희가 아느냐 너희가 나를 선생이라 또는 주라 하니 너희 말이 옳도다 내가 그러하다 내가 주와 또는 선생이 되어 너희 발을 씻었으니 너희도 서로 발을 씻어 주는 것이 옳으니라 내가 너희에게 행한 것 같이 너희도 행하게 하려 하여 본을 보였노라 내가 진실로 진실로 너희에게 이르노니 종이 주인보다 크지 못하고 보냄을 받은 자가 보낸 자 보다 크지 못하나니 너희가 이것을 알고 행하면 복이 있으리라. (요 13:12-17)

베드로는 예수님이 자기 발을 씻기려 하실 때 몹시 당황했다. 사실, 죄인인 인간이 하나님이신 예수님의 섬김을 받는 일은 황송한 일이다. 있을 수 없는 일이다. 그런 베드로의 반응은 당연한 것이었다. 우리도 예수님의 섬김을 받을 때 황송해해야 한다. 그러나 황송해하는 것만으로 끝나서는 안 된다. 황송하다고 여겨지면 그분의 본을 따라 섬기면 된다.

그리스도인의 섬김의 삶은 자신이 원하는 대로 실천해 가는 것이 아니다. 오히려 예수님이 보여주신 섬김의 본을 따라 섬기는 것이다. 그래서 섬김의 본은 하나님의 아들 예수 그리스도이다. 예수님이 하신 것처럼 따라 하면 된다. 예수 그리스도의 발자취를 따르는 것이다. 그래서 기독교의 섬김은 예수 그리스도의 섬김의 본을 따라 섬기는 삶이다. 예수님이 섬기신 대로 우리도 섬기는 것이다.

예수님의 모범에서 볼 수 있듯이, 그리스도인에게 있어서 섬김은 두 대상을 지향한다. 하나는 하나님이시고, 다른 하나는 다른 사람들, 곧 이웃이다. 하나님을 섬기는 삶이 먼저이고, 이웃을 섬기는 것은 그다음이다. 그렇지만 그 둘은 서로 나뉘면서도 나뉘지 않는다. 하나님을 섬기는 삶이 다른 사람을 섬기는 삶에 우선하며 토대가 된다. 예수님의 섬기는 삶의 방식은 이와 같았다. 예수님은 아버지 하나님을 먼저 섬기셨고 그런 삶 속에서 인간을 섬기셨다.

섬김의 출발점은 하나님 섬김이다. 이것은 '아래로부터의 섬김,' '위를 향한 섬김,' 곧 수직적 섬김이다. 창조주 하나님을 향한 섬김을 말한다. 예수님은 자신을 유혹하러 와서는 "만일 내게 엎드려 경배하면 이 모든 것을 네게 주리라"고 말하면서 자신에게 경배와 섬김을 요구하는 사탄을 향해 이렇게 꾸짖으셨다. "사탄아 물러가라 기록되었으되 주 너의 하나님께 경배하고 다만 그를 섬기라 하였느니라"(마 4:10). 사탄은 건방지게도 하나님께 돌아갈 섬김을 자신이 취하려고 했다. 그러나 예수님은 위를 향한 섬김이 어떠해야 하는지를 분명하게 말씀하셨다. 하나님을 향한 섬김, 곧 위를 향한 섬김은 오직 하나님께 돌려져야 한다. 그 외는 모두 잘못된 우상숭배이다. 이 세상에 참 신은 오직 하나님 곧 야웨 하나님 한 분밖에 없기 때문이다.

하나님을 섬기는 것은 그분의 피조물인 인간이 마땅히 해야 할 일이다. 하나님은 이스라엘 백성을 바로와 애굽에서 해방시켜 자유의 몸이 되게 하시려고 했을 때 모세를 통해 바로에게 이렇게 말씀하셨다. "내가 네게 이르기를 내 아들을 보내 주어 나를 섬기게 하라 하여도 네가 보내 주기를 거절하니 내가 네 아들 네 장자를 죽이리라 하셨다 하라"(출 4:23). 하나님이 아닌 다른 것에 영적 섬김을 돌리는 것은 우상숭배이다. 그래서 예수님은 "주 너의 하나님께 경배하고 다만 그를 섬기라"고 하셨다. 창조주 하나님만 우리의 예배와 섬김을 받으실 자격이 있다(출 20:2-6).

그러나 성서적, 기독교적 관점에서 하나님만 섬기는 삶은 절반의 섬김이고 미완성의 섬김이다. 온전한 섬김이 아니다. 그리스도인의 섬김이 바르고 온전한 기독교적 섬김이 되려면 다른 사람, 곧 이웃도 섬겨야 한다. 이것은 "옆을 향한 섬김," 곧 수평적 섬김이다. 동료 인간을 향한 섬김을 말한다. 하지만 하나님을 섬기는 것과 다른 사람을 섬기는 것은 성격상 서로 다르다. 본질에서 다르다. 우리는 하나님을 우리의 창조와 구원의 주로 섬긴다. 그러나 우리는 다른 사람을 하나님의 형상을 따라 지음을 받은 같은 인간으로 섬긴다. 두 섬김에는 질적인 차이가 있다. 그러므로 우리는 하나님을 우리의 신으로 섬기고 다른 사람을 우리의 동료로 섬긴다.

섬김의 결과

우리가 믿음 안에서 하나님을 우리의 창조와 구원의 주로 섬기고, 또 그 섬김 안에서 우리의 이웃을 하나님의 형상을 지닌 동료로 섬기면 우리에게 복이 있다. 예수님의 말씀처럼 섬김의 삶을 살면 복이 있다. 그것을 명하신 하나님께서 풍성한 복을 주시는 것이다.

특히, 우리가 섬기는 삶을 살 때 크게 두 가지 유익을 얻게 된다. 하나는 하나님에게서 오는 영원한 생명을 얻게 된다. 그의 나라를 유업으로 받게 된다. 다른 하나는 우리가 섬기는 다른 사람들과 우리의 공동체가 활기차게 된다. 인정이 넘치는 세상으로 화한다. 생명이 증진되고 존재가 약진하게 된다. 그래서 섬기는 삶은 복되고 좋은 것이다.

섬김은 일종의 사귐이고 영적 교통이다. 사귐은 공존의 방식이다. 그것이 우리가 서로 섬길 때 우리의 존재가 함께 번영하게 되는 이유이다. 우리가 하나님을 섬길 때 하나님으로부터 생명과 존재의 힘이 온다. 그리고 우리가 이웃을 섬길 때 이웃으로부터 보람과 행복감을 얻게 된다.

우리의 삶이 생명으로 충만하고 번영하기를 바란다면, 하나님을 주님으로 섬기고 다른 사람을 동료 인간으로 섬기면 된다. 그러면 진정으로 우리의 삶이 생명으로 충만하고 번영하게 될 것이다. 세상이 창조 시에 하나님이 의도하신 방향으로 나아가게 될 것이다.

10장
초점이 있는 예배

제대로 된 그리스도인이라면 예배에 대해 많은 관심을 갖게 된다. 그것은 지극히 정상적이고 당연하다고 할 수 있다. 하나님의 사람으로, 그리스도인으로 예배에 대해 아무리 많은 관심을 갖거나 강조해도 지나치지 않다. 예배는 하나님 섬김의 출발점이자 토대이기 때문이다. 그래서 우리는 예배를 말하지 않고 하나님 섬김에 대해서 말할 수 없다. 하나님께 대한 예배와 하나님 섬김은 기독교 신앙에서 서로 나뉠 수 없기 때문이다.

그래서인지 그리스도인들은 대부분 예배에 관심이 많고 또 예배에 관한 책은 늘 많이 팔리는 경향이 있다(물론 요즘은 책을 거의 읽지 않는 시대이기에 책 자체가 잘 팔리지 않는 상황이지만). 그만큼 예배에 관심이 많다는 이야기일 것이다. 그런데 이상한 것은 그와 같이 예배에 관한 관심이 많음에도 불구하고 오늘날 실제로는 예배가 그렇게 생명력이 있거나 많은 경우 교인들이 예배에 온전하게 집중하지는 않는 것 같다. 스마트폰이 대중화되면서는 더더욱 그런 경향이 있다. 오늘날 예배시간에 스마트폰을 만지작거리며 딴짓을 하는 사람들을 목격하는 것이 그리 생소한 경험은 아니다.

몸은 예배당 안에, 마음은 예배당 밖에

전에 예배와 관련하여 한 기독교 인터넷 매체가 실시한 설문조사의 결과는 그러한 사실을 잘 반영해준다. 그 설문조사에 따르면, 그 설문에 참여한 1천 3백 36명 중 4백 21명이, 즉 31퍼센트가 넘는 사람들이 예배시간에 "다른 생각을 한다"고 응답했다. 그뿐 아니라 예배시간에 사람들이 자주 하는 행동으로 "낙서하기, 그림 그리기, 졸기, 주보를 보거나 만지작거리기, 휴대폰 만지작거리기" 등이 있었다. 이런 모습은 우리 자신도 예배시간에 자주 목격하게 되는 예배당 안의 광경이다. 그 설문 결과가 틀리지 않음을 나타내는 것이다.

실제로, 적지 않은 사람들이 하나님을 예배하러 예배당에 오면서도 예배에 진정으로 임하지는 않는다. 다시 말하면, 몸은 예배당 안에 있으면서도 마음은 예배당 밖에 있거나 예배와 무관하게 예배당 안에 앉아 있는 것이다. 하나님을 예배하러 예배당에 와서 앉아 있으면서도 하나님을 예배하지 않는 것이다. 참으로 불행한 일이다.

사도행전 20장을 보면 유두고라는 청년이 나온다. 안식 후 첫날 사람들이 떡을 떼러 모였을 때, 사도 바울이 말씀을 전하고 있었다. 그때에 그들이 모인 곳의 윗방에 유두고가 창문에 걸터앉아 있다가 바울의 말이 길어지자 졸다가 아래쪽으로 떨어지는 일이 생겼다. 차원이 조금 다르긴 하지만, 그의 모습은 우리가 지닌 모습 중 하나가 아닌가 싶다.

신앙의 분위기가 가득한 예배당 안에서 길지 않은 시간을 집중하지 못하는 사람이 비신앙적인 분위기가 가득한 세상에서 많은 시간을 하나님께 집중하기란 쉽지 않다. 예배당 안에서 예배를 드리는 시간조차 다른 생각을 하는 사람은 세상에서도 다른 생각을 하기 쉽다. 같은 목적을 가지고 모인 사람들이 있는 예배당 안에서조차 다른 행동을 하는 사람은 다양한 목적을 가지고 하나님의 방식이 아닌 자기 방식대로 살아가는 사람들이 있는 세상에서 복음에 합당하지 않은 다른 행동을 하기 쉽다.

하나님이 예배의 초점

예수님은 사마리아 여인과 대화를 나누면서 이렇게 말씀하셨다. "아버지께 참되게 예배하는 자들은 영과 진리로(in spirit and truth) 예배할 때가 오나니 곧 이 때라 아버지께서는 자기에게 이렇게 예배하는 자들을 찾으시느니라 하나님은 영이시니 예배하는 자가 영과 진리로 예배할지니라"(요 4:23-24). 하나님은 무엇보다도 예배하는 자들을 찾으시는 분이라고 예수님은 말씀하셨다. 그런데 예배는 아무렇게나 드리는 것이 아니라는 말씀도 하셨다. 하나님이 받으시는 예배에는 예배를 드리는 자의 바른 마음이 있다는 것이다. 다시 말하면, 우리가 하나님께 드리는 예배의 마음은 하나님의 기준에 맞추어져야 한다는 것이다.

그러면 예배의 마음은 어떤 것인가? "영과 진리"이다. 본문에서 "영"을 뜻하는 헬라어는 '프뉴마'이다. 그 말은 '영, 숨, 영혼 또는 성령' 등의 의미를 지니고 있다. 다른 한편으로, "진리"를 뜻하는 헬라어는 "알레데이아"이다. 그 말은 '진리, 참됨 또는 진실성' 등의 의미를 지니고 있다. 이런 의미에서 예배는 기본적으로 영적 교통을 말하며, 두 존재-예배자(죄인인 인간)와 예배의 대상(거룩하신 하나님)-사이의 영적으로 참되게 만나는 만남의 사건을 말한다.

하나님은 왜 우리가 "영과 진리로" 예배드리기를 원하시는가? 하나님은 영이시기 때문이다. "영"이라는 말과 "진리"라는 말은 서로 나뉘지 않는다. 신령한 것, 곧 영적인 것은 참되다. 그리고 진정한 것, 곧 진리는 본질상 영적인 것과 관계가 있다. 그래서 예배자의 영과 참됨이 예배라는 실천 속에 담겨 있어야 바르다.

"예배한다" 또는 "예배를 드린다"라는 말은 문자 그대로의 의미에서 무릎을 꿇거나 깊은 존경의 마음으로 엎드리는 것을 뜻한다. 그래서 예배에서 중심은 예배자(죄인인 인간)가 아니라 그 예배의 대상(거룩하신 하나님)이다. 예배의 초점은 예배를 받으시는 하나님이다. 그런 이유로 우리의 마음을 그 초점에 맞춰야 한다. 그것이 참된 예배가 지니는 특성이다. 하나님은 영이시고 진리이시기 때문에, 우리는 영과 진리로 예배해야 한다. 만일 하나님이 물질이라면, 우리는 물질적으로 예배하면 된다. 만일 하나님이 정신이라면, 우리는 정신적으로 예배하면 된다. 그러나 예수님은 분명 "하나님은 영이시니"라고 말씀하셨다. 하나님은 영이다. 그래서 우리는 하나님을 향해 영으로, 진리로, 곧 영적으로 예배해야 한다.

왜 우리는 하나님을 예배하는가?

예배는 그 본질적인 성격상 자발적이다. 유진 피터슨(Eugene H. Peterson)이 말하는 것처럼, "예배를 드리는 사람은 자신이 원하기 때문에 그렇게 한다." 그래서 본래의 예배는 마음 깊은 곳에서 우러나오는 존경과 감사를 드리는 것이다. 예배는 강압적인 것이 아니라 자발적이며 은혜에 대해 응답적인 것이라는 말이다.

그러면 왜 우리는 하나님을 예배하는가? 또 예배해야 하는가? 기본적으로 예배는 하나님의 피조물이요 구원을 받은 인간이 그 하나님께 마땅히 드려야 하는 감사와 관계의 표현이지만, 우리의 예배는 그 이상의 의미를 지닌다. 피터슨은 시편 122편을 바탕으로 우리의 삶과 관련하여 예배가 지니는 의미를 다음 세 가지로 설명한다. 첫째, 예배는 우리에게 삶을 위한 실행 가능한 구조(workable structure)를 제공한다는 것이다. 둘째, 예배는 하나님과의 관계 안에 있고자 하는 우리의 필요를 키운다는 것이다. 셋째, 예배는 우리의 주의를 하나님의 결정에 집중시킨다는 것이다.

그래서 우리가 예배할 때, 우리는 우리의 삶의 자리와 방향을 깨닫게 된다. 우리가 예배할 때, 우리는 더욱 하나님께로 가고자 하는 열망을 품게 된다. 그리고 우리가 예배할 때, 우리는 하나님께서 무엇을 원하시며 내가 어떤 결정을 내려야 할 때 어떤 선택을 해야 하는지 하나님의 뜻을 구하게 된다. 우리가 영과 진리로 예배할 때, 우리는 우리의 생각과 뜻을 조정하여 하나님의 생각과 뜻에 맞추게 된다. 예배를 통해 우리는 하나님의 은혜에 잠기고 그 은혜 안에 거하게 된다.

예배당에서의 한 시간 예배와 세상에서의 한 주간의 삶

구약의 신앙이해의 특성 중 하나는, 하나님 신앙은 매우 현세적이라는 것이다. 구약에서 하나님의 사람들의 신앙생활의 초점은 대부분이 세상에서 하나님을 섬기는 것에 맞추어져 있었다. 그렇다고 해서 그들에게 미래의 영원한 삶에 대한 관심이 없었다거나 그들에게는 영생이 없었다는 의미가 아니다. 그들에게도 믿음 안에서 영원한 삶이 있었고 또 하나님 안에서 그런 삶을 소망했다.

하지만 그들은 내세에서의 영원한 삶에 앞서서 이 세상에서 하나님을 바르게 섬기는 것을 중요하게 여겼다. 이러한 그들의 신앙이해는 예배생활과 신앙생활을 안식일이나 성전에 한정시키는 것을 거부하게 했다. 그래서 그들은 안식일 준수와 성전에서 하나님을 예배하는 것을 무엇보다도 중요하게 여겼고 신앙생활의 가장 기본적인 실천으로 여겼지만, 동시에 한 주간의 삶도 그에 못지않게 중요하게 여겼다. 왜냐하면 하나님을 참되게 섬기는 삶에서 그 둘은 서로 나뉘지 않기 때문이다. 그래서 한 주간에 신앙의 삶이 없는 것은 하나님을 참되게 섬기는 것으로 여겨지지 않았다. 그것은 다음과 같은 하나님의 말씀을 바탕으로 했다. "안식일을 기억하여 거룩하게 지키라 엿새 동안은 힘써 네 모든 일을 행할 것이나 일곱째 날은 네 하나님 여호와의 안식일인즉 너나 네 아들이나 네 딸이나 네 남종이나 네 여종이나 네 가축이나 네 문안에 머무는 객이라도 아무 일도 하지 말라"(출 20:8-10).

이스라엘 백성은 안식일에 하나님께 영과 진리로 예배를 드려야 했지만, 그와 동시에 믿음 안에서 하나님의 뜻에 합당하게 한 주간을 자신들이 해야 할 일을 열심히 하면서 살아야 했다. 이러한 하나님의 뜻은 이사야 선지자를 통해 이스라엘 백성에게 주시는 말씀 속에서 더욱 분명하게 드러난다. 하나님은 이렇게 말씀하셨다.

너희의 무수한 제물이 내게 무엇이 유익하뇨 나는 숫양의 번제와 살진 짐승의 기름에 배불렀고 나는 수송아지나 어린 양이나 숫염소의 피를 기뻐하지 아니하노라 너희가 내 앞에 보이러 오니 이것을 누가 너희에게 요구하였느냐 내 마당만 밟을 뿐이니라 헛된 제물을 다시 가져오지 말라 분향은 내가 가증히 여기는 바요 월삭과 안식일과 대회로 모이는 것도 그러하니 성회와 아울러 악을 행하는 것을 내가 견디지 못하겠노라 내 마음이 너희의 월삭과 정한 절기를 싫어하나니 그것이 내게 무거운 짐이라 내가 지기에 곤비하였느니라…너희는 스스로 씻으며 스스로 깨끗하게 하여 내 목전에서 너희 악한 행실을 버리며 행악을 그치고 선행을 배우며 공의를 구하며 학대받는 자를 도와주며 고아를 위하여 신원하며 과부를 위하여 변호하라. (사 1:11-14, 16-17)

하나님은 이스라엘 백성이 안식일을 지키고 성회로 모이는 것을 중요시하셨지만, 동시에 같은 마음으로 엿새 동안도 하나님이 지으신 세상 가운데서 하나님을 예배하는 마음을 가지고 하나님의 말씀에 충실하게 살아가기를 바라셨다.

우리는 에녹에게서 그와 같은 삶의 모범을 찾을 수 있다. 창세기 5장 21-24절은 이렇게 쓰고 있다. "에녹은 육십오 세에 므두셀라를 낳았고 므두셀라를 낳은 후 삼백 년을 하나님과 동행하며 자녀들을 낳았으며 그는 삼백육십오 세를 살았더라 에녹이 하나님과 동행하더니 하나님이 그를 데려가시므로 세상에 있지 아니하였더라." 에녹은 어느 특정한 날에만 하나님과 동행하는 삶을 산 것이 아니다. 그는 늘, 곧 한 주간 내내 매일매일 하나님과 동행하는 삶을 살았다.

주일과 평일 모두를 포함하여 매일매일 하나님과 동행하는 것, 곧 하나님과 함께 인생길을 걸어가는 것, 그것이 하나님을 예배하는 예배자의 삶이다. 사도 바울은 "너희가 먹든지 마시든지 무엇을 하든지 다 하나님의 영광을 위하여 하라"(고전 10:31)고 말했다. 예배자의 삶은 하나님의 영광을 나타내는 삶이다. 하나님께 드리는 예배를 예배당에서 한 시간을 드리는 것으로 한정하거나 하나님을 섬기는 것을 주일 한 번으로 한정하는 것은 신앙의 고백과 신앙의 삶을 나누는 오류를 범하는 것이 된다. 예배자의 삶에서 예배당 안에서의 한 시간과 주일 하루도 중요하지만 세상에서 한 주간의 삶도 동일하게 중요하다.

예배는 그리스도인의 삶에서 중요하다. 그것도 예배당 안에서의 예배와 세상에서의 예배적 삶이 모두 중요하다. 그래서 모든 예배는 매 주일 예배당에서 하나님을 향하여 바르게 초점을 맞추고 영과 진리로, 곧 전인으로 그리고 전심으로 하나님께 드리는 예배를 바탕으로 주일의 나머지 시간과 한 주간의 삶을 같은 마음으로 하나님을 섬기면서 하나님과 함께 걸어갈 때 바르게 드려지는 예배가 될 수 있다. 우리가 드리는 예배가 하나님께 참되게 받아지려면, 우리 모두에게 이런 예배자의 삶이 있어야 한다.

2부 배우는 삶

"수고하고 무거운 짐 진 자들아
다 내게로 오라 내가 너희를 쉬게 하리라
나는 마음이 온유하고 겸손하니
나의 멍에를 메고 내게 배우라
그리하면 너희 마음이 쉼을 얻으리니
이는 내 멍에는 쉽고 내 짐은 가벼움이라."

(마 11:28-30)

11장
티끌 모아 태산의 믿음

어린 시절과 학창 시절에 품었던 생각 중 하나는 "빨리 어른이 되면 좋겠다!"라는 것이었다. 어떤 때는 무모한 생각인 줄 알면서도 가능하다면 "학창 시절을 뛰어넘어 곧장 어른이 되었으면" 하는 소망을 갖기도 했다. 아마도 누구나 적어도 한두 번 쯤은 이런 생각을 해본 적이 있을 것이다.

그러나 "빨리 어른이 되었으면" 하는 우리의 바람에도 불구하고, 우리는 어린 시절과 학창 시절을 거치지 않고는 성인이 될 수가 없다. 사람은 누구나 일정한 발달과정을 거치면서 성인이 되어간다. 그것이 바른 과정이다. 그리고 그것은 정상적인 인간의 삶을 위해서도 반드시 필요한 과정이다.

이런 점은 신앙생활에도 동일하게 적용된다. 신앙의 성장, 곧 기독교적 성숙과 영적 성인됨(spiritual adulthood)은 계속적인 과정을 통해 이루어진다. 누구도 한순간에 성숙한 신앙인이 될 수 없다.

아이의 신앙을 벗고 기독교적, 영적 성인이 되라

사도 바울은 고린도전서 3장 1-2절에서 이렇게 말한다. "형제들아 내가 신령한 자들을 대함과 같이 너희에게 말할 수 없어서 육신에 속한 자 곧 그리스도 안에서 어린 아이들을 대함과 같이 하노라 내가 너희를 젖으로 먹이고 밥으로 아니하였노니 이는 너희가 감당하지 못하였음이거니와 지금도 못하리라." 여기에서 사도 바울은 고린도교회 교인들이 영적으로 성숙한 신앙인의 모습이 아닌 세상적이며 어린아이의 모습을 지니고 있다고 말한다. 신앙의 미성숙은 그 당시 고린도교회 교인들 대부분이 가지고 있던 문제 중 하나였다.

그런데 이런 문제가 비단 그 때에 그 교회만의 문제는 아니다. 오늘날 우리의 문제이기도 하다. 스토트는 현대 교인들이 영적으로 성장하지 못하는 것을 보면서 이렇게 말한다. "하나님의 일반적인 목적은 모든 사람이 신체적으로, 정신적으로 그리고 정서적으로 자라야 한다는 것이다. 이 모든 영역 중 어느 부분에서 사람들의 성장이 지체될 때 매우 슬프다. 영적으로 성장하지 못할 때도 마찬가지로 슬프다. [오늘날] 많은 교인이 결코 유치부실을 벗어나지 못하고 있다." 다소 과장된 듯한 진술 같지만 실제로는 틀린 말이 아니다. 우리 주변을 둘러보면 그의 말에 동의하지 않을 수 없다.

사도 바울은 자신과 관련하여 이렇게 말한다. "내가 어렸을 때에는 말하는 것이 어린 아이와 같고 깨닫는 것이 어린 아이와 같고 생각하는 것이 어린아이와 같다가 장성한 사람이 되어서는 어린 아이의 일을 버렸노라"(고전 13:11). 우리는 이 말을 신앙생활과 관련하여 다음과 같이 바꾸어 말할 수 있다. "내가 어렸을 때에는 믿는 것이 어린 아이와 같고 신앙 생활하는 것이 어린 아이 같다가 장성한 사람이 되어서는 어린 아이와 같이 믿던 모습을 버리고 장성한 분량의 믿음의 사람이 되었노라." 그는 예수 그리스도를 만나 변화된 후부터 하나님의 최종적인 부르심-죽음-을 받을 때까지 깊이 있는 신앙의 세계, 복음의 세계로 나아갔다.

하나님은 우리가 성숙한 믿음의 사람들이 되기를 원하신다. 이는 육신의 부모가 자신들의 아이가 자라서 성인이 되어 독립적으로 살아가기를 바라는 것과 마찬가지다. 자녀가 시간이 흘러 나이가 들어가는데도 여전히 어린아이와 같다면, 그것은 부모의 근심거리가 된다. 우리의 믿음이 자라지 못한다면, 우리도 하나님의 근심거리가 된다.

기독교 신앙은 성장과 성숙 지향적이다. 그러면 우리의 신앙은 어떻게 성숙해지는가? 이 물음에 대해 사람마다 하나님의 말씀에 근거하여 여러 가지 답을 제시할 수 있을 것이다. 어떤 답을 제시하더라도 한 가지 분명한 사실은 신앙의 성장과 성숙은 신앙 공동체를 바탕으로 한다는 것이다. 이와 관련하여 엘리스 넬슨(C. Ellis Nelson)은 다음과 같이 말한다.

> 한 사람의 신앙은 그 사람이 연관되어 있는 진행 중인 사건들의 한복판에서 하나님의 뜻을 이해하고 이행하기 위해 기독교 전통에 비추어 삶의 경험들이 해석될 때 성숙해진다. 회중은 그리스도의 몸의 일부이기 때문에 개인들이 자기 경험의 의미를 풀 때 그들의 인도를 받는 자리이며, 그들이 하나님의 영의 인도를 따르려고 할 때 지원하는 자리이다.

이 말이 의미하는 바, 한 사람의 신앙인은 신앙 공동체 안에서 하나님의 말씀을 바탕으로 삶의 경험들을 이해하며, 계속해서 하나님의 구원 활동에 참여하는 삶을 통해 자라가게 된다는 것을 뜻한다. 따라서 기독교적으로, 영적으로 성숙하다는 것은 신앙 공동체를 바탕으로 예수 그리스도 안에서 계속해서 하나님과 깊은 영적 관계를 형성해가면서 이 세상에서 하나님의 사람다운 삶을 살아가는 것을 뜻한다.

그러나 이러한 성장은 한 번에 이루어지는 것이 아니며, 그렇다고 시간이 흐르면 저절로 이루어지는 것도 아니다. 성장은 과정을 통해서 그리고 계속적인 신앙의 삶을 통해서 이루어진다. 태산은 티끌이 모여서 되는 것처럼, 성숙한 믿음은 티끌 같은 작은 믿음 생활의 조각들이 모여서 이루어진다.

작은 일을 소중하게 여기라

우리 속담 중에 "티끌 모아 태산"(요즘은 '티끌 모아 티끌'이라는 말이 있고 또 그 말이 현실적으로 수긍이 가지만 그럼에도 원리적으로는 분명 태산은 티끌이 모여 된다)이라는 말이 있고, "천리 길도 한 걸음부터"라는 말이 있다. 둘 다 작은 것, 작은 실천이 지닌 가치를 인정하고 강조하는 말이다. 실제로, 티끌이 없이 태산은 있을 수 없으며, 한 걸음을 떼지 않고 천리를 갈 수 없다. 작은 일은 그만큼 중요하다. 그럼에도 우리는 어떤 일을 할 때 한 번에 모든 것을 하고 싶어 하며, 우리에게는 큰일 또는 다른 사람들에게 눈에 띄는 일에는 큰 관심을 가지면서도 작은 일은 등한시하는 경향이 있다. 이런 모습은 신앙생활에도 있다. 그러나 그것은 예수님의 가르침과는 맞지 않는 것이다.

예수님은 작은 일을 소중하게 여기셨다. 하나님을 위한 삶에서 큰일과 작은 일을 구분하지 않으신 것이다. 예수님의 삶은 작은 일을 소중히 여기며 사는 삶이었다. 예수님은 공적 사역을 시작하시기 전에 약 30년 동안 작은 시골 마을에서 목수였던 육신의 아버지의 일을 도우면서 평범한 목수의 아들로 자랐고 또한 목수로 살았다.

성서에는 예수님의 어린 시절에 대한 기록이 거의 없다. 그럼에도 한 가지 분명한 것은 예수님도 당시의 여느 어린아이들처럼 평범하게 자랐다는 것이다. 가정을 바탕으로 가정생활을 하고 성전과 회당을 중심으로 하늘에 계신 아버지 하나님을 섬기면서 성인으로 자라갔으며 장래의 구원 사역을 준비해 가셨다. 예수님은 "세상의 구원"이라는 "큰일"을 하러 이 세상에 오셨음에도 불구하고, 삶 속에서의 "작은 일들"을, 곧 일상을 절대로 등한시하지 않으셨다. 하나님을 섬기는 삶에서 일상의 삶과 하나님의 뜻을 이루는 것은 서로 분리될 수 없으며 하나님의 구속 사역은 일상 속에서 그 열매가 맺히기 때문이다.

이 점은 예수님의 달란트 비유에서 잘 드러난다. 예수님은 그 비유에서 종들의 주인의 입을 빌어 한 달란트를 가볍게 여긴 종을 이렇게 책망하셨다.

> 악하고 게으른 종아 나는 심지 않은 데서 거두고 헤치지 않은 데서 모으는 줄로 네가 알았느냐 그러면 네가 마땅히 내 돈을 취리하는 자들에게나 맡겼다가 내가 돌아와서 내 원금과 이자를 받게 하였을 것이니라 하고 그에게서 그 한 달란트를 빼앗아 열 달란트 가진 자에게 주라…이 무익한 종을 바깥 어두운 데로 내쫓으라 거기서 슬피 울며 이를 갈리라. (마 25:26-28, 30)

예수님은 누가복음 16장의 <불의한 청지기 비유>에서도 이 점을 강조하셨다. "지극히 작은 것에 충성된 자는 큰 것에도 충성되고 지극히 작은 것에 불의한 자는 큰 것에도 불의하니라"(10절).

지극히 작은 것을 소중히 여기지 않는 사람은 큰 것도 소중히 여길 수 없는 사람이다. 그보다 더 큰 것을 생각할 것이기 때문이다. 믿음 안에서 작은 것에 충성하는 삶은 성숙한 신앙인이 되는 토대이다. 하나님의 일의 차원에서는 작은 일이 큰일이 되고 큰일이 작은 일이 되기 때문이다. 충실한 그리스도인이 되기 원한다면, 작은 일을 소중하게 여기고 그 일을 충실하게 감당할 필요가 있다. 그렇게 할 때 하나님은 큰일도 맡겨 주실 것이다.

신앙의 공동체는 성도의 작은 일을 통해 세워진다

제리 폴웰(Jerry Falwell)이라는 사람이 있다. 그는 지금은 하나님의 부르심을 받았지만 생전에 잘 알려진 목사요 텔레비전 설교자이면서 한 대학교(Liberty University)의 설립자로서 하나님께 크게 쓰임을 받았던 사람이다. 하지만 그가 원래부터 크게 쓰임을 받은 것은 아니었다. 애초에 그의 사역은 주일학교에서 한 학생을 가르치는 일로부터 시작되었다.

폴웰 목사는 대학 신입생일 때 하나님의 일을 하기 원했다. 그래서 그는 지역에 있는 한 교회의 주일학교장을 찾아가 주일학교에서 가르칠 수 있게 해 달라고 요청했다. 그 때에 그 교장 선생님은 한 학생의 이름만 적힌 출석부 하나를 달랑 건네면서 일반 교실이 아닌 강당 끝에서 가르치라고 말했다.

비록 여건은 좋지 않았지만, 청년 폴웰은 몇 주 동안 충실히 준비하면서 열심히 가르쳤다. 그러나 오직 한 사람만을 위해 온전하게 헌신한다는 것은 쉬운 일이 아니었다. 그런 상황에서 그는 자신과 주일학교장이 잘못된 선택을 한 것이라고 생각했다. 그래서 어느 주일 아침 수업을 마친 후에 그는 교장 선생님에게 출석부를 건네면서 "이 반은 가망이 없는 것 같습니다"라고 말했다. 그 말을 들은 그 교장 선생님은 자신도 그렇게 생각하며 처음부터 그에게 기대를 걸지 않았고, 그 때문에 일반적인 반이 아닌 그 반을 맡긴 것이라고 말했다. 그 말을 들은 폴웰은 갑자기 화가 치밀었다. 그래서 그는 곧바로 출석부를 다시 잡아당기면서 자신이 그 반을 성장시킬 수 있다고 말했다.

그 일이 있은 후에 그는 점심시간 대부분을 텅 빈 대학 강당에서 자기의 유일한 학생과 자기 반을 위해 열심히 기도하면서 보냈다. 그리고는 토요일마다 자기 반의 유일한 학생이었던 그 소년의 친구들의 집과 그들이 놀고 있는 곳을 찾아가서 전도했다. 폴웰은 토요일마다 그렇게 했고, 대학 1학년이 끝나갈 무렵에는 50명이 넘는 어린이들이 그의 반에 출석하게 되었다. (Elmer L. Towns)

폴웰 목사의 경우에서 보듯이, 하나의 교회는 성령의 사역 안에서 그 교회에 속한 그리스도인들의 작은 일에 충성하는 삶을 통해 세워진다. 그것이 그리스도인의 삶에서 작은 일이 중요한 이유 중 하나다.

불행하게도 오늘날 사람들은 대부분 큰 교회에 출석하기를 좋아하고 남들이 알아주는 직분이나 일을 우선으로 맡으려고 하며 다른 사람들로부터 더 인정을 받는 곳에 있기를 원한다. 사실, 그런 것은 바람직하지 않으며 하나님이 원하시는 것도 아니다. 오히려 하나님은 모든 교회가 그분의 것이기에 크든 작든 우리가 속한 교회에서 작은 일이든 큰일이든, 남들이 알아주든 알아주지 않든 자신에게 맡겨진 일에 묵묵히 충실하기 원하신다. 그리고 하나님은 우리의 그런 삶을 자신의 선하신 목적을 위해 귀하고 의미 있게 사용하신다.

교회의 일이 하나님의 일의 전부는 아니지만, 그럼에도 교회의 일은 하나님의 일의 중요하고도 중심적인 부분이다. 왜냐하면 하나님은 많은 부분 교회를 통해 하나님 자신의 구원 사역을 이루어 가시기 때문이다. 내가 원하는 교회보다는 나를 필요로 하는 교회에 등록하여 그곳에서 작은 일이든, 큰일이든 맡겨진 일에 충실하며 하나님을 섬기는 삶은 아름답다. 하나님은 그런 삶을 인정하시며 또한 그런 사람을 귀하게 사용하신다. 그리고 그렇게 헌신하는 삶을 통해 우리의 믿음이 자란다. 그뿐 아니라 우리가 속한 신앙의 공동체가 바르게 세워지며 하나님의 나라가 전파되고 확장된다. 이것이 바로 사도 바울이 다음과 같이 말한 이유이다.

> 우리가 다 하나님의 아들을 믿는 것과 아는 일에 하나가 되어 온전한 사람을 이루어 그리스도의 장성한 분량이 충만한 데까지 이르리니 이는 우리가 이제부터 어린 아이가 되지 아니하여 사람의 속임수와 간사한 유혹에 빠져 온갖 교훈의 풍조에 밀려 요동하지 않게 하려 함이라 오직 사랑 안에서 참된 것을 하여 범사에 그에게까지 자랄지라 그는 머리니 곧 그리스도라. (엡 4:13-15)

신앙의 성숙과 신앙 공동체를 섬기는 삶은 무관하지 않고 서로 밀접하게 관련되어 있다. 우리가 믿음 안에서 작은 일에 충실하면, 우리의 믿음도 자라고 교회도 바르고 건강하게 세워진다. 결과적으로 하나님의 나라가 확장된다. 그러므로 티끌 모아 태산의 믿음을 염두에 두고 우리에게 주어진 일을 충실하게 감당하면서 날마다 신앙의 깊은 세계로 나아가는 우리 모두가 되어야 하겠다.

12장
예수님의 학생들

우리는 평생 필연적으로 무언가 배우면서 살아간다. 인간에게 사는 것은 배우는 것이며 배움과 떨어진 삶은 없기 때문이다. 그래서 중요한 것은 배울 것인가 말 것인가가 아니라 무엇을 어떻게 배우느냐 하는 것이다. 배움의 내용과 방법은 우리의 삶에 많은 영향을 준다. 그러므로 우리의 삶이 바르고 풍성하려면, 우리는 좋은 것을 배우되 바르게 잘 배울 필요가 있다. 배우는 일은 힘들지만 즐거움도 있고 우리의 삶과 인간 됨을 위해서도 유익하기 때문이다.

이런 점은 신앙생활에서도 마찬가지이다. 신앙의 삶은 계속해서 배우는 삶이다. 평생 학습 과정이다. 그런 이유로 바르고 견고한 신앙생활을 하기 원한다면, 그리스도인은 좋은 내용을 바르게 잘 배울 필요가 있다. 배우는 삶이 없다면 바르고 깊이 있는 신앙을 소유하기가 어렵다.

신앙과 배움
사도 바울은 디모데후서 3장 14-17절에서 믿음의 아들 디모데에게 이렇게 말한다.

너는 배우고 확신한 일에 거하라 너는 네가 누구에게서 배운 것을 알며 또 어려서부터 성경을 알았나니 성경은 능히 너로 하여금 그리스도 예수 안에 있는 믿음으로 말미암아 구원에 이르는 지혜가 있게 하느니라 모든 성경은 하나님의 감동으로 된 것으로 교훈과 책망과 바르게 함과 의로 교육하기에 유익하니 이는 하나님의 사람으로 온전하게 하며 모든 선한 일을 행할 능력을 갖추게 하려 함이라.

여기에서 사도 바울은 신앙과 배움의 관계에 대해서 말한다. 즉 신앙은 배움을 토대로 한다는 것이다.

물론 배움 자체가 우리를 구원에 이르게 하거나 신앙을 갖도록 해 주는 것은 아니다. 신앙과 구원은 하나님의 전적인 은혜의 선물로서 오직 보혜사 성령의 변화시키는 능력과 사역을 통해서만 가능하다. 하지만 신앙 안에서 배움은 진리의 교사이신 성령이 우리를 믿음의 사람으로 세우고 자라게 하는 도구가 될 수 있다. 성령의 사역 안에서 배움은 우리가 하나님의 사람으로 자라 가는 것을 돕는다. 이런 점에서 볼 때, 배움은 우리의 신앙형성을 돕는 주요한 요소 중 하나이다.

우리는 디모데의 삶을 통해 이 점을 확인할 수 있다. 그는 믿음의 가정에서 어머니를 통해 하나님의 말씀을 배우면서 하나님을 섬기는 삶을 살았다. 디모데는 어려서부터 하나님의 말씀을 배우고 신앙으로 사회화되고 종교적으로 문화화되었다. 그런 삶을 통해 그는 점점 하나님의 사람으로 형성되어 갔다. 그에게 계속해서 복음을 배우는 삶이 없었다면, 그는 좋은 하나님의 사람도, 충실한 하나님의 일꾼도 될 수가 없었을 것이다.

이처럼 신앙인에게 배움은 매우 중요하다. 그러므로 신앙인은 늘 배워야 한다. 배움이 없는 신앙인은 자라지 못한다. 신앙의 지적 토대가 없이는 바른 신앙인으로 자라가기가 어렵다.

기독교적 배움은 신앙의 배움이다. 신앙 안에서의 배움을 통해 우리는 신앙의 앎, 신앙의 지식을 얻게 된다. 한 가지 기억할 것은, 디모데의 경우에서 알 수 있듯이 신앙생활을 배우는 삶에서 가장 중요한 것은 하나님의 말씀이라는 사실이다. 하나님의 말씀은 신앙생활의 기준이다. 따라서 하나님의 말씀을 배우는 것이 신앙의 삶을 배우는 출발점이어야 한다.

다른 한편으로, 성서에서 앎은 개념이나 정보의 습득을 의미하지 않는다. 오히려 그것은 경험적이고 구체적인 의미를 지닌다. 그래서 대니얼 알레셔(Daniel O. Aleshire)가 말하는 것처럼, "신앙의 사람들이 되는 것은 단순히 하나님에 관하여 아는 것(to know about God)이 아니다. 그것은 하나님을 아는 것(to know God)이다. 하나님을 아는 것은 하나님의 임재를 경험하는 것이고 사랑을 표현하는 것이며 만남의 신비를 부드럽게 붙잡는 것이다." 그러므로 우리는 구체적이고 적극적으로 하나님의 구원 공동체(교회)에 참여하면서 하나님에 대해 배우는 삶을 통해 조금씩 더 깊이 있게 하나님을 알아가게 된다.

제자는 배우는 자다

예수님은 공적 사역을 시작하면서 자신과 함께 하나님의 나라를 위해 일할 사람들을 부르셨다. "갈릴리 해변으로 지나가시다가 시몬과 그 형제 안드레가 바다에 그물 던지는 것을 보시니 그들은 어부라 예수께서 이르시되 나를 따라오라 내가 너희로 사람을 낚는 어부가 되게 하리라 하시니 곧 그물을 버려 두고 따르니라"(막 1:16-18). 이와 같이 예수님의 부르심을 받고 예수님을 따르는 사람을 "제자"라고 부른다.

신약에서 제자는 "배우는 자"를 의미한다. 이와 관련하여 룩 T. 존슨(Luke T. Johnson)은 이렇게 말한다.

> 복음서 이야기에서 예수는 군중들보다는 특별하고 더 친밀한 방식으로 자신을 따르는 사람들로 이루어진 그룹의 한가운데에서 보인다. 이 따르는 자들은 제자들이라고 불리는데, 그것은 헬라어로 간단히 '배우는 자들'을 의미한다. 각 복음서에서 제자들은 예수가 자기 시간의 대부분을 그들과 함께 보내고 자신을 그들에게 가장 직접적으로 나타내 보이시며 그들에게 자신의 가장 도전적인(challenging) 가르침을 준 사람들이다.

예수님의 제자가 배우는 자를 의미한다는 것은, 예수님은 가르치는 분, 곧 교사라는 것을 함의한다. 실제로, 복음서에서 예수님은 하나님 나라의 복음을 가르치셨고 주변의 사람들에게 교사라고 불렸다. "예수께서 이 말씀을 마치시매 무리들이 그의 가르치심에 놀라니 이는 그 가르치시는 것이 권위 있는 자와 같고 그들의 서기관들과 같지 아니함일러라"(마 7:28-29).

예수님은 교사 중의 교사, 곧 최고의 교사이셨다. 예수님의 사역에서 중요한 사역은 바로 가르치는 사역이었다. 예수님은 사람들을 불러 가르치셨다. 그래서 예수님의 제자들은 교사이신 예수님에게 배우는 자들이었다. 곧 예수님의 하나님 나라 제자학교의 학생들이었다. 이처럼 예수님의 제자들이 배우는 자들이었다면, 오늘날 그분을 따르는 우리도 배우는 자들이며 그런 이유로 계속해서 배우면서 믿음의 길을 가야 한다. 우리도 교사이신 예수님의 학생들이기 때문이다.

무엇을 배우게 되는가?

예수님은 마태복음 11장 27-30절에서 이렇게 말씀하셨다.

> 내 아버지께서 모든 것을 내게 주셨으니 아버지 외에는 아들을 아는 자가 없고 아들과 또 아들의 소원대로 계시를 받는 자 외에는 아버지를 아는 자가 없느니라 수고하고 무거운 짐 진 자들아 다 내게로 오라 내가 너희를 쉬게 하리라 나는 마음이 온유하고 겸손하니 나의 멍에를 메고 내게 배우라 그리하면 너희 마음이 쉼을 얻으리니 이는 내 멍에는 쉽고 내 짐은 가벼움이라.

그러면 우리가 예수님에게 나아가 그분을 따르는 제자가 되면, 우리는 예수님에게 무엇을 배우게 되는가?

무엇보다도 먼저, 우리는 하나님에 관해 배우게 된다. 하나님에 관해 바르게 배우게 되면 하나님을 섬기지 않을 수 없게 된다. 그리고 하나님을 바르게 섬길 수 있게 된다. 하나님은 우리의 창조와 구원의 주라는 것을 진정으로 알게 되고도 하나님을 섬기지 않을 사람이 어디 있겠는가? 예수님이 말씀하시는 것처럼 성부 하나님을 온전하게 아는 분은 그분의 아들 예수 그리스도이다(요 7:28-29). 그러므로 우리가 예수님께로 나아가면 하나님을 배우게 되고 하나님을 섬기는 삶을 배우게 된다. 예수님은 하나님을 섬기는 삶의 모범이시기 때문이다.

둘째, 우리는 하나님의 나라를 위해 사는 삶을 배우게 된다. 예수님은 인간을 구원하기 위해서 뿐만 아니라 도래하고 있는 하나님의 나라를 전하기 위해서 이 세상에 오셨다. 하나님의 나라는 예수님의 사역의 토대였고 가르침과 선포의 중심주제였다(막 1:14-15; 마 6:33). 하나님의 나라를 위해 살면 하나님의 나라를 선물로 받고 그 나라의 백성으로 살게 된다. 이에 대해서 존 브라이트(John Bright)는 이렇게 말한다.

> 그리스도는 사람들을 그의 나라로 부르기 위해 오셨다. 그의 사명은 더 나은 더 영적인 윤리를 사람들에게 가르쳐 주는 것이 아니었다… 그의 부름은 아주 급한 부름, 그 나라를 위해 급진적인 결단을 촉구하는 부름이었다…그 나라를 위한 급진적인 결단에로의 부름을 그리스도는 사람들에게 던졌다. 그리고 그것에 귀를 기울인 사람들은 그 나라에 들어갔다. 아니 그들이 곧 그의 나라이다.

셋째, 하나님을 사랑하고 이웃을 사랑하는 삶을 배우게 된다. 예수님은 몸소 실천을 통해 하나님을 사랑하고 사람을 사랑하는 삶을 보여주셨고 또 그렇게 살도록 가르치셨다. "예수께서 이르시되 네 마음을 다하고 목숨을 다하고 뜻을 다하여 주 너의 하나님을 사랑하라 하셨으니 이것이 크고 첫째 되는 계명이요 둘째도 그와 같으니 네 이웃을 네 자신 같이 사랑하라 하셨으니 이 두 계명이 온 율법과 선지자의 강령이니라"(마 22:37-40). 이 세상에서 하나님을 사랑하고 사람을 사랑하며 사는 것보다 더 복되고 가치 있는 일은 없다. 그와 같은 삶은 가장 영적이고 인간다운 삶이다.

넷째, 우리는 제자로서의 삶을 배우게 된다. 예수님 당시의 제자들은 예수님을 따라다니면서 하나님의 나라를 위한 제자는 어떻게 살아야 하는지를 배웠다. 예수님은 자신을 따르는 제자들에게 "누구든지 나를 따라오려거든 자기를 부인하고 자기 십자가를 지고 나를 따를 것이니라 누구든지 제 목숨을 구원하고자 하면 잃을 것이요 누구든지 나를 위하여 제 목숨을 잃으면 찾으리라"(마 16:24-25)고 말씀하셨다. 그 길이 좁은 길이긴 하지만 제자로서의 삶을 제대로 배우면, 누구나 하나님 앞에서 착하고 충성된 종으로 살 수 있게 된다.

우리가 예수님을 따라 살면 이와 같은 것들을 배우게 된다. 그뿐 아니라 예수님에게 배우는 삶을 살아가면, 우리는 자유를 얻고 마음의 쉼을 얻게 된다(마 11:28-30). 그리고 우리는 예수님을 통해 풍성한 생명을 얻게 된다(요 10:10). 그러므로 예수님의 학생이 되는 사람은 복이 있다. 그는 예수 그리스도로 말미암아 구원을 받고 하나님의 자녀가 된다. 그러면 하나님의 나라가 그의 것이다.

신앙 공동체 안에서 배운다

기독교적 관점에서 볼 때, 신앙생활은 신앙 공동체를 바탕으로 한다. 왜냐하면 기독교 신앙은 본래 공동체적이며 그리스도인이 되는 것은 예수 그리스도를 중심으로 공동체의 지체가 되는 것을 의미하기 때문이다. 이와 관련하여 셜리 거쓰리(Shirley C. Guthrie, Jr.)는 이렇게 말한다.

그리스도를 따르는 자가 되는 것은 처음부터 그분이 자기 주변으로 한데 모은 제자들의 공동체에 합류하는 것을 의미했다. 특히, 사람들이 자기 이름으로 함께 모인 곳에 자신을 알리시겠다고 그리스도 자신이 약속하셨다. 성서는 고립된 개개인을 위하여 그리고 고립된 개인들에 관해서 쓰인 것이 아니다. 그것은 사람들로 이루어진 공동체-구약에서는 이스라엘, 신약에서는 교회-를 위하여 그리고 사람들로 이루어진 공동체에 관해서 쓰인 것이다. 당신은 당신 홀로 그리스도인이 될 수 없다. 당신은 오직 세상에서 하나님을 섬기는 다른 그리스도인들과 함께 그리스도인이 될 수 있다.

이 말은 그리스도인 됨의 특성을 잘 말해준다. 각각의 그리스도인 없이는 신앙의 공동체가 존재할 수 없듯이, 신앙의 공동체와 무관한 그리스도인도 생각할 수 없다. 이처럼 한 사람의 그리스도인과 신앙 공동체는 예수 그리스도를 중심으로 유기적으로 서로 연결되어 있다. 예수 그리스도에게서 "온 몸이 각 마디를 통하여 도움을 받음으로 연결되고 결합되어"(엡 4:16) 있는 것이다.

그리스도인은 예수 그리스도와 함께 그리스도인이 되고 성령의 사역 안에서 신앙 공동체와 더불어 계속해서 온전한 그리스도인으로 형성되어 간다. 그리스도인의 삶은 그리스도인 됨(being)-존재-에서 그리스도인 되어감(becoming)-존재화-으로의 계속되는 여정인 것이다. 이것은 또한 예수 그리스도를 배우는 삶은 신앙 공동체를 바탕으로 한다는 것을 의미한다. 그래서 존슨도 "우리는 살아 있는 교회 공동체의 정황에서 예수를 가장 충만하고 일관되게 배우게 된다. 왜냐하면 부활하신 예수는 자신을 이 공동체와 동일시하기 때문이다"라고 말했다. 그리고 "예수는 신앙의 공동체 안에서 연구의 대상으로서가 아니라 개인적인 임재와 유지하는 힘으로서 알려지고 사랑을 받게 된다. 그리고 만일 신앙 공동체가 살아 계신 예수가 가장 분명하게 상기되고 만나지는 곳이라면, 그것은 또한 예수의 인간성에 관한 살아 있는 지식의 보고이다"라고도 말했다. 신앙 공동체를 떠나서 예수님을 배우는 일은 쉽지도 않을 뿐만 아니라 바람직하지도 않다. 예수님을 배우는 일은 예배와 교육과 교제와 봉사와 같은 신앙 공동체의 삶과 함께 가기 때문이다.

배우는 삶과 관련하여 한 가지 기억해야 할 것은, 그것은 평생의 과정이요 과업이라고 하는 것이다. 마찬가지로 예수님을 배우는 일은 평생에 걸쳐 실천해야 하는 것이다. 충실한 그리스도인이 되기 원한다면 우리는 하나님께서 우리를 최종적으로 부르실 때까지 동료 그리스도인들과 함께 예수님을 배우는 일을 계속해 가지 않으면 안 된다.

예수님의 제자로서의 그리스도인들은 교사이신 예수님에게 배우는 학생들이다. 우리가 예수님과 더불어 하나님을 사랑하고 섬기는 삶을 배우고 자기 자신과 이웃과 창조세계를 사랑하는 삶을 배우며 살면, 우리의 삶은 하나님의 은혜 안에서 날마다 풍성해질 것이다. 그것이 우리가 예수님 안에 거하고 예수님에게 배울 때 얻게 되는 유익이며 맺게 되는 열매이다.

배움 가운데 가장 귀중한 배움은 하나님의 아들 예수 그리스도에게 하나님에 관해 배우는 배움이다. 그것은 우리의 생명과 영생이 걸린 배움이기 때문이다. "내가 진실로 진실로 너희에게 이르노니 내 말을 들고 또 나 보내신 이를 믿는 자는 영생을 얻었고 심판에 이르지 아니하나니 사망에서 생명으로 옮겼느니라"(요 5:24). 평생 예수님의 학생들로 하나님과 삶에 관해 열심히 배우며 살아가는 것은 "사망에서 생명으로" 옮긴 바 된 사람의 본분이다.

13장
예수 그리스도의 마음을 품어라

지금은 고인이 된 헨리 나우웬(Henri Nouwen)에 관한 일화이다.

그가 어느 날 자신의 사무실에 앉아 있을 때, 한 학생이 그를 만나러 왔다. 그 학생은 헨리 나우웬을 보고는 이렇게 말했다. "저는 신부님께 물을 것도 할 말도 없어요. 저는 그냥 신부님과 함께 조용히 있고 싶어요." 그런 다음에 두 사람은 잠시 아무런 말 없이 조용히 앉아 있었다. 잠시 후에 그 학생이 침묵을 깨고 이렇게 말했다. "제가 신부님 앞에 있을 때면 언제나 마치 그리스도 앞에 있는 것 같아요." 그러자 헨리 나우웬이 이렇게 대답했다. "내 안에 계신 그리스도를 보시는 분은 바로 당신 안에 계신 그리스도이지요." 그 말을 듣고 그 학생이 이렇게 말했다. "이제부터는 제가 어디를 가든 우리 사이에 있는 모든 곳은 거룩한 곳일 거예요."

후에 헨리 나우웬이 다른 사람들에게 이 이야기를 전하면서 이렇게 말했다. "그 순간 우리 두 사람은 공동체가 무엇을 의미하는지 알게 되었습니다." (John H. Westerhoff)

그리스도인과 성품
그리스도인에게는 그리스도인 특유의 성품이 있다. 그것은 모든 인간이 공통적으로 지니는 성품이 아니라 예수 그리스도 때문에 그리고 예수 그리스도로 옷 입음을 통해 지니고 나타내게 되는 성품이다. 우리 안에 계신 예수 그리스도에게서 나오는, 예수님의 성품 같은 성품이 그것이다. 그래서 우리 안에 예수 그리스도가 바르게 형성되면 우리를 통해 예수 그리스도가 뚜렷하게 나타나게 된다. 그것이 헨리 나우웬을 만나러 온 그 학생이 그를 보면서도 예수 그리스도를 보는 것 같은 느낌이 든 이유이다.

참다운 신앙 공동체, 참다운 예수 공동체는 자체 안에 예수 그리스도의 마음을 지닌 사람들을 통해 형성된다. 예수 그리스도를 통해서 서로 다른 사람들이 예수 그리스도의 마음을 지니고 하나의 몸을 이루어 가는 것이다. 그것이 그리스도의 몸으로서의 교회이다. 그리고 예수 그리스도를 지닌 모습을 통해 우리는 우리가 그리스도인이라는 것을 나타내며 그리스도를 전하게 된다. 삶을 통해 복음을 전하게 되는 것이다.

그리스도의 마음을 지닌 그리스도인

사도 바울은 고린도전서 2장 14-16절에서 이렇게 말한다.

> 육에 속한 사람은 하나님의 성령의 일들을 받지 아니하나니 이는 그것들이 그에게는 어리석게 보임이요, 또 그는 그것들을 알 수도 없나니 그러한 일은 영적으로 분별되기 때문이라 신령한 자는 모든 것을 판단하나 자기는 아무에게도 판단을 받지 아니하느니라 누가 주의 마음을 알아서 주를 가르치겠느냐 그러나 우리가 그리스도의 마음을 가

졌느니라.

여기서 사도 바울은, 그리스도인은 "그리스도의 마음"을 갖는다고 말한다.

그러면 예수 그리스도의 마음을 갖는다는 것은 구체적으로 무엇을 의미하는가? 그것은 크게 세 가지를 의미한다.

첫째, 예수 그리스도의 마음을 갖는다는 것은 예수 그리스도에 대해 바른 이해를 갖는 것을 말한다. 왜냐하면 예수 그리스도에 대한 바른 이해가 없이는 예수 그리스도의 마음을 바르게 지닐 수 없기 때문이다. 요즈음은 이 문제가 더 중요하고 절실하게 다가오는 것도 사실이다. 종교 다원주의가 일반화되어가고 사람들의 정신세계를 지배해 가고 있는 오늘날의 상황에서 우리는 계속해서 예수 그리스도를 바르게 이해하고 바르게 전할 필요를 느끼게 된다.

불행하게도 오늘날 교회 안에도 복음을 제대로 이해하지 못하는 사람들이 적지 않다. 교회(예배당)에는 다니는데 복음은 잘 모른다. 교회(예배당)에는 다니는데 복음에 철저하게 헌신 되어 있지는 않다. 이 문제와 관련하여, 미국 그리스도인들과 교회를 보면서 그렉 로리(Greg Laurie)는 이렇게 말한다.

미국인들 대부분-세상에 있는 나머지 사람들보다 훨씬 적은 수의 사람들-이 실제로 복음을 듣지 못했다는 것이 나의 개인적인 생각이다. 우리는 실제로 몇몇 사람들이 그 용어가 정말로 무엇을 의미하는지를 알지 못하는 것처럼 보임에도 불구하고, 자신들은 "복음을 전하고 있습니다"라고 말하는 것을 듣는다. 말이 났으니 말이지, 나는 교회 자체 안에 복음 메시지가 정말로 무엇인지 실제로 알지 못하는 사람들이 놀랄 만큼 많을 것이라고 생각한다. 한 설문 조사에 따르면, 심지어는 교인 중 75퍼센트가 요한복음 3장 16절이 무엇인지 알지 못한다.

그러면 복음이란 무엇인가? 죄와 타락의 세상을 향한 하나님의 좋은 소식을 말한다. 그 좋은 소식의 중심에는 예수 그리스도가 있다. 성서는 예수 그리스도를 성부 하나님께서 인류를 죄와 사망에서 구원하시기 위해 이 땅에 보내신 독자라고 말한다. 그래서 누구든지 예수 그리스도를 구원의 주로 영접하고 하나님을 섬기며 살면 영원한 생명을 얻을 뿐만 아니라 하나님 나라를 기업으로 받게 된다고 성서는 가르친다. 이것이 기독교의 복음이다. 신실한 그리스도인들은 이것을 믿는다. 예수 그리스도의 복음과 관련하여 사도 바울은 이렇게 말한다.

> 우리가 아직 연약할 때에 기약대로 그리스도께서 경건하지 않은 자를 위하여 죽으셨도다…우리가 아직 죄인 되었을 때에 그리스도께서 우리를 위하여 죽으심으로 하나님께서 우리에 대한 자기의 사랑을 확증하셨느니라 그러면 이제 우리가 그의 피로 말미암아 의롭다 하심을 받았으니 더욱 그로 말미암아 진노하심에서 구원을 받을 것이니 곧 우리가 원수 되었을 때에 그의 아들의 죽으심으로 말미암아 하나님과 화목하게 되었은즉 화목하게 된 자로서는 더욱 그의 살아나심으로 말미암아 구원을 받을 것이니라. (롬 5:6, 8-10)

성서의 가르침에 따르면, 예수 그리스도의 복음 외에 이 세상에 다른 복음은 없다(갈 1:7). 모든 그리스도인은 이 점을 확실히 해야 한다. 복음은 결코 타협할 수 있는 사항이 아니다. 그것은 하나님의 절대 진리이기 때문이다. 그리고 우리가 예수 그리스도의 마음을 갖기 위해서는 이런 이해를 바탕으로 예수 그리스도를 이해해야 한다.

둘째, 예수 그리스도의 마음을 갖는다는 것은 예수 그리스도가 우리 안에서 사는 것을 말한다. 예수 그리스도가 우리 안에 살지 않는다면 우리를 통해 예수 그리스도가 나타날 수 없기 때문이다. 예수 그리스도가 우리 안에 살려면 믿음으로 그분을 영접해야 한다. 사도 바울은 갈라디아서 2장 20절에서 "내가 그리스도와 함께 십자가에 못 박혔나니 그런즉 이제는 내가 사는 것이 아니요 오직 내 안에 그리스도께서 사시는 것이라 이제 내가 육체 가운데 사는 것은 나를 사랑하사 나를 위하여 자기 자신을 버리신 하나님의 아들을 믿는 믿음 안에서 사는 것이라"고 고백한다. 사도 바울의 삶에 예수 그리스도가 나타나게 된 것은 그의 고백처럼 그의 안에 예수 그리스도가 살아 계셨기 때문이다.

신앙의 출발점은 이해나 설명이 아니다. 듣는 것을 받아들이는 것이다. 그래서 사도 바울은 "믿음은 들음에서 나며 들음은 그리스도의 말씀으로 말미암았느니라"(롬 10:17)고 말했다. 신앙의 출발점은 또한 듣는 것을 믿는 것이다. 그래서 히브리서 기자는 "믿음으로 모든 세계가 하나님의 말씀으로 지어진 줄을 우리가 아나니"(히 11:3)라고 말했다. 신앙생활은 그렇게 시작된다. 하나님의 말씀이 "하나님은 계신다"라고 하면 그것을 받아들이는 것이다. 그런 과정을 통해 믿음 안에서 자라 가는 것이다. 그리고 믿음 안에서 자라갈수록, 우리는 이해가 필요함을 느끼게 된다. 그러면 그때 묻고 배우면서 계속해서 이해해 가면 된다.

물론 어떤 것은 이해가 선행되어야 하는 경우가 있다. 그러나 모든 것이 다 이해를 필요로 하는 것은 아니다. 예를 들면, 여행을 떠나고자 할 때 가고자 하는 목적지에 대해서 뿐만 아니라 그곳에 가는 길을 정확히 알고 가야 헤매거나 길을 잃지 않게 된다. 이럴 때는 먼저 이해가 필요하다. 반면에 친구가 메일을 보내면서 "사랑하는 친구에게"라고 시작할 경우에 우리는 그것을 읽으면서 그냥 그 사실을 받아들이면 된다. 그리고 "나도 너를 사랑한다"라고 하면 된다. 그렇지 않고 "정말일까? 왜 갑자기 이런 말을 하는 것이지? 어떤 꿍꿍이속이 있는 것 아냐?" 또는 "사랑한다는 것이 무슨 뜻이지?" 이렇게 묻고는 다 이해될 때까지 친구의 말을 받아들이지 않는다면, 그 사람은 정신적으로 큰 문제가 있는 사람일 것이다.

신앙도 마찬가지이다. 때로는 이해가 되기 때문에 신앙생활을 시작하는 경우도 있지만, 대부분은 복음의 좋은 소식을 들을 때 그냥 받아들이기 때문에 신앙생활을 시작하게도 된다. 사실, 하나님을 믿지 않는 사람들은 대부분 이해가 되지 않기 때문에 믿지 않는 것이 아니라 믿고 싶지 않기 때문에 믿지 않는다. 변화를 받고 싶지 않기 때문에 그리고 자기 인생의 주권을 하나님께 양도하고 싶지 않기 때문에 믿지 않는 것이다. 그런 사람들은 지적으로 그리고 합리적으로 납득이 될 만큼 설명해준다 해도 이해가 될 만한 상태가 되면 또 다른 이유를 들어 믿지 않을 것이다. 그것이 그 사람의 마음의 상태이기 때문이다. 그래서 예수님이 "믿지 아니하는 자는 하나님의 독생자의 이름을 믿지 아니하므로 벌써 심판을 받은 것이니라"(요 3:18)고 말씀하셨는지도

모른다. 그래서 예수님이 "귀 있는 자는 들을지어다"라고 말씀하셨는
지도 모른다. 그들은 이미 심판을 받았고 그들에게는 좋은 소식을 들
을 귀가 없다. 물론 그 책임은 하나님의 말씀을 거부한 그들 자신에게
있다.

　기독교 신앙은 예수 그리스도 안에서 하나님을 받아들이는 것을 말
한다. 하나님을 받아들이고 예수님을 받아들이는 것이다. 그냥 받아
들이면 된다. 우리가 하나님과 그분의 아들 예수 그리스도를 받아들
이기 이전에 예수님이 이미 오래전부터 우리의 마음의 문을 두드리고
계시기 때문이다. 더욱 놀라운 사실은 우리가 예수 그리스도를 받아
들이면 그분이 우리 안으로 들어오셔서 우리 안에 사신다는 것이다.
그것이 예수님의 말씀이고 약속이다. "볼지어다 내가 문 밖에 서서 두
드리노니 누구든지 내 음성을 듣고 문을 열면 내가 그에게로 들어가
그와 더불어 먹고 그는 나와 더불어 먹으리라"(계 3:20). 이처럼 예수님
이 우리 안에 계시면 그분의 생명이 우리 안에서 작용하기 시작한다.
예수님의 이 말씀에 근거하여 판단할 때, 어떤 사람이 그리스도인인
가 아닌가를 알려면 그 사람 안에 그리스도가 있는지 없는지를 보면
된다. 그를 통해 예수 그리스도가 나타나는지 나타나지 않는지를 보
면 된다.

　셋째, 예수 그리스도의 마음을 갖는다는 것은 진리의 영 보혜사 성
령의 인도를 따라 살면서 성령의 열매를 맺는 것을 말한다. 사도 바울
은 고린도전서 2장 12절에서 "우리가 세상의 영을 받지 아니하고 오직
하나님으로부터 온 영을 받았으니"라고 말한다. 하나님께로 온 영은
"성령"을 말한다(고전 2:13). 예수님은 지상 사역을 마치시고 아버지께

로 돌아가시기 전에 제자들을 향해 이렇게 말씀하셨다. "내가 아버지께 구하겠으니 그가 또 다른 보혜사를 너희에게 주사 영원토록 너희와 함께 있게 하리니 그는 진리의 영이라 세상은 능히 그를 받지 못하나니 이는 그를 보지도 못하고 알지도 못함이라 그러나 너희는 그를 아나니 그는 너희와 함께 거하심이요 또 너희 속에 계시겠음이라"(요 14:16-17). 그래서 모든 그리스도인은 하나님의 전이다. 성령이 거하시는 거룩한 전이다.

지금도 성령께서 우리와 함께 하시면서 우리 안에서 일하고 계신다. 그리고 우리와 더불어 일하신다. 이것이 세상 사람들과 하나님의 사람을 가름 짓는 점이다. 세상 사람들은 자기 안에 예수 그리스도가 없을 뿐만 아니라 하나님의 영이신 보혜사 성령도 없다. 그래서 세상 사람들은 '육에 속한 사람'이다. 그러나 하나님의 사람들은 자기 안에 예수 그리스도가 계실 뿐만 아니라 보혜사 성령도 계신다. 그래서 하나님의 사람들은 '영에 속한 사람'이다.

그리스도의 마음을 지닌 사람이 맺는 열매

갈라디아서 5장 22-23절에는 성령의 아홉 가지 열매가 나온다. "오직 성령의 열매는 사랑과 희락과 화평과 오래 참음과 자비와 양선과 충성과 온유와 절제니 이 같은 것을 금지할 법이 없느니라." 여기에서 주목할 필요가 있는 것 세 가지가 있다.

첫째, 여기에 나타난 성령의 아홉 가지 열매는 어떤 행위를 나타낸다기보다는 성품이나 인성을 나타낸다고 하는 것이다. "사랑, 희락, 화평, 오래 참음, 자비, 양선, 충성, 온유, 절제," 이런 것들은 우리의 마음에 형성되고 내면에 갖추어져 있지 않으면 나타날 수 없는 것들이다. 그러나 이런 열매가 우리 안에 하나의 성품으로 자리 잡으면 저절로 행동으로 나타나게 된다. 왜냐하면 그것이 바로 우리 자신이기 때문이다. 그것이 바로 성품의 특성이다.

둘째, 성령의 아홉 가지 열매는 본질적인 면에서 그리고 궁극적으로 하나, 곧 하나의 열매라는 것이다. 다시 말하면, 성령의 아홉 가지 열매는 사람마다 하나씩 따로따로 나타나지 않고 성령의 인도하심을 따라 사는 한 사람의 충실한 그리스도인에게 아홉 가지가 함께 전인적으로 나타난다고 하는 것이다. 그런 이유로 헬라어 원문은 열매(fruit)라는 말을 복수로 쓰지 않고 단수로 쓴다.

셋째, 성령의 아홉 가지 열매는 한 번에 그리고 한순간에 맺히는 것이 아니라 예수 그리스도를 따르고 닮아 가는 삶의 연속적인 과정 속에서 맺혀 가는 것이라는 사실이다. 한 그루의 나무는 땅에 깊이 뿌리를 내린 상태로 싹을 내고 꽃을 피우며 그곳에서 작은 열매가 생기고 자라 잘 익은 열매를 맺게 된다. 마찬가지로 그리스도인은 하나님의 존재와 생명의 대지에 깊게 뿌리를 내리고 그 안에서 자라갈 때 성령의 아홉 가지 열매가 맺히고 자라 무르익는 상태로 변해 가게 된다. 이런 점에서 볼 때, 신앙생활은 하나님의 나라를 향한 지속적인 순례 여행이다.

유진 피터슨(Eugene Peterson)이 쓴 책 중에 『한 길 가는 순례자』란 우리말 제목으로 번역 소개된 책이 있다. 그 책의 원제목은 A Long Obedience in the Same Direction이고 부제는 Discipleship in an Instant Society이다. 직역하면 "같은 방향, 즉 한 방향으로 오랜 기간

에 걸쳐 하는 순종: 즉각적인 사회에서의 제자도"라는 정도의 의미가 된다. 기독교 신앙생활의 특성을 나타내는데 아주 적절한 표현이라고 여겨진다.

신앙생활은 예수 그리스도 안에서 보혜사 성령의 가르침과 인도를 따라 하나님을 향해 오랫동안 해 가는 순종의 실천이다. 그러면 얼마나 오랫동안 해 가야 하는가? 하나님을 깊이 알 때까지, 하나님께서 이제는 되었다 하실 때까지, 예수님께서 "잘했다 착하고 충성된 종아"라고 하실 때까지 그리고 하나님의 나라에 이를 때까지 지속적으로 해 가야 한다. 다시 말하면, 죽을 때까지 해 가야 하는 것이 신앙의 삶이요 순종이다. 그렇게 길고 오래도록 순종하면서 걸어가는 길이 신앙의 길이요 제자의 길이다. 그렇게 충실히 한 길을 가다 보면, 우리 안에 "예수 그리스도의 마음"이 깊고 바르게 새겨질 것이다. 그리스도가 우리 안에 뚜렷하게 형성될 것이다.

우리 안에 예수 그리스도가 계시고 그로 인해 우리가 예수 그리스도의 마음을 갖게 되면, 우리는 예수 그리스도를 충만하게 나타내는 삶을 살게 된다. 그것이 복음의 능력이고 활력이다. 우리는 그리스도인들로서 좋은 성품을 지니기 위해 노력해야 한다. 매일 매일 예수 그리스도를 닮아 가는 일에 힘써야 한다. 다른 사람들이 우리를 보고서 "당신과 함께 있으면 예수 그리스도와 함께 있는 것 같습니다"라는 칭찬을 들을 수 있을 만큼 영적으로 깊이 있는 믿음의 사람들이 되어 갈 필요가 있다. 우리에게는 예수님에게서 받은 그와 같은 소명의 말씀이 있다. "이같이 너희 빛이 사람 앞에 비치게 하여 그들로 너희 착한 행실을 보고 하늘에 계신 너희 아버지께 영광을 돌리게 하라"(마 5:16).

예수 그리스도는 교회의 회원자격만을 가진 교인을 필요로 하는 것이 아니라 자신을 따르면서 하나님 나라를 위해 살아갈 제자들, 곧 그리스도인들을 필요로 하신다. 그런 사람들은 또한 좋은 교인들이 된다. 그런 사람들은 예수 그리스도의 마음을 바르게 지닌 제자들이 되어 하나님께 귀하게 쓰임 받는 복된 사람들로 살아간다. 우리는 믿음의 역사 속에서 그런 사람들을 만나게 된다. 하나님은 우리도 그런 사람이 되기를 바라신다.

14장
아버지 같이, 아들 같이

우리가 흔히 하는 말 중에 "부전자전"(Like father, like son)이란 말이 있다. 사전적인 의미로 그것은 "대대로 아버지가 아들에게 전하는 것"을 뜻한다. 다시 말하면, 어떤 특정한 것에서 아버지와 아들이 같다는 의미이다. 아버지와 아들 사이에는 공통 요소가 있다는 것이다. 이 말은 긍정적인 의미로도 쓰이고 부정적인 의미로도 쓰인다. 그러나 어떤 의미로 쓰이든 하나의 공통점이 있다. 아버지와 아들 사이에는 "내적인 연속성 또는 연계"가 있다는 것이다.

이런 점-특히, 긍정적인 측면-에서 "부전자전"이란 말은 기독교 신앙에 가장 잘 어울리는 말이라고 여겨지며 기독교 신앙을 위한 중요한 함의를 지닌다고 말할 수 있다. 왜냐하면 하나님 아버지와 그분의 아들 예수 그리스도 사이에는 그리고 예수 그리스도를 따르는 그리스도인과 교회 사이에는 그들만의 고유한 내적인 연속성-하나님의 나라와 복음-이 있기 때문이다.

하나님 아버지

성서는 종종 부모의 이미지를 사용하여 하나님을 묘사한다. 특히, 아버지란 칭호를 사용하여 하나님을 묘사한다. 시인은 "내가 여호와의 명령을 전하노라 여호와께서 내게 이르시되 너는 내 아들이라 오늘 내가 너를 낳았도다 내게 구하라 내가 이방 나라를 네 유업으로 주리니 네 소유가 땅 끝까지 이르리로다"(시 2:7-8)라고 말한다. 하나님이 시인을 통해 하시는 말씀의 핵심은, 하나님은 모든 인간을 포함하여 시인과 이스라엘 백성을 창조하신 분이며 하나님과 그분의 백성 사이의 관계는 친밀하다는 것이다.

하나님을 아버지로 부르는 것은 예수님에게서 두드러지게 나타난다. 예수님은 여러 번 하나님을 아버지로 표현했다.

> 그러므로 하늘에 계신 너희 아버지의 온전하심과 같이 너희도 온전하라. (마 5:48)
> 그러므로 너희는 이렇게 기도하라 하늘에 계신 우리 아버지여 이름이 거룩히 여김을 받으시오며. (마 6:9)
> 공중의 새를 보라 심지도 않고 거두지도 않고 창고에 모아들이지도 아니하되 너희 하늘 아버지께서 기르시나니 너희는 이것들보다 귀하지 아니하냐. (마 6:26)
> 내 아버지께서 모든 것을 내게 주셨으니 아버지 외에는 아들을 아는 자가 없고 아들과 또 아들의 소원대로 계시를 받는 자 외에는 아버지를 아는 자가 없느니라. (마 11:27)

예수님에게 있어서 "아버지"라는 말은 특정한 성(남성)을 나타내는 말이라기보다는 자신과의 특별한 관계와 및 모든 것의 근원으로서의 하나님을 나타내는 말이다.

그러면 예수님이 아버지라고 부르신 하늘에 계신 우리의 하나님은 어떤 분인가?

첫째, 하나님은 천지 만물을 지으시고 다스리시는 분이다. "여호와께서 그의 보좌를 하늘에 세우시고 그의 왕권으로 만유를 다스리시도다"(시 103:19). 하나님은 존재의 근원으로서 우주 가운데 존재하는 모든 것을 만드셨을 뿐만 아니라 자신이 지으신 것을 통치하고 유지하시며 만물을 회복하고 구속하기 위해 일하신다. 그로 인해 결국 하나님의 나라가 완성되고 이 땅 위에 임하게 될 것이다.

둘째, 하나님은 사랑과 은혜가 풍성하신 분이다. 하나님은 인간과 세상을 사랑하신다. 그리고 한량없는 은혜를 주신다. 인간이 사는 것은 하나님의 사랑과 은혜 때문이다. 하나님은 시내산에서 자신 앞에 서 있는 모세를 향하여 "여호와라 여호와라 자비롭고 은혜롭고 노하기를 더디고 인자와 진실이 많은 하나님이라"(출 34:6)고 말씀하셨다. 그리고 예수님은 "하나님이 세상을 이처럼 사랑하사 독생자를 주셨으니 이는 그를 믿는 자마다 멸망하지 않고 영생을 얻게 하려 하심이라"(요 3:16)고 말씀하셨다. 우리를 향한 하나님의 자비와 은혜, 오래 참음과 인자 그리고 진실과 사랑이 크고 많으시다. 우리는 그런 하나님을 섬기며 산다. 그래서 우리는 "행복한 사람"이다. 왜냐하면 "여호와의 구원을" 우리 "같이 얻은 백성이" 없기 때문이다(신 33:29).

셋째, 하나님은 인간을 죄와 사망에서 구원하고 자유롭게 하시는 분이다. 모세는 이렇게 노래했다. "여호와는 나의 힘이요 노래시며 나의 구원이시로다 그는 나의 하나님이시니 내가 그를 찬송할 것이요 내 아버지의 하나님이시니 내가 그를 높이리로다"(출 15:2). 바울은 이렇게 말했다. "하나님이 우리를 세우심은 노하심에 이르게 하심이 아니요 오직 우리 주 예수 그리스도로 말미암아 구원을 받게 하심이라 예수께서 우리를 위하여 죽으사 우리로 하여금 깨어 있든지 자든지 자기와 함께 살게 하려 하셨느니라"(살전 5:9-10). 하나님은 구원의 하나님이시기에 우리가 하나님을 믿을 때 우리는 구원을 받게 된다. 인간의 구원은 오직 하나님으로부터 난다. 인간을 포함하여 그 어떤 피조물도 인간을 구원할 수 없다. 오직 하나님만 구원하실 수 있다.

넷째, 하나님은 거룩하고 정의(공의)로우신 분이다. "그는 반석이시니 그가 하신 일이 완전하고 그의 모든 길이 정의롭고 진실하고 거짓이 없으신 하나님이시니 공의로우시고 바르시도다"(신 32:4). "여호와의 말씀은 정직하며 그가 행하시는 일은 다 진실하시도다 그는 공의와 정의를 사랑하심이여 세상에는 여호와의 인자하심이 충만하도다"(시 33:4-5). "너희는 여호와 우리 하나님을 높이고 그 성산에서 예배할지어다 여호와 우리 하나님은 거룩하심이로다"(시 99:9). 하나님의 사람들은 하나님의 성품에 참여하는 사람들이다. 우리가 계속해서 하나님과 친밀한 관계를 맺어 가면 점차로 우리 안에 하나님의 성품이 새겨지게 된다. 바르고 거룩하게 된다. 그것이 우리의 삶 가운데 나타나게 된다.

위에서 살펴본 대로 우리가 섬기는 하나님은 그런 분이다. 그런데 하나님이 모든 인간과 이스라엘 백성과 예수님께 아버지라면, 그분은 또한 우리의 아버지가 되신다. 하나님이 우리를 지으셨고 우리는 하나님에게서 왔기 때문이다. 하나님은 우리의 영적 아버지이신 것이다.

그렇다고 해서 하나님이 저절로 우리의 아버지가 되는 것은 아니다. 물론 본래 하나님은 존재론적으로 우리의 아버지이셨다. 그분이 우리를 지으셨기 때문이다. 그러나 인간은 하나님 아버지의 말씀에 불순종하고 하나님을 거역함으로 그분과의 관계를 잃어버렸다. 하나님의 자녀 됨을 상실한 것이다. 다행인 것은 인간이 그런 상황에 있을 때 창조주 하나님은 독자 예수 그리스도를 보내주셔서 자신과 우리와의 부자 관계를 회복할 길을 우리에게 주셨다는 것이다. 그로 인해 우리는 다시금 하나님의 자녀가 되고, 하나님은 우리의 아버지가 되실 수 있게 되었다. 그 근거는 믿음이다. 그래서 하나님을 믿지 않는 사람들에게는 하나님이 창조자일지라도 아버지는 아니다. 이것이 바로 하나님이 우리의 아버지요 우리가 그분의 자녀가 되는 데 있어서 우리에게 믿음이 절대적으로 필요한 이유이다.

아버지 같은 아들

예수님은 요한복음 17장 18-19절에서 제자들을 위해 이렇게 기도하셨다. "아버지께서 나를 세상에 보내신 것 같이 나도 그들을 세상에 보내었고 또 그들을 위하여 내가 나를 거룩하게 하오니 이는 그들도 진리로 거룩함을 얻게 하려 함이니이다." 여기에서 예수님은, 자신을 이 땅에 보내신 분은 다름 아닌 아버지 하나님이라고 말씀하셨다. 예수님은 아버지 하나님에 의해 이 세상에 보냄을 받으셨다는 것이다.

그러면 성부 하나님은 왜 예수 그리스도를 이 땅에 보내셨는가? 앞서 언급한 것처럼, 인간을 구원하고 세상을 구속하기 위함이다. 이에 대한 답은 예수님 자신의 말씀을 통해서 주어진다. "인자가 온 것은… 자기 목숨을 많은 사람의 대속물로 주려 함이니라"(막 10:45; 또한 요 3:16-17을 보라). 그러므로 누구든지 예수님을 하나님이 보내신 구원의 주로 영접하고 예수님을 보내신 하나님을 창조주로 믿는 사람은 영생을 얻고 심판을 받지 않을 뿐만 아니라 사망에서 생명으로 옮겨지게 된다(요 5:24).

예수님은 하나님의 아들로서 도래하고 있는 하나님의 나라를 전하고 세상을 구원하기 위해 이 땅에 오셨다. 그분은 하나님의 아들이기 때문에 성부 하나님의 본성을 그대로 지니고 계신다. 성부 하나님의 성품은 성자 예수님의 성품이며 성자 예수님의 성품은 성부 하나님의 성품이다. 그래서 예수님을 알면 하나님을 아는 것이며 예수님을 보는 것은 하나님을 보는 것이다. 예수님은 이렇게 말씀하셨다.

> 빌립아 내가 이렇게 오래 너희와 함께 있으되 네가 나를 알지 못하느냐 나를 본 자는 아버지를 보았거늘 어찌하여 아버지를 보이라 하느냐 내가 아버지 안에 거하고 아버지는 내 안에 계신 것을 네가 믿지 아니하느냐 내가 너희에게 이르는 말은 스스로 하는 것이 아니라 아버지께서 내 안에 계셔서 그의 일을 하시는 것이라 내가 아버지 안에 거하고 아버지께서 내 안에 계심을 믿으라 그렇지 못하겠거든 행하는 그 일로 말미암아 나를 믿으라. (요 14:9-11)

예수님께 특이한 것은, 예수님은 성자 하나님이었음에도 성부 하나님의 뜻을 구하고 하나님의 뜻을 이루는 일에 철저히 순종했다는 것이다. 존슨은 이렇게 말한다.

> 성부 하나님에 대한 예수님의 순종은 쉽지 않았다. 왜냐하면 잠자고 있던 예수님의 제자들에게 사실이었던 것-마음에는 원이로되 육신이

약하도다(막 14:38)-이 예수님에게도 사실이었기 때문이다. 예수님은 살기를 원했고 살게 해달라고 요청했다. 그럼에도 예수님은 자신의 간절한 바람을 누르고 하나님이 자신에게 부여하신 계획을 따랐다.

예수님은 하나님 아버지를 향한 모든 인간, 특히 모든 그리스도인의 순종하는 삶의 모범이다. 예수님은 "내 아버지께서 이제까지 일하시니 나도 일한다"(요 5:17)고 말씀하셨고, "나를 보내신 이가 나와 함께 하시도다 나는 항상 그가 기뻐하시는 일을 행하므로 나를 혼자 두지 아니하셨느니라"(요 8:29)고 말씀하셨다. 예수님은 정말로 "부전자전"이었다. 예수님은 아버지 같은 아들이었다.

아버지 같고 아들 같은 그리스도인과 교회

우리는 믿음으로 하나님의 자녀가 된다. 예수 그리스도를 믿는 믿음 안에서 하나님의 아들과 딸이 되는 것이다. 그것이 하나님과 예수 그리스도의 권세에서 비롯되는 믿음의 권세이다. "영접하는 자 곧 그 이름을 믿는 자들에게는 하나님의 자녀가 되는 권세를 주셨으니 이는 혈통으로나 육정으로나 사람의 뜻으로 나지 아니하고 오직 하나님께로부터 난 자들이니라"(요 1:12-13). "너희가 다 믿음으로 말미암아 그리스도 예수 안에서 하나님의 아들이 되었으니 누구든지 그리스도와 합하기 위하여 세례를 받은 자는 그리스도로 옷 입었느니라"(갈 3:26-27).

우리는 믿음 안에서 하나님을 아버지로 섬기게 된다. 본래 창조주 하나님은 피조물인 인간을 낳은 아버지였다. 그러나 인간은 하나님께 불순종함으로 창조주 하나님에 대해 아버지 관계를 잃어버렸다. 그러나 우리는 믿음으로 아버지 하나님의 아들 예수 그리스도를 통해 다시금 하나님과 "아버지와 자녀의 관계"를 회복하고 맺을 수 있게 된다.

그리스도인과 교회는 예수 그리스도를 따라가면서 그분을 닮아 가는 사람들이다. 그래서 모든 그리스도인과 교회는 예수님과 같아지는 삶을 살 필요가 있다. 그것이 우리를 향한 하나님의 뜻이다. "이제 인내와 위로의 하나님이 너희로 그리스도 예수를 본받아 서로 뜻이 같게 하여 주사 한 마음과 한 입으로 하나님 곧 우리 주 예수 그리스도의 아버지께 영광을 돌리게 하려 하노라"(롬 15:5-6). 우리는 계속해서 예수님과 같아지는 삶을 통해 이 세상에서 하나님께 영광을 돌리는 삶을 살게 된다.

하나님의 나라를 위하고 하나님께 영광을 돌리며 사는 삶은 모든 그리스도인과 교회가 추구해야 하는 근본적이고 궁극적인 삶의 모습이다. 모든 인간은 본래 하나님께 영광을 돌리는 삶을 살도록 지음을 받았다. 그래서 아버지 같고 아들 같은 모습이 없는 그리스도인과 교회는 맛을 잃은 소금처럼 아무런 쓸모가 없다(마 5:13). 우리는 지금 맛을 간직하고 있는 소금인가? 아니면 맛을 잃어버린 소금인가?

우리는 믿으면 믿을수록, 곧 믿음의 연륜이 쌓일수록, 더욱 하나님 아버지 같고 하나님의 아들 예수님 같을 필요가 있다. 아버지 같고 아들 같이 살면 하나님의 자녀라고 일컬음을 받기에 부끄러움이 없고 하나님의 나라를 유업으로 받게 된다(갈 4:7). 자녀에게는 부모에게서 물려받는 유산이 있다. 부유한 부모일수록 자녀에게 많은 것을 물려줄 수 있는 능력이 있다. 하나님은 가장 부유하신 분이다. 우주 만물이 창조와 구원의 주로서 하나님께 속해 있기 때문이다. 믿음 안에서 하나님의 부유함이 그분의 자녀로서 우리의 부유함이 된다. 우리는 믿음 안에서 아버지 같고 아들 같은 삶을 통해 하나님의 나라를 유업으로 받는 복된 사람들이다. 우리는 하나님의 자녀이고 하나님은 우리의 아버지이시기 때문이다.

제임스 패커(James Packer)는 우리의 이런 신분을 바탕으로 행복한 삶을 사는 비결을 다음과 같이 제시한다. 그가 제시하는 비결을 따라 날마다 하나님의 자녀로 분명한 정체성을 가지고 복된 인생길을 걸어가기를 소망한다.

> 나는 그리스도인으로서 나 자신을 이해하고 있는가? 나는 자신의 진정한 신분을 아는가? 나 자신의 진정한 운명을 아는가? **나는 하나님의 자녀이다. 하나님이 나의 아버지이다. 하늘 나라가 나의 집이다. 나는 매일 매일 거기에 가까이 간다. 나의 구세주는 나의 형제이다.** 모든 그리스도인 역시 나의 형제이다. 이 말을 아침에 일어나자마자, 밤에 잠자리에 들 때, 버스를 기다릴 때, 마음이 한가할 때 등 언제나 되풀이해서 스스로에게 말하라. 그리고 그것이 전적으로 완전히 사실이라는 것을 아는 사람을 살 수 있게 해달라고 구하라. 이것이 행복한 삶을 사는 그리스도인의 비결이기 때문이다. 분명 그렇다. (저자 강조)

15장
삶 콤플렉스

사람들 대부분에게는 저마다 정도의 차이가 있지만 외모나 재능 면에서 어느 정도 콤플렉스가 있게 마련이다. 인간은 완전한 존재가 아닐뿐더러 자신의 모든 부분이 다 맘에 들 수는 없기 때문이다.

이런 콤플렉스는 유한하고 불완전한 존재로서의 인간이 지니는 삶의 보편적인 한 면이라고 할 수 있겠다.

재능으로서의 삶

사람은 각기 다른 사람과 구별되는 어떤 재능을 지니고 태어난다. 사람에 따라 아무런 재능을 갖지 않고 태어나는 것처럼 보일지라도, 저마다 나름대로 재능이 있다. 장점이 있다. 비록 자신에게 있는 어떤 재능이 다른 사람과 비교해서 작게 여겨질지라도, 그것은 하나의 재능임에 틀림없다. 이런 사실은 마태복음 25장에 나오는 예수님의 달란트 비유를 통해 알 수 있다. 예수님은 이 비유를 통해 모든 인간은 저마다 하나님이 주신 재능을 지니고 있음을 가르치셨다.

이 비유에서 주목할 필요가 있는 중요한 점 하나는 종들에게는 공통점이 있다는 것이다. 그리고 그 공통점은 달란트를 받았다는 것이다. 종들은 모두 분량은 다를지라도 저마다 달란트를 받았다. 예수님의 비유에서 종들은 오늘 '우리'를 의미하기도 한다. 이런 점에서 볼 때, 우리는 재능을 받은 사람들이다. 더 정확히 말하면, 우리의 삶 자체가 재능이다. 그것에 더하여 각기 달란트를 받았다. 그래서 우리의 삶은 재능과 달란트와 분리해서 생각할 수 없다.

모든 인간은 하나님으로부터 삶을 재능으로 받는다. 인간에게 있어서 삶은 선물이며 재능이다. 그래서 인간의 삶은 하나님으로부터 부여받은 특별한 장기(능력)가 없을지라도, 그 자체가 재능이 된다. 삶을 잘 발휘하면, 다시 말해서 삶을 잘 살아가면 아름답고 좋고 복된 사람이 될 수 있다. 그래서 어떤 사람이 다른 사람과 비교할 수 없는 특별한 재능을 가지고 있다고 해도, 그 사람의 삶이 바르지 못하면 그 재능은 절반의 재능밖에 되지 못한다.

반면에 한 개인이 다른 사람과 비교할 만한 특별한 재능이 없다고 하더라도, 하나님 안에서 자기의 삶을 풍성하게 살아가면 그 사람은 온전한 재능을 발휘하며 사는 것이 된다. 그래서 삶은 재능인 것이다. 마이클 린버그(Michael Lynberg)는 예수님의 달란트 비유를 언급하면서 이렇게 말한다. "가치 있는 인생을 살기 위해서는 내게 주어진 특별한 능력을 사용하고 또 개발해야 한다. 여기서 내가 어떤 종류의 달란트를 얼마나 풍성히 받았느냐는 중요하지 않다. 위의 비유에서 보이는 것처럼 우리에게는 각자 다른 달란트가 주어졌다."

그는 이렇게도 말한다.

설사 특별한 재능이나 달란트가 없다고 느껴질지라도, 아직 준비가 되어 있지 않거나 변화를 줄 만한 여력이 없다고 생각될지라도, 당신은 무언가 특별한 일을 할 수가 있다…중요한 것은, 당신이 선물로 받은 이 삶에서 무언가 특별한 일을 하겠다는 믿음과 희망을 늘 간직하는 것이다. 그리고 당신에게 도전과 기회가 올 때마다 항상 최선을 다하는 것이다.

어느 정도까지는 삶은 각자 자기 하기 나름이다. 누구나 최선을 다해 노력하면, 인생은 분명 많이 달라질 수 있다. 그것이 선물과 재능으로서의 삶이다.

가장 큰 재능은 사랑하며 사는 삶

사도 바울은 고린도전서 13장에서 사랑에 관해 길게 설명한다. 그런 다음, 그는 결론적으로 이렇게 말한다. "그런즉 믿음, 소망, 사랑, 이 세 가지는 항상 있을 것인데 그 중의 제일은 사랑이라"(13절).

사도 바울의 사랑에 대한 이런 설명의 배경에는 고린도교회 교인들 사이의 은사에 대한 논쟁이 있다. 당시 고린도교회 교인 중에는 은사를 바탕으로 다른 사람들에 비해 자신이 더 우월하다고 생각하는 사람들이 있었다. 그 때에 사도 바울은 그리스도의 몸을 이루는 모든 지체가 다 소중하며 각기 다른 은사로 그리스도의 몸을 세워 가는 것의 소중함을 역설했다(고전 12장). 그리고 그런 여러 은사 중에서 사랑하며 사는 삶이 가장 큰 은사임을 강조한 것이다.

사도 바울은 13장을 시작하기 전에 12장의 마지막 절에서 "너희는 더욱 큰 은사를 사모하라 내가 또한 가장 좋은 길을 너희에게 보이리라"(31절)고 말했다. 그런 다음 13장을 써 내려갔다. 더욱 큰 은사, 곧 하나님에게서 오는 은사 중에서 제일 좋은 것이 사랑이라는 것이다.

인간에게는 하나님을 사랑하고 이웃을 사랑하며 살 수 있는 능력이 있다. 하나님은 인간을 창조하실 때 인간에게 하나님을 섬기면서 하나님의 창조세계를 돌보며 살 수 있는 능력을 부여해 주셨다. 인간에게 사랑의 삶은 원초적 은사이자 재능이다. 사랑할 수 없는 사람은 아무도 없다. 그러므로 하나님이 인간에게 부여해 주신 원초적 재능인 사랑하며 사는 삶의 능력을 바르게 사용하는 것은 재능을 바르게 발휘하는 것이 된다.

실제로, 이 세상에 아주 특별한 재능을 지닌 사람은 그리 많지 않다. 우리가 흔히 말하듯이, 우리 대다수가 평범한 보통 사람들이다. 그러나 평범한 사람들로 여겨지지만, 하나님께는 모두 특별한 존재들이며 각자 자신의 삶을 통해 자신에게 주어진 특별함을 꽃피울 수 있다. 그리고 각자가 자신의 삶으로 자신에게 부여된 특별함을 꽃피우는 가장 좋은 방법은 사랑하는 삶을 통해서이다. 우리가 진정으로 사랑하며 살면, 우리가 태어날 때 하나님으로부터 받은 가장 귀한 재능을 발휘하는 것이 된다.

예수님의 삶

누가복음의 저자 누가는 예수님의 성장과 관련하여 이렇게 쓴다. "예수는 지혜와 키가 자라가며 하나님과 사람에게 더욱 사랑스러워 가시더라"(눅 2:52). 예수님도 우리처럼 성인이 될 때까지 인간으로서의 성장 과정을 거치셨다. 신체적으로 자라가면서 지적으로 그리고 정신적으로도 자라갔다. 그와 같이 바르게 성장하는 모습은 성부 하나님

뿐만 아니라 사람들에게도 사랑스럽게 보였다.

하지만 예수님은 우리와 같이 인간의 몸을 입고 사셨기 때문에 인간이 지닌 한계들도 지니고 있었다. 예수님은 육신의 피로를 느끼고 감정의 변화를 지니고 있었다. 그럼에도 예수님은 우리와는 달랐다. 예수님은 인간이셨지만 또한 우리 인간을 비롯해 천지 만물을 지으신 하나님이시기 때문이다. 그래서 예수 그리스도에게는 콤플렉스가 없었고 콤플렉스를 느끼지도 않으셨다. 그분은 모든 면에서 완전하신 하나님이셨다.

그런 예수님도 성부 하나님을 향해서는 늘 보내심에 합당한 삶을 추구했다. 오직 아버지의 뜻을 구하며 그분의 뜻에 따라 사셨다. 그것이 예수님의 삶이다. 만일 그리스도인이 예수 그리스도를 따르며 그분을 본받는 삶을 살아가는 사람이라면, 우리는 예수님이 살았던 삶을 따라야 한다. 하나님이신 예수님이 아버지 하나님의 뜻을 따라 사는 삶을 사셨다면, 두말할 필요 없이 우리도 그와 같은 삶을 살려고 노력해야 하는 것이다. 예수님의 삶이 담기지 않고 드러나지 않는 우리의 삶은 기독교적 삶이라고 말할 수 없다.

신앙과 삶

사도 바울은 로마서 8장 9절에서 이렇게 말한다. "만일 너희 속에 하나님의 영이 거하시면 너희가 육신에 있지 아니하고 영에 있나니 누구든지 그리스도의 영이 없으면 그리스도의 사람이 아니라." 만일 예수님이 한 개인 안에 바르게 형성되어 있다면, 그는 분명 예수 그리스도의 마음을 가지고 자신의 삶을 통해 하나님을 나타내 보이며 살 것이다. 예수님은 우리가 세상의 빛이라고 말씀하셨다(마 5:14). 그리고 예수님은 그 빛을 감추어두지 말고 사람 앞에 비추게 하라고 말씀하셨다. 다른 사람들이 우리의 착한 행실을 보고 하나님께 영광을 돌리게 하기 위함이다(마 5:16). 우리 안에 그리스도의 빛이 있다면, 그 빛은 밖으로 발하게 되어 있다.

신앙의 고백과 삶은 동전의 양면과 같아서 서로 나눌 수 없다. 그것이 기독교 신앙의 속성이다. 크레이그 다익스트라(Craig Dykstra)는 이렇게 말한다. "신앙과 신앙의 삶은 밀접하게 관련되어 있다. 각각은 서로를 포함하며 서로에게 의존적이다." 전적으로 옳은 말이다. 야고보 사도는 그것에 대해 이렇게 말한다. "내 형제들아 만일 사람이 믿음이 있노라 하고 행함이 없으면 무슨 유익이 있으리요 그 믿음이 능히 자기를 구원하겠느냐…이와 같이 행함이 없는 믿음은 그 자체가 죽은 것이라 어떤 사람은 말하기를 너는 믿음이 있고 나는 행함이 있으니 행함이 없는 네 믿음을 내게 보이라 나는 행함으로 내 믿음을 네게 보이리라"(약 2:14, 17-18).

우리에게 믿음이 있다면, 우리의 삶과 행위를 통해 그 믿음이 나타나게 된다. 믿음과 삶은 그렇게 늘 함께 간다.

신앙생활에 대한 콤플렉스를 느끼는 그리스도인이 되자

오늘날 많은 그리스도인에게 있어서 가장 큰 문제 중 하나는, 예배당 안에서의 신앙인의 모습은 있지만(물론, 그것도 충분하지만은 않은 것이 현실이다) 예배당 밖에서의 신앙인의 모습은 바르게 지니지 못하고 있다는 것이다. 누구나 예배당 안에서는 경건할 수 있고 거룩할 수 있다. 그러나 세상에서 그렇게 하기란 쉽지 않다. 그럼에도 그것은 그리스도인에게 당연히 요구되는 것이며, 그런 삶을 살려면 진정으로 좁은 길을 걷고자 하는 헌신된 마음, 제자도의 삶이 있어야 한다.

신앙은 삶이다. 신앙은 '동사'(verb)이다. 그래서 삶이 빠진 신앙은 참되거나 온전한 신앙이라고 말할 수 없다. 우리는 우리의 신앙생활이 복음에 합당하지 못한 채 살아가는 것에 대해 콤플렉스를 느낄 수 있어야 하고 또 느껴야 한다. 우리의 외모나 다른 부분이 마음에 들지 않고 부족함을 느낄 때 콤플렉스를 느끼는 것처럼, 우리의 부족한 믿음의 삶에 대해 콤플렉스를 느껴야 한다. 우리가 정상적인 사람이라면, 도덕적으로 잘못을 저지를 때 우리의 양심에 가책을 느낀다. 마찬가지로 우리에게는 우리의 부족한 믿음의 삶을 부끄럽게 여길 수 있는 영적 민감성이 있어야 한다. 만일 자신이 그리스도인이라고 하면서도 자신의 부족한 삶에 대해 전혀 의식하지 못한다면, 그는 분명 성숙한 그리스도인 또는 바른 그리스도인이라고 말할 수 없을 것이다.

우리는 모두 죄인이다. 완전할 수 없다. 그래서 늘 하나님의 은혜를 필요로 하고 그것을 먹고산다. 하나님의 은혜를 힘입어 사는 사람은 하나님의 은혜를 생각할 때마다 자신의 부족한 삶을 의식하지 않을 수 없다. 사도 바울은 "하나님의 은혜를 헛되이 받지 말라"(고후 6:1)고 권면한다. 하나님의 은혜를 합당하게 받으면 우리 자신을 의식하지 않을 수 없다. 하나님의 은혜에 비추어 우리 자신을 의식하면 겸손하지 않을 수 없다.

그리스도인의 삶은 나의 삶을 통해 하나님을 나타내고 드러내는 삶이다. 하나님을 이용하여 나를 나타내고 나를 드러내는 것이 아니다.

우리의 내면이 궁핍해지는 것은 하나님의 은혜가 부족해서거나 능력이 없어서가 아니다. 문제는 우리에게 있다. 우리의 잘못되고 죄악된 삶이 하나님의 은혜의 통로를 막아버리는 것이다. 하나님은 이사야 선지자를 통해 이렇게 말씀하셨다. "여호와의 손이 짧아 구원하지 못하심도 아니요 귀가 둔하여 듣지 못하심도 아니라 오직 너희 죄악이 너희와 너희 하나님 사이를 갈라놓았고 너희 죄가 그의 얼굴을 가리어서 너희에게서 듣지 않으시게 함이니라"(사 59:1-2). 우리는 이 말씀에 귀를 기울여야 한다. 그리고 생각을 바꾸고 삶을 바꿔야 한다. 하나님의 풍성한 은혜를 받아 누리고 하나님 나라에 들어가고자 한다면 그렇게 해야 한다. 삶을 바꾸면 하나님의 은혜가 온전하게 통하게 된다.

16장
신앙인과 광야

사람에게는 의존 감정이 있다. 다른 말로 하면, 자신에게 힘이 되어
주는 사람들이나 그에 상응하는 어떤 것을 의지하고자 하는 마음과
욕구가 있다. 인간은 사회적이고 관계적 존재이기 때문이다. 그래서
어떤 사람이나 어떤 것에 대해 의지하는 마음이 크면 클수록, 그런 것
들과 결별을 해야 할 때 더 힘들고 더 큰 고통을 경험하기 쉽다.

하지만 그런 상황은 우리가 하나님께 더 가까이 가고 하나님을 더
의지하는 삶으로 나아가는 계기가 될 수 있다.

모세와 왕궁생활

성서에서 모세는 그와 같은 예 중 대표적이다. 모세는 인생의 어느
시점에서 자신이 의지하던 것 대부분을 일순간에 잃고 길고도 긴 고난
의 시간을 보내야 했다. 하지만 그런 삶의 과정을 통해 결국에는 하나
님을 만나고 하나님만을 의지하며 사는 하나님의 사람으로 바뀌었다.

모세의 삶의 시작은 그리 순탄하지 않았다. 히브리 민족을 말살하려
는 애굽 왕 바로의 학살계획으로 인해서 모세는 태어나자마자 죽게 될
운명에 처했다. 히브리 민족의 번성함을 염려하던 바로는 히브리 여
인들에게서 태어나는 남자아이들을 모두 죽이라고 명령했다. 모세는

그런 상황에서 태어나 죽음의 그림자 아래에 있었다. 하지만 하나님의 돌보시는 손안에서 그는 생명을 부지할 수 있었다. 그뿐 아니라 역설적이게도 모세는 갈대 상자에 넣어져 강 위로 떠다니던 그를 바로의 딸이 건져내어 아들을 삼음으로써 왕궁에서 왕자로 살게 되었다.

자신의 동족이 고통스러운 삶을 살아갈 때, 모세는 왕궁에서 안락한 생활을 누렸다. 수준 높은 교육을 받아 지식을 습득했고 좋은 옷을 입었다. 좋은 음식을 먹었고 좋은 주거 환경에서 살았다. 정말로 남부러울 것이 없을 정도로 화려한 삶을 살았다. 그럼에도 그는 마음 한복판에 자신의 민족적 정체성을 지니고 있었다. 그의 심장에는 자신이 애굽인이 아닌 히브리인이라는 의식이 선명하게 새겨져 있었다. 어머니의 '의식화 교육'을 통해서였다. 그런 마음은 자신의 동족을 학대하는 애굽 사람을 쳐서 죽일 때 뚜렷하게 드러났다.

왕궁에서의 모세의 안락한 생활은 애굽인을 쳐서 죽이는 사건으로 인해 끝이 나고 말았다. 모세는 애굽 사람을 죽인 후에 그 사실이 드러나게 되자 죽음을 피해 미디안 땅으로 도망쳤다. 그의 화려한 날은 가고 힘들고 고생스러운 삶이 시작된 것이다.

하나님과 모세

미디안 땅으로 간 모세는 미디안의 제사장 이드로를 만나 그의 도움을 받으면서 그곳에서 생활하게 되었다. 그뿐 아니라 이드로가 자신의 딸 십보라를 그와 결혼하게 함으로써 모세는 그의 가족이 되었다. 그동안 모세는 아들을 낳아 그 이름을 게르솜이라고 했는데, 그 이름을 지을 때 그는 "내가 타국에서 나그네가 되었음이라"는 말을 했다.

모세는 자신의 말대로 낯선 땅에서 객이 되었다. 지니고 있던 거의 모든 것을 잃고 낯선 땅에서 의지할 데 없이 떠돌이가 된 것이다.

모세는 여러 해를 그렇게 낯선 땅에서 낯선 자로 살았다. 광야 여기저기를 돌아다니면서 장인 이드로의 양들을 치면서 살았다. 그렇게 처가에 얹혀살고 있었다. 그 사이 애굽 왕이 죽었고 이스라엘 백성은 힘든 노동으로 인해 하나님께 부르짖고 있었다.

그러던 어느 날 모세는 여느 때와 다름없이 양무리를 치면서 이동하다가 하나님의 산 호렙에 이르게 되었다. 그 때에 여호와의 사자가 떨기나무 불꽃 가운데서 그에게 나타났다. 모세의 눈에는 그 광경이 신기하게 보였다. 떨기나무에 불이 붙었지만 사라지지는 않는 것이었다. 그래서 모세는 그것을 보려고 가까이 갔고 거기에 계신 하나님은 그가 가까이 오는 것을 보셨다. 그리고 모세가 가까이 왔을 때 떨기나무 가운데서 그를 부르셨다.

모세는 하나님이 계신 거룩한 땅에서 자신의 삶을 변화시키는 만남을 가졌다. 자신을 창조하시고 자기 민족 이스라엘을 구속하실 여호와 하나님을 만난 것이다. 그리고 그 하나님으로부터 부르심을 받았다. 자기 민족을 향한 열정을 불태울 수 있는 일을 위해 특별한 소명을 받은 것이다. 비록 그 부르심이 그에게는 적잖이 부담이 되었지만 그럼에도 그것은 하나님의 능력 주심 안에서 충분히 감당해 갈 수 있는 일이었다. 결국 모세는 하나님의 사람으로 자신에게 맡겨진 일을 잘 감당할 수 있었다.

광야의 모세

출애굽기 2장 23절은 "여러 해 후에 애굽 왕은 죽었고"라고 쓰고 있다. 모세가 장인 이드로의 집에 살기 시작하여 십보라와 결혼을 하고 아들 게르솜을 얻은 후부터 애굽 왕이 죽을 때까지 여러 해가 지났다는 것이다. 우리말 "여러"로 번역된 히브리어 단어 "라브"는 "풍성하고 많고 길다"는 의미를 갖고 있다. 그래서 영어성경(NIV)은 "그 장기간 동안"(during that long period)이라고 번역하고 있다.

모세는 아주 오랜 기간 동안 미디안에서 양을 치는 목동으로 평범하게 살고 있었다. 미디안은 광야다. 광야는 여러 가지 의미를 지닌다. 그 중 하나는 "단절"이다. 광야에 있으면 무엇보다도 생존이 가장 우선적인 것이 된다. 유진 피터슨은 이렇게 말한다. "광야는 시험(testing)의 장소이며 유혹(tempting)의 장소이다. 광야는 야생의 땅이다. 길들여지거나 경작된 것은 전혀 없다. 거기에는 문명을 지탱해주는 일상적인 것들이 존재하지 않는다. 거기서의 삶은 순전히 생존이다." 모세는 광야에서 단절을 경험했다. 이전에 자신이 갖고 누리던 것들로부터의 단절이었다. 그래서 그는 멋진 삶이나 품위 유지가 아닌 생존을 위해 몸부림쳐야 했다.

외적인 단절은 내적으로도 단절감을 낳는다. 그래서 우리가 외적인 단절을 경험할 때 마음도 고통스러워진다. 어떤 의미에서는 외적인 단절보다 내적인 단절이 더 힘들고 어렵다. 갑자기 마음이 텅 비는 경험을 하게 될 때, 우리는 생의 방향을 잃어버리곤 한다. 절망하고 모든 것을 포기해 버리고 싶은 마음이 들기도 한다. 미래에 대한 희망을 찾기가 어려워지기 때문이다.

아마 모세에게도 그런 마음이 있었을 것이다. 한 순간에 모든 것을 잃어버린 사람에게 미래에 대한 어떤 희망이 있을 수 있겠는가? 하지만 모세는 그 길고 오랜 시간을 생존하며 잘 견디어냈다. 생을 포기하지 않았다. 뿐만 아니라 그는 척박한 삶의 상황에 적응하는 법을 배웠다. 이런 점에서 견디기 힘든 삶의 상황에 처할 때 생존하는 것만으로도 훌륭한 삶을 사는 것이라고 할 수 있다. 힘들다고 스스로 생을 마감하는 것보다는 어떻게든 생존하는 것이 낫지 않겠는가? 물론 비굴한 방법으로 생존하는 것은 분명 문제가 있다. 하지만 아무런 희망이 없다고 여겨지는 환경에서도 미래를 꿈꾸며 비굴하지 않게 오늘을 견디어내는 것은 귀하다.

모세에게 있어서 광야에서의 홀로됨의 시간은 헛되지 않았다. 비록 모세가 인식하지는 못했을지라도, 모세의 편에서는 "홀로됨"이었지만 하나님의 편에서는 "함께 하심"이었다. 모세의 홀로됨은 하나님의 함께 하심이었던 것이다. 하나님의 눈동자는 처음부터 끝까지 그를 지켜보고 계셨다. 특히, 그의 홀로됨은 하나님의 인도와 섭리와 이스라엘에 대한 구원계획과 무관하지 않았다.

모세의 광야

바로의 궁전에 있을 때에 모세는 외적인 것에 의존하는 삶을 살았다. 그는 자신의 신분과 명예와 물질과 환경을 의지하며 살았다. 그러나 광야에서 모세는 그 모든 것을 의존하는 '마음의 습관'을 버리는 법을 배웠다. 사십 년은 결코 짧은 시간이 아니다. 그토록 오랜 기간을 광야에서 생존하면서 살아간다는 것은 힘들고 고독하다. 그러나 모세에게 그 시간은 귀한 시간이었다. 하나님의 눈으로 보면 그렇다. 하나님의 사람으로 새롭게 빚어지는 시간이었기 때문이다. 광야에서 하나님은 그를 자신의 계획에 맞는 사람으로 빚어가고 계셨다. 모세는 거기에서 하나님의 광야 학교 커리큘럼에 따라 수업을 받고 있었던 것이다.

한 민족을 이끌어 가는 지도자는 일반 사람과는 다른 면이 있어야 한다. 하나님의 백성을 이끌어 가는 일이라면 더욱 그렇다. 그런 사람은 하나님의 기준에 맞는 사람이어야 한다. 그러기 위해서는 하나님의 시험 계획표에 따라 살아가야 한다. 그런 길은 평탄한 길이 아니다. 하나님은 자신의 사람을 훈련시킬 때 순탄한 길로만 이끌지 않으신다. 비록 힘든 과정이라고 하더라도, 그것이 필요할 때는 그 과정을 거치게 하신다. 하나님 자신의 기준에 맞도록 재형성시키기 위해서다.

모세가 "광야의 시간"을 가져야 했던 것은 그가 이스라엘 백성들을 인도해 가야 하는 곳이 바로 광야였기 때문이다. 만일 그가 이스라엘 백성들을 산으로 인도해 가야 했다면, 아마도 하나님은 그를 산에서 연단시키셨을 것이다. 모세의 광야는 하나님의 일을 할 모세에게 적합한 광야였다. 마찬가지로 하나님은 우리가 앞으로 지나가야 할 곳에 맞게 그런 장소에서 오늘 우리를 훈련시키면서 한 걸음 한 걸음 인도하신다. 하나님은 우리에게 광야를 주실 때 다른 사람이 아닌 우리 자신에게 필요한 광야를 주신다.

광야에서 모세는 하나님을 만나면서 자신을 부인하고 하나님을 의지하는 하나님의 사람이 되었다. 그래서 모세의 광야는 하나님과의 만남의 장소요 하나님의 사람으로 새롭게 태어나는 자리였다. 하나님은 모세를 광야로 인도하신 것은 그에게 "모세의 광야"를 주시기 위해서였다. 모세의 광야에는 하나님이 계셨다. 하나님께서는 자신이 의도하신 대로 모세의 광야를 통해 그를 하나님 자신이 쓰기에 합당한 사람으로 다듬고 만들어 가셨다.

우리의 광야

욥은 고난의 시간을 지날 때 이렇게 고백했다.

> 내가 가는 길을 그가 아시나니 그가 나를 단련하신 후에는 내가 순금 같이 되어 나오리라 내 발이 그의 걸음을 바로 따랐으며 내가 그의 길을 지켜 치우치지 아니하였고 내가 그의 입술의 명령을 어기지 아니하고 정한 음식보다 그의 입의 말씀을 귀히 여겼도다 그는 뜻이 일정하시니 누가 능히 돌이키랴 그의 마음에 하고자 하시는 것이면 그것을 행하시나니 그런즉 내게 작정하신 것을 이루실 것이라 이런 일이 그에게 많이 있느니라 그러므로 내가 그 앞에서 떨며 지각을 얻어 그를 두려워하리라. (욥 23:10-15)

위의 본문 중 11-12절의 "내 발이 그의 걸음을 바로 따랐으며 내가 그의 길을 지켜 치우치지 아니하였고 내가 그의 입술의 명령을 어기지 아니하고 정한 음식보다 그의 입의 말씀을 귀히 여겼도다"라는 그의 말이 우리 맘을 사로잡는다. 우리 가슴을 뭉클하게 한다. 욥은 "온전하고 정직하여 하나님을 경외하며 악에서 떠난 자"(욥 1:1)였다. 그는 하나님 앞에서 신실했다. 그럼에도 그는 고난을 경험했다. 하지만 그 고난은 하나님의 다스리심과 섭리 안에 있었다.

욥은 고난을 통하여 순금같이 새롭게 빚어지고 있었다. 하나님이 보시기에 그의 불순물이 빠지고 순금으로 되어 가는 과정에 있었다. 마찬가지로 모세는 광야에서 홀로됨의 시간을 보낼 때, 조금씩 불순물이 빠지고 오직 하나님만 의지하고 나아갈 수 있는 하나님의 '순금'이 되어가고 있었다. 사람과 지위와 환경을 의지하는 삶을 버리고 조금씩 하나님 안으로 더 깊이 들어가고 있었다.

때때로 하나님은 우리에게도 '우리의 광야'를 주시기 위해 광야로 인도하여 '광야의 사람'이 되게 하신다. 좋든 싫든 우리에게도 저마다 '나의 광야'가 있다. 그 광야에 서 있는 '나'가 있다. 모래바람 부는 광야의 벌판에 서 있는 홀로된 '나'가 있다. 신앙인에게도 고난이 있고 힘든 시간이 있다. 그래서 피터슨은 이렇게 말한다.

> 새로울 것은 없지만 적어도 우리 문화 속에서는 자주 반복하여 확인될 필요가 있는 사실 하나가 있다. 믿음의 삶, 다윗 같은 삶, 예수님을 따르는 삶, 예배를 중심으로 하는 삶을 산다고 해서 고통으로부터 면제되는 것은 아니라는 것이다. 그리스도인들도 비그리스도인들과 똑같은 비율로 암에 걸린다. 신자들도 비신자들과 똑같은 비율로 교통사고를 당한다. 망치로 엄지손가락을 내리치면, 당신이 그리스도를 주님과 구세주로 받아들이기 전이나 후나 똑같이 아프다.

진정 그렇다. 그러나 하나님의 사람에게는 하나님의 사람이 아닌 일반 사람들과는 다른 것이 하나 있다. 하나님의 사람에게는 고난 중에도 하나님이 함께 하신다는 것이다. 그리고 하나님이 책임지신다는 것이다.

우리의 광야는 우리에게 아프지만 하나님이 주신 것이기에 헛되지 않다. 당연히 고통스럽지만 그렇다고 완전히 절망적이지는 않다. 우리에게는 희망의 하나님이 계시고, 더욱이 하나님의 희망이 절망의 자리를 비집고 들어와 희망의 공간을 창출하기 때문이다. 모든 문제의 핵심은 우리나 상황이 아니라 하나님이다. 하나님이 계신 곳이라면 그 어디나 하늘나라이고 희망의 자리이다. 모세의 삶과 다른 모든 믿음의 사람들의 삶이 그것을 입증한다. 사도 바울은 이렇게 말한다. "다만 이뿐 아니라 우리가 환난 중에도 즐거워하나니 이는 환난은 인내를, 인내는 연단을, 연단은 소망을 이루는 줄 앎이로다"(롬 5:3-4). 같은 맥락에서 사도 베드로도 이렇게 말한다. "너희 믿음의 확실함은 불로 연단하여도 없어질 금보다 더 귀하여 예수 그리스도께서 나타나실 때에 칭찬과 영광과 존귀를 얻게 할 것이니라"(벧전 1:7).

우리가 믿음 안에 있기만 하면, 우리의 연단의 시간이 끝날 때 순금같이 나오게 될 것이다. 소망을 지닌 존재가 되어 금보다 더 귀한 모습으로 새롭게 성숙해 갈 것이다. 하나님을 향하여 그리고 하나님을 더 깊게 체험해 가는 삶을 향하여 말이다.

17장
공동체와 무리

인간은 더불어 사는 존재이다. 인간은 본래 사회적이며 관계적 존재이기 때문이다. 인간의 삶의 이런 성격은 대개 세 가지 형태로 나타난다.

첫째는 무리(crowd)이다. 인간은 삶을 위해 본능적으로 무리를 지으려는 성향이 있다. 저마다 자신의 필요를 채우기 위해 무리를 짓는 것이다. 일종의 군집이다. 무리의 관심은 자신들의 필요를 충족하는 데에 있다. 특정한 공동의 목적은 관심 밖이다. 그래서 자신들의 필요가 채워지지 않거나 원하는 만큼 충족되지 않으면 쉽게 무리에서 이탈한다. 무리에게는 조직화된 내적인 질서가 없다. 그래서 무리는 오합지졸이고 그만큼 결속력이 약하다.

둘째는 사회(society)이다. 사전적인 의미로 사회는 공동생활을 영위하는 인간의 조직화된 집단생활을 나타내는 총칭이다. 하나의 사회는 개인적이고 전체적인 이익이나 목적을 바탕으로 이루어진다. 그래서 사회는 무리보다 결속력이 더 강하다. 하지만 개인과 사회는 서로에게 이익이 되지 않을 때 서로를 등지기도 한다.

셋째는 공동체(community)이다. 공동체는 운명이나 삶을 같이하는 조직체를 말한다. 공동체는 비전과 희생을 바탕으로 이루어진다. 그래서 사회는 기능적인 성격이 강한 반면에 공동체는 유기적이고 관계적인 성격이 강하다.

그런데 건전하고 건강한 인간 사회는 무리보다는 그리고 사회 조직체보다는 공동체를 바탕으로 영위된다. 건강한 사회를 떠받드는 것은 공동체이기 때문이다. 건강한 사회는 좋은 공동체가 많은 사회이다. 그래서 사회가 튼튼하고 건강하려면 사회적 조직 체계가 잘 되어 있어야 하지만 또한 좋은 공동체, 더욱이 좋은 지역 공동체가 많아야 한다. 공동체 의식이 살아 있는 사회가 좋은 사회이다.

이런 점은 교회도 마찬가지이다. 본래 교회는 공동체이다. 더욱이 예수 부활공동체이다. 패커는 이와 관련하여 이렇게 말한다.

> 교회란 무엇인가? 그것은 하나님에 의해 택함을 받고, 믿음을 통해 의롭다함을 받았으며, 개인적 의와 상호 사역이라는 새로운 삶을 위해 죄로부터 자유롭게 된 자들로, 유대인과 이방인이 함께 모여 이루어진 아브라함의 신실하고 참된 씨이다. 그것은 하나님의 전 재산을 유업으로 받으려는 소망 가운데 살고 있는, 사랑 많으신 하나님 아버지의 가족이다. 그것은 그리스도의 역사적 죽으심과 하늘에서의 삶이 이미 활동하고 있는 부활의 공동체이다.

그럼에도 교회는 무리가 될 수도 있고 사회가 될 수도 있다. 그리고 본질대로 공동체, 곧 예수 부활공동체가 될 수도 있다. 그것은 그 속에 어떤 관계와 어떤 삶의 내용이 담기느냐에 따라 달라진다.

아둘람 굴의 다윗과 무리들

다윗이 사울을 피하여 아둘람 굴로 도망쳤을 때의 일이다. 그 소식을 듣고서 그의 형제들과 가족들이 그곳으로 모였다. 그뿐 아니라 "환난 당한 모든 자와 빚진 모든 자와 마음이 원통한 자"도 그에게로 모였는데, 그 사람들이 약 400명 정도가 되었다. 다윗은 그들 가운데 지도자가 되었다(삼상 22:1-2).

다윗의 가족을 제외하고 그에게 몰려든 사람들은 처음에는 무리였다. 규율도 질서도 통일성도 없는 군중, 즉 오합지졸이었다. 그들은 사회에서 소외되었거나 그냥 여기저기 떠도는 사람들이었다. 그러나 그들은 다윗을 중심으로 하나의 공동체가 되고 사회가 되었다. 그뿐 아니라 그들은 훗날 다윗 왕국을 이루는 핵심인물들이 되었다.

그들을 공동체로 만들고 사회로 만든 것은 다름 아닌 다윗 안에 있던 하나님이 주신 비전이었다. 당시에 다윗은 사울 왕에게 쫓겨 다니는 도망자의 신세였고 무리를 이루는 한 사람의 떠돌이와 같은 신세였지만, 그럼에도 그의 안에는 하나님으로부터 받은 비전이 있었다.

하나님은 사울이 자신의 말씀을 버리자 그를 버리고 새로운 왕으로 다윗을 선택하셨다. 그리고 하나님은 선지자 사무엘을 불러 이렇게 말씀하셨다. "내가 이미 사울을 버려 이스라엘 왕이 되지 못하게 하였거늘 네가 그를 위하여 언제까지 슬퍼하겠느냐 너는 뿔에 기름을 채워 가지고 가라 내가 너를 베들레헴 사람 이새에게로 보내리니 이는 내가 그의 아들 중에서 한 왕을 보았느니라"(삼상 16:1). 다윗에게는 하나님으로부터 받은 이러한 부르심이 있었고 그 비전을 위해 자신을 바치는 삶이 있었다. 비전과 그 비전을 위해 기꺼이 희생하는 삶은 공동체를 낳는다. 그리고 그런 공동체는 하나의 사회를 바로 세우는 역할을 한다.

예수님과 무리들

예수님의 주변에도 무리들이 있었다.

> 예수께서 온 갈릴리에 두루 다니사 그들의 회당에서 가르치시며 천국 복음을 전파하시며 백성 중의 모든 병과 모든 약한 것을 고치시니 그의 소문이 온 수리아에 퍼진지라 사람들이 모든 앓는 자 곧 각종 병에 걸려서 고통 당하는 자, 귀신 들린 자, 간질하는 자, 중풍병자들을 데려오니 그들을 고치시더라 갈릴리와 데가볼리와 예루살렘과 유대와 요단 강 건너편에서 수많은 무리가 따르니라. (마 4:23-25)

그들은 예수님을 따르되 예수님이 품은 비전을 위해 따른 것이 아니라 자신들의 필요를 위해 따랐다. 그래서 그들 중 많은 사람은 그냥 무리로 남았다. 그들에게는 예수님의 비전을 위해 자신들을 희생하는 마음과 삶이 없었다. 그들은 예수님을 통해 자신들의 인간적인 필요가 채워지거나 자신들이 원하는 것을 얻지 못하게 되었을 때 곧바로 떠나가 버렸다.

어느 날 예수님이 가버나움으로 가셨을 때, 무리가 배를 타고 예수님과 제자들을 찾으러 가버나움으로 갔다. 그리고 거기에서 예수님을 만나게 되었다. 그들이 예수님을 보고는 "랍비여 언제 여기 오셨나이까"(요 6:25)라고 묻자, 예수님은 이렇게 말씀하셨다. "내가 진실로 진실로 너희에게 이르노니 너희가 나를 찾는 것은 표적을 본 까닭이 아니요 떡을 먹고 배부른 까닭이로다 썩을 양식을 위하여 일하지 말고 영생하도록 있는 양식을 위하여 하라 이 양식은 인자가 너희에게 주리니 인자는 아버지 하나님께서 인치신 자니라"(26-27절). 그러자 그들이 물었다. "우리가 어떻게 하여야 하나님의 일을 하오리이까"(28절). 그 때에 예수님은 "하나님께서 보내신 이를 믿는 것이 하나님의 일이니라"(29절)고 말씀하셨다.

예수님을 좇던 무리들에게는 예수님을 믿는 믿음이 없었고 예수님이 전파하신 "도래하고 있는 하나님의 나라"에 헌신하는 삶도 없었다. 그것이 바로 그들이 예수님의 제자들 및 예수님의 공동체가 되지 못하고 무리로 남게 된 이유였다.

사람들이 예수 그리스도를 찾고 따르되 떡과 배부름을 위해 따른다면, 그들은 무리다. 그러나 영생하게 하는 양식과 복음을 위해 따른다면, 그들은 공동체다. 하나님 나라 공동체다.

예수님과 제자들

반면에 예수님을 따르던 사람 중에는 무리뿐만 아니라 제자들도 있었다. "무리와 제자들을 불러 이르시되 누구든지 나를 따라 오려거든 자기를 부인하고 자기 십자가를 지고 나를 따를 것이니라 누구든지 자기 목숨을 구원하고자 하면 잃을 것이요 누구든지 나와 복음을 위하여 자기 목숨을 잃으면 구원하리라"(막 8:34-35). 제자 중에는 마태나 안드레, 야고보와 요한과 같이 예수님의 부르심에 응답하여 제자가 된 사람들도 있었고, 이름이 알려지지는 않았지만 그분을 따라 다니면서 그분의 가르침을 받고 변화되어 그분의 제자가 된 사람들도 있었다. 그로 인해 예수님을 중심으로 하나님의 나라를 위한 공동체가 형성되었다. 바로 '예수 공동체'이다.

예수 그리스도를 따르던 사람들은 자신들의 인간적인 필요를 채우기 위해서 예수님을 따른 것이 아니다(물론 가룟 유다와 같은 사람도 있었지만 대부분은 아니었다). 그들에게는 예수님이 전하신 "하나님의 나라"라는 비전을 동일하게 품는 마음이 있었다. 왜냐하면 그들이 예수님의 부르심을 받은 것은 바로 그것이었기 때문이다. 물론 어떤 때는 그들이 그 비전을 위해 한결같이 헌신하며 살지 못한 적도 있었지만, 그래도 그들에게는 예수님으로부터 받은 비전이 여전히 살아 있었다. 그것을 위해 자신들을 아낌없이 헌신하고 희생하는 삶이 있었다(마 4:18-20). 이와 같이 "하나님의 나라"라는 비전에 자신들을 헌신하는 삶을 통해 그들은 예수 공동체가 되었다.

예수 신앙 공동체

교회 안에는 공동체도 있고 무리도 있다. 복음을 위해 자신을 헌신하며 하나님 나라의 비전을 따라 사는 제자들도 있고, 자신의 필요나 여러 가지 다른 이유로 인해 모이는 무리도 있다. 물론 우리는 누가 예수 공동체의 제자들이고 누가 무리인지 잘 모른다. 하지만 하나님은 아신다. 예수님은 아신다. 예수님은 이렇게 말씀하셨다. "나는 선한 목자라 나는 내 양을 알고 양도 나를 아는 것이 아버지께서 나를 아시고 내가 아버지를 아는 것 같으니 나는 양을 위하여 목숨을 버리노라"(요 10:14-15). "그 때에 내가 그들에게 밝히 말하되 내가 너희를 도무지 알지 못하니 불법을 행하는 자들아 내게서 떠나가라 하리라"(마 7:23). 목자가 자기의 양을 알듯이, 예수님은 자신의 사람들을 아신다.

그러면 우리는 어떻게 하나님의 나라를 위한 예수님의 양들이 되고 예수님의 제자들이 되며 예수님의 공동체가 되는가? 하나님 나라의 복음에 응답하고 헌신하는 삶을 통해서이다. 예수님의 가슴에 담긴 하나님 나라의 비전에 참여하는 삶을 통해서이다. 그리고 우리가 "세상의 소금"과 "세상의 빛"으로서의 충실한 예수 공동체가 되면, 우리는 또한 우리가 사는 사회를 건강하게 하는 데 이바지하는 삶을 살게 된다. 좋은 공동체는 좋은 사회를 이루는 바탕이기 때문이다.

교회는 무리가 아니다. 예수 그리스도의 몸을 이루는 예수 신앙 공동체이다(골 1:18-20). 그리고 '하나님의 나라'라는 비전을 통해 태어난 '하나님 나라 공동체'이다. 그러므로 우리는 늘 예수 그리스도의 비전을 따라 사는 공동체가 되고 공동체의 삶에 참여하는 사람들이어야 한다. 그것이 우리를 향한 예수 그리스도의 뜻이기 때문이다.

18장
'말씀하였느니라'의 신앙

한 편의 학문적인 글이나 그와 유사한 글을 쓸 때 필수적인 것이 주-각주나 후주-를 다는 일이다. 주에는 다른 사람의 주장이 담긴 글이 있는 페이지나 그 사람의 글의 인용이 포함되는데, 주에 들어가는 다른 사람의 주장은 대개 두 가지의 용도로 사용된다. 하나는 필자 자신의 주장을 뒷받침하거나 자신의 주장을 정당화하기 위해서다. 다른 하나는 자신의 주장을 펼 때 다른 사람의 주장이 그르고 자신의 주장이 옳음을 말하기 위해서다.

학문의 세계에서 주가 중요함은 두말할 필요가 없다. 한편으로는 다른 사람의 글이나 주장을 사용하면서도 그 사실을 밝히지 않으면 표절이 된다. 그것은 학문적인 범죄이다. 다른 한편으로는 자신의 주장을 뒷받침해 줄 만한 특정한 주 없이 자신의 주장을 펴면 그것은 근거 없는 주장이 되고 만다. 그렇게 되면 그 분야에서 인정받는 사람의 글이 아닌 이상 다른 사람들로부터 가치 있는 글로 인정받기가 어렵다.

한 편의 글을 쓰고 주를 달기 위해서는 가능하면 자신이 쓰려는 글과 관련된 권위 있는 저자들의 글을 많이 읽어야 한다. 그래야 그들로부터 자신이 쓸 글에 대한 도움을 얻게 되며 더 좋은 글을 쓸 수 있게 된다. 좋은 글을 쓰는 것은 좋은 글을 읽는 것과도 무관하지 않기 때문이다. 간혹 어떤 글의 필자가 자신이 하고자 하는 말을 다른 필자가 이미 어떤 글이나 책에서 정확하게 말한 것을 읽을 때가 있다. 그럴 때는 "…에 따르면," 또는 "…가 말하기를"과 같은 글쓰기 방법을 활용하여 그 말을 그대로 사용해서 간접적으로 자신의 견해를 피력하면 된다.

기독교 신앙의 주로서의 성서

우리는 우리의 신앙을 그와 같은 맥락에서 생각해 볼 수 있다. 기독교 신앙과 기독교적 삶은 원리나 아무런 근거 없이 영위될 수 있는 것이 아니다. 기독교 신앙은 분명 하나님의 말씀으로서의 성서라는 분명한 근거와 지침을 가지고 있다. 성서는 기독교 신앙과 삶을 위한 불변의 전거이다. 그래서 기독교 신앙생활이 바르려면 성서를 바탕으로 영위되어야 한다. 시인은 이렇게 노래한다.

> 행위가 온전하여 여호와의 율법을 따라 행하는 자들은 복이 있음이여 여호와의 증거들을 지키고 전심으로 여호와를 구하는 자는 복이 있도다 참으로 그들은 불의를 행하지 아니하고 주의 도를 행하는도다 주께서 명령하사 주의 법도를 잘 지키게 하셨나이다 내 길을 굳게 정하사 주의 율례를 지키게 하소서 내가 주의 모든 계명에 주의할 때에는 부끄럽지 아니하리이다 내가 주의 의로운 판단을 배울 때에는 정직한 마음으로 주께 감사하리이다 내가 주의 율례를 지키오리니 나를 아주 버리지 마옵소서 청년이 무엇으로 그의 행실을 깨끗하게 하리이까 주의 말씀만 지킬 따름이니이다 내가 전심으로 주를 찾았사오니 주의 계명에서 떠나지 말게 하소서 내가 주께 범죄하지 아니하려 하여 주의 말씀을 내 마음에 두었나이다. (시 119:1-11)

사도 바울은 믿음의 아들 디모데에게 이렇게 권면한다.

너는 배우고 확신한 일에 거하라 너는 네가 누구에게서 배운 것을 알
며 또 어려서부터 성경을 알았나니 성경은 능히 너로 하여금 그리스
도 예수 안에 있는 믿음으로 말미암아 구원에 이르는 지혜가 있게 하
느니라 모든 성경은 하나님의 감동으로 된 것으로 교훈과 책망과 바
르게 함과 의로 교육하기에 유익하니 이는 하나님의 사람으로 온전하
게 하며 모든 선한 일을 행할 능력을 갖추게 하려 함이니라. (딤후 3:14-
17)

성서는 그 기록된 일차적인 목적이 윤리나 도덕을 위한 것이 아니라
고 할지라도, 성서와 관련하여 한 가지 분명한 것은, 성서는 하나님을
믿고 섬기는 사람들이 하나님이 보시기에 좋고 바른 삶을 살 수 있도
록 지도하고 안내하는 역할을 한다는 것이다. 신앙은 삶과 분리되지
않는다. 우리가 하나님의 말씀을 따라 살면 우리의 삶은 마땅히 윤리
적, 도덕적으로도 하나님의 뜻에 합당하게 된다. 그것이 하나님의 말
씀이 지닌 능력이며 하나님의 말씀을 따라 사는 삶이 가져다주는 유
익이다. 하나님의 말씀에 순종하는 삶의 결과는 하나님이 보시기에
좋은 삶이다. 많은 경우에 신앙인이라는 사람들이 하나님의 뜻에 어
긋나는 삶을 살아가는 것은 일차적으로 그들이 하나님의 말씀으로서
의 성서를 무시하거나 등한시하는 데서 온다. 때로는 성서에 대한 무
지에서 오기도 한다.
분명 성서는 기독교 신앙과 삶과 관련하여 주와 같은 역할을 한다.

그래서 우리가 신앙생활을 해 갈 때 우리의 신앙생활이 하나님이 보시기에 바르려면 언제나 하나님의 말씀에 근거해야 한다. 우리가 하나님의 말씀을 존중하지 않는 세속화된 세상에서 살다 보면 이 세상 문화에서 들려오는 여러 소리를 듣게 된다. 그럴 때마다 우리가 해야 할 것은 "하나님의 말씀에 따르면," 또는 "하나님께서 이르시되"라고 하면서 하나님의 말씀에 근거하여 그런 소리를 평가하고 잘못된 것들에 대응하는 것이다. 그것이 바로 성서에서 볼 수 있는 하나님의 사람들이 대처하는 방법이다.

예언자들처럼, 예수님처럼

구약 시대의 하나님의 백성에게는 하나님의 말씀을 대언하던 특별한 사람들이 있었다. 그들은 '선지자' 또는 '예언자'라고 불리며, 히브리어로는 '나비'(Navi 또는 Nabi)라고 한다. 그러나 예언자와 관련하여 '예언'이라는 말 때문에 우리는 예언자라는 말을 오해하는 경우가 종종 있다. 다시 말하면, 우리는 예언자들이라고 하면 점쟁이나 그와 비슷한 사람들로 여기는 나머지 그들을 어떤 일이 일어나기 전에 미리 말하는 사람들 또는 그들 스스로 미래에 일어날 일을 미리 알고 사람들에게 알려주는 사람들인 것처럼 생각하는 경향이 있다. 그러나 성서에서 '예언'이라는 말은 그런 의미와는 전혀 다른 의미를 지닌다.

비록 미래에 일어날 일을 미리 말한다는 점에서는 같은 의미를 담고 있을지라도, 성서의 예언은 하나님의 말씀에 근거한다. 즉 성서에서 예언은 인간의 역사 전체-과거와 현재 그리고 미래-를 주관하시고 모든 것을 아시는 하나님께서 장래에 행하실 일을 예언자들을 통해 이스라엘 백성에게 말씀하시는 것을 의미했다. 그래서 정확한 의미에서 예언자는 하나님의 대언자, 곧 하나님을 대신하여 하나님의 말씀을 전하는 자라고 할 수 있다. 오늘날의 표현으로 하면, 대변인 정도가 될 것이다.

그래서 예언자들은 늘 자신들이 이스라엘 백성에게 말할 때는 다음과 같은 형식으로 자신들의 말을 시작했다. "여호와께서 이르시되(여호와께서 이렇게 말씀하셨다)." 이사야 6장 9절에서 이사야 선지자는 이렇게 쓰고 있다. "여호와께서 이르시되 가서 이 백성에게 이르기를⋯." 이것을 신학적으로 "메신저 양식"(messenger form)이라고 한다. 선지자들 혹은 예언자들은 자신들 스스로 말을 한 것이 아니다. 오히려 그들은 자신들에게 "임한" 하나님의 말씀, 곧 하나님이 찾아오셔서 하신 말씀을 '그대로' 전했다(예레미야는 하나님으로부터 이런 말씀은 들었다. "내가 네게 명령하여 이르게 한 모든 말을 전하되 한 마디도 감하지 말라"[렘 26:2]). 그래서 그들은 하나님의 말씀을 하나님을 대신하여 '하나님이 말씀하신 그대로' 전하는 사람들이었다.

하나님의 말씀과 관련하여 예언자들의 이런 삶의 특성은 예수님의 삶에서도 분명하게 드러난다. 예수님이 40일간의 금식을 마치셨을 때, 사탄이 예수님을 유혹하러 왔다. 그리고는 다음과 같이 3가지의 유혹을 했고 예수님은 그에 대해 다음과 같은 말씀으로 그 유혹을 물리치셨다(마 4:3-11).

> 사 탄: "네가 만일 하나님의 아들이어든 명하여 이 돌들로 떡덩이가 되게 하라"(3절).

예수님: "기록되었으되 사람이 떡으로만 살 것이 아니요 하나님의 입으로부터 나오는 모든 말씀으로 살 것이라 하였느니라"(4절).

사　탄: "네가 만일 하나님의 아들이어든 뛰어내리라 기록되었으되 그가 너를 위하여 그의 사자들을 명하시리니 그들이 손으로 너를 받들어 발이 돌에 부딪치지 않게 하리로다"(6절).

예수님: "또 기록되었으되 주 너의 하나님을 시험하지 말라 하였느니라"(7절).

사　탄: "만일 내게 엎드려 경배하면 이 모든 것을 네게 주리라"(9절).

예수님: "사탄아 물러가라 기록되었으되 주 너의 하나님께 경배하고 다만 그를 섬기라 하였느니라"(10절).

예수님이 사탄의 유혹에 대응하는 방법은 "기록되었으되…하였느니라"였다. 예수님은 자신의 말로 사탄의 유혹을 물리치지 않았다. 하나님의 아들이셨기 때문에 당연히 그리고 충분히 그렇게 하실 수 있었음에도 불구하고 그렇게 하지 않은 것이다. 대신에 기록된 하나님의 말씀(구약성서)에 근거하여 사탄을 물리치셨다. 이처럼 우리가 하나님의 말씀을 존중하고 그 말씀에 근거하여 우리의 삶과 우리에게 다가오는 여러 가지 세상의 유혹들을 대처해 갈 때, 우리는 하나님이 보시기에 바르고 승리하는 삶을 살 수 있다.

그런데 우리가 하나님의 말씀을 인용할 때 한 가지 주의해야 할 점이 있다. 그것은 말씀을 바르게 인용해야 한다는 것이다. 우리는 우리의 편의대로 고쳐 인용하거나 우리의 생각을 합리화하는데 필요한 것을 인용해서는 안 된다. 아담과 하와의 사례는 그런 예 중 하나다.

하와는 사탄이 자기에게 와서 "하나님이 참으로 너희에게 동산 모든 나무의 열매를 먹지 말라 하시더냐"라고 간교하게 속이는 말로 "선악을 알게 하는 나무"를 따먹도록 유혹할 때 이렇게 말했다. "동산 나무의 열매를 우리가 먹을 수 있으나 동산 중앙에 있는 나무의 열매는 하나님의 말씀에 너희는 먹지도 말고 만지지도 말라 너희가 죽을까 하노라 하셨느니라"(창 3:2-3). 그러나 하나님은 본래 이렇게 말씀하셨다. "동산 각종 나무의 열매는 네가 임의로 먹되 선악을 알게 하는 나무의 열매는 먹지 말라 네가 먹는 날에는 반드시 죽으리라"(창 2:16-17).

하와는 하나님의 말씀을 임의로 바꿨다. 그리고 사탄은 그것을 자신의 목적을 위해 이용했다. 모세는 이스라엘 백성에게 이렇게 말한 적이 있다. "내가 너희에게 명령하는 말을 너희는 가감하지 말고 내가 너희에게 내리는 너희 하나님 여호와의 명령을 지키라"(신 4:2). 우리는 하나님의 말씀을 말씀 그대로 받아야 한다. 가감하지 말아야 한다. 그것이 하나님의 말씀을 받는 첫 번째 법칙이다.

하나님의 말씀을 따라 살아가기

예수님은 마태복음 7장 24-27절에서 이렇게 말씀하셨다.

> 누구든지 나의 이 말을 듣고 행하는 자는 그 집을 반석 위에 지은 지혜로운 사람 같으리니 비가 내리고 창수가 나고 바람이 불어 그 집에 부딪치되 무너지지 아니하나니 이는 주추를 반석 위에 놓은 까닭이요 나의 이 말을 듣고 행하지 아니하는 자는 그 집을 모래 위에 지은 어리석은 사람 같으리니 비가 내리고 창수가 나고 바람이 불어 그 집에 부딪치매 무너져 그 무너짐이 심하니라.

말씀을 듣기만 하고 행하지 않거나 하나님에 대해 머리로만 아는 지식은 우리의 삶을 풍성하게 하지 못한다. "참된 그리스도인들은 하나님의 말씀을 인정하고 그 아래 사는 사람들이다"(패커). 우리가 삶의 변화를 받고 영적으로 깊이 있는 삶을 살기 위해서는 우리 각자의 삶으로 하나님의 말씀에 참여해야 한다. 하나님의 말씀에 맞게 우리의 삶을 바꿔야 하나님의 풍성한 은혜가 계속해서 우리 속에서 작용할 수 있다.

우리의 삶은 그것을 바르게 잡아주고 이끌어줄 지침을 필요로 한다. 그 참된 지침서는 하나님의 말씀으로서의 성서이다. 그리스도인에게 하나님의 말씀은 절대적인 권위를 가진다. 그것은 우리 신앙의 절대적인 기준이다. 에이든 카바낙(Aidan J. Kavanagh)은 이렇게 말한다.

> 하나님의 말씀을 받는 것은 전화를 받는 것과 같지 않고 하나의 개념을 얻는 것과 같지도 않다. 하나님의 말씀은 언제나 계시이다. 그러므로 우리는 언제나 불타는 떨기나무의 신비 앞에 경외와 경의의 마음으로, 곧 예배를 드리는 경배의 마음으로(worshipfully) 섰던 모세처럼, 동일한 마음으로 그 앞에 서야 한다. 타락한 피조물들로서 하나님의 임재 앞에 설 다른 방법은 없다.

그리스도인으로 우리는 하나님의 말씀과 그 권위를 인정하면서 그 말씀을 따라 살도록 요구받는다. 우리가 하나님의 말씀을 따라 살면 우리의 삶이 바르고 곧게 된다. 하나님의 말씀은 하나님의 뜻을 담고 있고 하나님을 지향하기 때문에 말씀을 따라 살면 우리는 하나님의 뜻을 이루고 그분께로 더 가까이 가게 된다. 하나님의 말씀을 존중하고 그것의 권위를 인정한다면, 오늘도 우리는 "기록되었으되…하였느니라"고 하나님의 말씀에 바르게 응답하면서 우리에게 주어진 믿음의 길을 가야 한다.

19장
신앙과 균형

'균형'이란 단어를 생각할 때면 떠오르는 것이 있다. 시소다. 어린 시절 놀이기구가 그리 많지 않던 때에 시소는 우리에게 중요한 놀이기구 중 하나였다. 학교 운동장 주변이나 동네 놀이터에는 언제나 시소가 서너 개씩 갖춰져 있었다. 그 당시 동무들과 함께 시소를 타면서 노는 것은 즐거운 경험이었다.

시소를 즐기려면 무엇보다도 균형이 맞아야 한다. 균형이 맞지 않으면 제대로 즐길 수가 없다. 균형 있는 시소 놀이를 즐기는 데는 두 가지 방법이 있다. 하나는 몸무게가 비슷한 사람끼리 시소를 타는 것이다. 그러면 앞쪽에 타든 뒤쪽에 타든 원하는 대로 탈 수 있다. 다른 하나는 시소를 타는 사람들이 서로 몸무게가 다를 경우에 몸무게가 많이 나가는 사람이 앞쪽으로 이동해 균형을 맞추거나 몸무게가 덜 나가는 쪽에 한 사람이 더 앉는 것이다. 그렇게 균형을 맞추고 시소를 타면 더 큰 즐거움을 누릴 수 있게 된다.

신앙생활과 균형
신앙생활과 영적 삶도 균형이 필요하다. 신앙생활에서 균형을 이루고 그것을 유지한다는 것은 특정한 한 면에 치우치지 않는 것을 말한다. 전체적으로 조화를 추구하는 것을 말한다. 물론 사람마다 어떤 특정한 것에 더 큰 관심을 가질 수 있고 또 사람에 따라 더 좋아하는 것이 있기 마련이다. 그래서 어떤 특정한 것에 더 큰 매력을 느끼고 더 집중할 수 있다. 그런 것은 전혀 이상하지 않다.

그러나 전체를 고려하지 않고 하나만을 전부인 양 생각하는 것은 문제가 된다. 그것은 영적 편식으로 신앙이 균형 있게 자라가기가 어렵다. 영적으로 성장하고 성숙한다는 것은 전체적이고 통전적인 신앙을 지닌 신앙인으로 자란다는 것을 말한다.

이런 점에서 신앙생활과 관련하여 균형을 이룬다는 것은 내적 성장과 외적 변화 두 가지 모두를 중요시하는 것을 말한다. 그뿐 아니라 개인적인 측면과 공동체적인 측면을 함께 조화시켜나가는 것을 말한다. 하나님을 섬기되 개인적으로만 섬기는 것이 아니라 공동체 안에서 공동체와 더불어 섬기는 것이다. 공동체와 더불어 섬기되 영적으로 자기 자신을 등한시하지 않는 것이다. 예배를 드리되 주일에만 드리고 마는 것이 아니라 주일에 드린 예배의 마음으로 한 주간의 삶을 '삶으로 드리는 예배'가 되게 하는 것이다. 개인적 경건을 추구하되 사회에서의 정의로운 삶도 함께 추구하며 사는 것이다. 이처럼 하나님을 섬기는 삶에서 균형을 이루는 것은 모든 그리스도인이 추구해야 할 필수적인 과제이다.

특히, 균형을 이루는 신앙생활을 하려면 고려할 것이 여러 가지가 있다. 그중에 중요한 것들로 권리와 책임, 사랑과 정의, 그리고 은혜와 계명이 있다.

권리와 책임

우리 아이들이 어릴 때 종종 하던 말이 있다. "권리와 책임"이라는 말이다. 장난감을 가지고 즐겁게 놀고는 정리하지 않고 거실에 그냥 두거나 책을 보고는 제자리에 갖다 놓지 않는 것을 볼 때면, 나는 우리 아이들을 불러서 이렇게 따라 하게 했다. "권리." "책임." 그러면 우리 아이들이 "권리," "책임"하고 따라 하곤 했다. 그런 다음에 나는 이렇게 설명했다. "사람에게는 누릴 권리가 있지만 동시에 자신이 감당해야 할 책임도 있다. 권리만 누리고 책임을 지지 않는 것은 바른 것이 아니다. 책임을 지지 않으려면 권리도 누리려고 하지 않아야 한다."

물론 그렇게 하는 데도 아이들이 그것을 잊어버리는 경우가 종종 있었다. 그런 경우에는 아이들을 불러서 다시금 "권리"라고 말하면 "권리"라고 따라 하거나 '권리'라고 따라 하는 대신 곧바로 "책임"이라고 하기도 했다. 어떤 때는 내가 "권리"라고 말하면 "권리, 책임"이라고 말하기도 했다.

시간이 지나면서 보니까 아이들이 조금씩 알아갔다. 바른 것은 어릴 때부터 배우는 것이 좋다. 그래야 그 배움이 삶의 일부가 될 수 있다. 이 점에서도 잠언 22장 6절의 말씀이 분명하게 다가왔다. "마땅히 행할 길을 아이에게 가르치라 그리하면 늙어도 그것을 떠나지 아니하리라."

모든 사람에게는 인간으로서 누려야 할 고유한 권리가 있다. 창조주 하나님이 자기 형상을 따라 지은 인간에게 인간답게 살도록 누릴 것을 주셨기 때문이다. 하지만 그것에 맞는 책임도 따른다. 좋고 인간다운 삶을 영위하고 우리가 사는 사회를 좋은 사회가 되게 하려면, 반드시 각자 책임을 지는 실천이 있어야 한다.

이것은 신앙생활에서도 마찬가지이다. 우리에게는 예수 그리스도 안에서 하나님이 주신, 우리가 누릴 수 있는 권리가 있다. 하나님의 자녀로서의 권리이다. 우리에게 예수 그리스도를 통해 하나님을 섬기는 믿음이 있으면 우리는 하나님의 자녀이다. 하나님의 아들 예수 그리스도를 "영접하는 자 곧 그 이름을 믿는 자들에게는 하나님의 자녀가 되는 권세를 주셨으니 이는 혈통으로나 육정으로나 사람의 뜻으로 나지 아니하고 오직 하나님께로부터 난 자들이니라"(요 1:12-13). 이 권세는 누구도 빼앗을 수 없다.

그러나 우리에게는 하나님의 자녀답게 살아야 하는 책임, 곧 "그리스도의 복음에 합당하게 생활"(빌 1:27)해야 하는 책임도 있다. "자녀이면 또한 상속자 곧 하나님의 상속자요 그리스도와 함께 한 상속자니 우리가 그와 함께 영광을 받기 위하여 고난도 함께 받아야 할 것이니라"(롬 8:17). "그러므로 주 안에서 갇힌 내가 너희를 권하노니 너희가 부르심을 받은 일에 합당하게 행하여 모든 겸손과 온유로 하고 오래 참음으로 사랑 가운데서 서로 용납하고 평안의 매는 줄로 성령이 하나 되게 하신 것을 힘써 지키라"(엡 4:1-3).

우리가 하나님의 자녀이자 백성으로 하나님이 우리에게 주시는 것을 받아 누리려고만 하고 감당해야 할 책임을 등한시하는 것은 옳지 않다. 그런 사람은 바른 신앙인이라고 할 수 없다. 알리스터 맥그라스(Alister McGrath)는 이스라엘 백성과 관련하여 이렇게 말한다. "지금까지 언급한 가장 위대한 이야기 중 하나는 이스라엘 백성이 어떻게 이집트에서의 고된 노예생활에서 해방을 받고 어떻게 광야를 지나 약속의 땅인 가나안으로 인도함을 받았는지와 관계가 있다. 이스라엘에게 있어서 그 기간은 형성적 시기였다. 그 기간에 이스라엘은 하나님의 백성 됨의 특권과 책임을 배워야 했다." 하나님의 백성에게는 언제나 권리와 책임이 함께 따른다는 말이다. 하나님의 새 백성으로서의 교회의 삶에도 누릴 권리와 함께 감당해야 할 책임이 주어진다.

사랑과 정의

사도 요한은 이렇게 말한다.

> 사랑하는 자들아 우리가 서로 사랑하자 사랑은 하나님께 속한 것이니 사랑하는 자마다 하나님으로부터 나서 하나님을 알고 사랑하지 아니하는 자는 하나님을 알지 못하나니 이는 하나님은 사랑이심이라 하나님의 사랑이 우리에게 이렇게 나타난바 되었으니 하나님이 자기의 독생자를 세상에 보내심은 그로 말미암아 우리를 살리려 하심이라 사랑은 여기 있으니 우리가 하나님을 사랑한 것이 아니요 하나님이 우리를 사랑하사 우리 죄를 속하기 위하여 화목 제물로 그 아들을 보내셨음이니라. (요일 4:7-10)

하나님은 사랑이시다. 그래서 사랑은 하나님께 속한다. 특히, 그 사랑은 하나님의 아들 예수 그리스도를 통해 우리에게 나타났다. 예수 그리스도는 우리를 위해 십자가에 달려 죽으심으로써 우리로 구원을 받고 영원한 생명을 얻을 수 있게 해 주셨다. 이것이 인간을 향한 하나님의 사랑의 실체다. 우리는 믿음 안에서 그런 사랑을 받으며 산다.

그뿐 아니라 우리가 서로 사랑하며 살아야 할 이유와 근거도 거기에 있다.

하지만 사랑이 하나님의 속성의 전부는 아니다. 정의는 하나님의 속성 중 또 하나의 중요한 요소이다. 하나님은 사랑의 하나님이시지만 동시에 정의의 하나님이시기도 하다. 그래서 시인은 이렇게 읊었다. "하나님이여 주의 이름과 같이 찬송도 땅 끝까지 미쳤으며 주의 오른손에는 정의가 충만하였나이다"(시 48:10). 하나님은 아모스 선지자를 통해 이렇게 말씀하셨다. "내가 너희 절기들을 미워하여 멸시하며 너희 성회들을 기뻐하지 아니하나니 너희가 내게 번제나 소제를 드릴지라도 내가 받지 아니할 것이요 너희의 살진 희생의 화목제도 내가 돌아보지 아니하리라 네 노랫소리를 내 앞에서 그칠지어다 네 비파 소리도 내가 듣지 아니하리라 오직 정의를 물 같이, 공의를 마르지 않는 강 같이 흐르게 할지어다"(암 5:21-24). 프란시스 쉐퍼(Francis A. Schaeffer)는 이것을 다음과 같이 설명한다.

그리스도인에게는 진정 두 가지 과업이 있다. 그는 하나님의 거룩하심과 하나님의 사랑을 실천해야 한다. 그리스도인은 하나님이 무한하고 인격적인 하나님으로 존재한다는 것을 나타내야 한다. 그와 동시에 그는 하나님의 성격인 거룩하심과 사랑을 나타내야 한다. 하나님의 사랑이 없는 그분의 거룩은 없다. 그것은 단지 무자비에 불과하다. 하나님의 거룩하심이 없는 그분의 사랑도 없다. 그것은 단지 타협에 불과하다. 각 그리스도인이나 기독교 그룹이 행하는 어떤 것도 하나님의 거룩하심과 하나님의 사랑을 동시적으로 균형 있게 보이지 못한다면, 그것은 [그리스도인들과 교회를] 예의 주시하고 있는 세상에, 존재하고 있는 하나님을 증명해 보이는 것이 아니라 존재하는 하나님을 풍자하는 것이 된다.

월터 브루그만(Walter Brueggemann)이 말하는 것처럼, 정의는 "하나님의 거룩하심의 지상적 형태"(the earthly form of God's holiness)이다. 사랑이 없는 정의는 온전한 정의가 아니다. 마찬가지로 정의가 없는 사랑은 온전한 사랑이 아니다. 하나님의 속성에 있어서 사랑과 정의는 서로 나뉘지 않는다. 그래서 사랑을 실천하는 것은 정의를 실천하는 것이며, 정의를 실천하는 것은 사랑을 실천하는 것이다. 우리가 하나님의 마음에 합한 자가 되려면 이 두 가지를 우리의 삶에서 하나로 연결 짓는 것이 필요하다. 그 때에 하나님의 사랑은 거룩한 사랑으로 나타나게 된다.

은혜와 계명

사도 바울은 이렇게 말한다. "모든 사람이 죄를 범하였으매 하나님의 영광에 이르지 못하더니 그리스도 예수 안에 있는 속량으로 말미암아 하나님의 은혜로 값없이 의롭다 하심을 얻은 자 되었느니라"(롬 3:23-24). 그는 이렇게도 말한다. "내가 나 된 것은 하나님의 은혜로 된 것이니 내게 주신 그의 은혜가 헛되지 아니하여 내가 모든 사도보다 더 많이 수고하였으나 내가 한 것이 아니요 오직 나와 함께 하신 하나님의 은혜로라"(고전 15:10).

사도 바울이 말하는 것처럼, 인간에 대한 하나님의 은혜는 우리의 구원의 토대이며 우리의 삶의 바탕이다. 우리에게 하나님의 은혜가 없다면, 우리는 구원을 받을 수 없다. 그뿐 아니라 우리는 오늘 하루도 하나님의 은혜가 없이는 살 수 없다. 우리의 "대적 마귀가 우는 사자 같이 두루 다니며 삼킬 자를 찾"는 세상에서(벧전 5:8), 사망의 권세가 위협하는 세상에서 우리가 이처럼 살아가는 것 자체가 하나님의 은혜에 대한 확실한 증거이다. 예수님이 분명하게 가르치셨듯이, 하나님의 입히시고 먹이시고 돌보시는 은혜로 말미암아 우리가 산다(마 6:26-32). 이런 의미에서 우리의 삶에 하나님의 은혜는 근본적이며 본질적이다.

하지만 그것이 전부는 아니다. 은혜는 속성상 계명을 요구한다. 하나님은 모세를 통해 이스라엘 백성에게 이렇게 말씀하셨다.

> 너는 이같이 야곱의 집에 말하고 이스라엘 자손들에게 말하라 내가 애굽 사람에게 어떻게 행하였음과 내가 어떻게 독수리 날개로 너희를 업어 내게로 인도하였음을 너희가 보았느니라 세계가 다 내게 속하였나니 너희가 내 말을 잘 듣고 내 언약을 지키면 너희는 모든 민족 중에서 내 소유가 되겠고 너희가 내게 대하여 제사장 나라가 되며 거룩한 백성이 되리라 너는 이 말을 이스라엘 자손에게 전할지니라. (출 19:3-6)

계명은 하나님의 법이다. 물론 계명은 은혜의 조건은 아니다. 오히려 그것은 은혜의 결과다. 복음의 은혜를 입은 사람은 그 은혜에 합당하게 살려고 애쓴다. 사도 바울은 이렇게 말한다.

> 이는 죄가 사망 안에서 왕 노릇 한 것 같이 은혜도 또한 의로 말미암

아 왕 노릇하여 우리 주 예수 그리스도로 말미암아 영생에 이르게 하려 함이라 그런즉 우리가 무슨 말을 하리요 은혜를 더하게 하려고 죄에 거하겠느뇨 그럴 수 없느니라 죄에 대하여 죽은 우리가 어찌 그 가운데 더 살리요…그러므로 우리가 그의 죽으심과 합하여 세례를 받음으로 그와 함께 장사되었나니 이는 아버지의 영광으로 말미암아 그리스도를 죽은 자 가운데서 살리심과 같이 우리로 또한 새 생명 가운데서 행하게 하려 함이라. (롬 5:21-6:2, 4)

은혜는 계명을 완성한다. 그리고 계명은 은혜를 은혜답게 한다. 계명에 은혜가 없다면, 그것은 우리로 죄책감과 절망에 빠지게 한다. 반면에 은혜에 계명이 없다면, 그것은 언제나 남용되고 값싼 것으로 전락하기 쉽다. 하나님을 섬기는 삶에서 은혜와 계명은 늘 함께 간다. 하나님은 균형의 하나님이다. 어느 한쪽으로 기울어진 분이 아니다.

패커는 은혜와 윤리(착한 일) 사이의 관계와 관련하여 이렇게 말한다.

흔히 신약에서 교리는 은혜이고, 윤리는 감사라고 말해 왔다. 그렇다면 이러한 말이 실험적으로나 실제적으로 실증되지 않는 기독교는 어떤 형태의 기독교건 무엇인가 잘못된 것이다. 하나님의 은혜의 교리가 도덕적 방종을 조장한다고 생각하는("우리가 어떻게 하건 최종적인 구원은 확실한 거야. 그러니까 우리가 어떻게 행동하든 상관없어") 사람들은 가장 문자적인 의미에서 자신들이 무슨 말을 하고 있는지 모른다는 것을 나타내고 있을 뿐이다.

왜냐하면 사람은 그 보답으로 사랑을 불러일으키고 사랑이 일단 불러 일으켜지면, 그 사랑은 기쁨을 주기를 원하기 때문이다. 그리고 계시된 하나님의 뜻은 은혜를 받은 사람들은 금후로는 '선한 일'(엡 2:10: 딛 2:11-12)에 몰두해야 한다는 것을 가르쳐 준다. 참으로 은혜를 받은 사람이라면 누구나 감사에 넘쳐 하나님의 요구하시는 대로 행[할 것 이다].

패커가 바르게 진술하듯이, 은혜와 윤리(신앙의 실천)는 하나님을 믿는 믿음의 나뉘지 않는 양면이다. 은혜는 하나님의 말씀(계명)의 실천을 요구하고 그 실천은 은혜에 근거한다.

균형은 조화다. 균형 있는 삶은 조화를 이루는 삶이다. 그래서 아름답다. 우리 자신에게뿐 아니라 하나님에게도 그런 삶은 귀하다. 균형은 무게 중심점을 중심으로 무게의 중심이 잡힐 때 가능하게 된다. 그 중심과의 관계에서뿐 아니라 그 중심을 기준으로 양쪽의 관계가 바를 때 균형을 유지할 수 있다. 행여라도 현재의 우리의 삶이 사회생활이든 교회생활이든 불균형을 이루고 있다면, 너무 쏠린 부분의 무게를 줄여 그것을 다른 쪽에 보태든지, 아니면 가벼운 부분에 좀 더 비중을 두어 균형을 이루게 하는 것이 현명하다. 어느 한쪽에 편중되어 균형을 잃고 있다면 좋고 바른 삶을 위해 다시금 균형을 잡는 일이 필요하다.

기독교 신앙의 무게 중심점은 삼위 하나님이다. 그런 이유로 우리의 신앙생활은 하나님을 중심으로 하나님을 바르게 지향할 때만 하나님이 기뻐하시는 산 제물이 될 수 있다. 균형 잡힌 신앙인의 삶이 될 수 있다.

20장

성적표

예전에 우리 아이들이 초등학교와 중학교에 다닐 때 성적표를 가져오면 그 성적표를 가지고 함께 처음부터 끝까지 꼼꼼히 살펴보곤 했다. 이곳 캐나다의 학교들의 성적표에는 각 과목의 점수와 함께 해당 과목과 관련하여 담당 교사의 자세한 설명이 뒤따른다. 우리 아이들의 성적표에는 아이들이 한 해 동안 성취해온 학업에 대한 평가가 점수와 함께 자세히 기록되어 있었다.

성적표에 나타나는 성적은 크게 4단계로 나뉜다. 학생이 지역 교육위원회가 정해놓은 기준을 충족시키려면, 최소한 3단계(B 학점)의 등급은 받아야 한다. 그것은 학생들이 성취해야 할 학업 과제, 즉 그 학년에 필수적인 지식과 기술을 습득했다는 것을 말해 준다.

이곳 캐나다의 학교들은 1년에 세 번-12월과 3월과 6월-성적표를 작성하여 보낸다. 대개 아이들이 첫 번째 성적표를 가져올 때, 나는 성적표를 보면서 아이들과 함께 중간 점검을 했다. 어떤 과목을 잘하고 있는지, 또 어떤 과목을 잘해야 하는지를 보면서 당시의 상태를 점검한 것이다. 두 번째 성적표를 받을 때도 그렇게 하는데, 특히 첫 번째 성적과 비교하면서 어느 것이 좋아졌고 어느 것이 퇴보했는지를 점검했다. 그 후에 우리 아이들은 함께 점검한 대로 부족한 부분에 치중해서 공부를 해 갔다. 그러면 세 번째 성적표를 받을 때쯤이면 대개 그 부분에서 향상이 있었다.

특히, 세 번째 성적표를 받으면 전체적으로 검토를 했다. 잘한 과목과 잘하지 못한 과목을 보면서 잘한 것에 대해서는 칭찬을 해주고, 여전히 더 잘해야 할 필요가 있는 과목에 대해서는 '앞으로 더 열심히 잘해!'라고 자극과 격려의 말을 해주곤 했다.

결과가 있는 우리의 삶

한번은 우리 아이들의 성적표를 점검하다가 갑자기 우리 인생의 성적에 대해 생각을 하게 되었다. 발달 심리학자인 로버트 해비거스트(Robert J. Havighurst)에 따르면, 모든 인간에게는 아동기부터 청소년기를 거쳐 성인기에 이르기까지 각각의 성장 단계마다 성취해야 할 일정한 발달 과업(developmental tasks)이 있다. 그래서 각 단계에서 개인은 그 단계에 해당하는 과업을 성취해야 다음 단계로 무난하게 발달해 갈 수 있게 된다. 그렇지 않으면 그 사람은 성장 발달이 늦어지게 된다. 우리가 우리의 삶을 이런 관점에서 이해한다면, 우리의 삶에도 결과가 있게 마련이다. 우리는 우리 나름의 발달 과업 성적표를 갖게 되는 셈이다.

실제로, 산다는 것은 어떤 형태이든 특정한 결과를 낳는 것이다. 우리가 사는 만큼 우리에게는 삶의 내용이 남는다. 삶의 내용은 우리가 무엇을 위해 어떻게 살았는가에 의해 결정된다. 그래서 인간에게 있어서 무엇을 하며 어떻게 사는가는 중요하다.

이 점은 기독교 신앙의 관점에서 더욱 분명해진다. 기독교 신앙은 우리의 삶을 '소명'으로 이해한다. 그래서 우리에게는 이루고 감당해야 할 사명이 있다. 예수님은 달란트 비유를 통해서 이 점을 분명하게 가르치셨다(마 25:14-30). 사도 바울은 자신이 복음 전도의 사명을 받았을 때 이렇게 말했다. "내가 달려갈 길과 주 예수께 받은 사명 곧 하나님의 은혜의 복음을 증언하는 일을 마치려 함에는 나의 생명조차 조금도 귀한 것으로 여기지 아니하노라"(행 20:24). 자신의 삶에 채워야 할 하나님으로부터 받은 삶의 내용이 있다는 말이다. 모든 그리스도인은 이 점을 인정한다.

웰빙과 웰다잉

오늘날 사람들의 입에 자주 오르내리는 말 중 하나가 '웰빙'이라는 말이다. 복지나 안녕 또는 행복 등의 의미를 지닌 웰빙은 오늘날 그런 의미보다는 신체적으로 건강하고 물질적으로 풍요롭게 산다는 의미로 더 많이 사용되고 있는 것 같다. 그러나 의미상 웰빙(wellbeing)은 말 그대로 존재(being)가 좋거나 건강한(well) 것을 의미한다. 그러니까 웰빙은 본래 존재가 잘 되는 것을 말한다.

그러면 존재가 잘 되는 것은 무엇을 말하는가? 본질적인 의미에서 존재에 하나님의 생기가 있다는 말이다. 창세기 2장 7절은 이렇게 쓰고 있다. "여호와 하나님이 땅의 흙으로 사람을 지으시고 생기를 그 코에 불어넣으시니 사람이 생령(living being)이 되니라." 이 말씀에 따르면, 인간이 생령, 곧 살아 있는 존재가 된 것은 하나님이 흙으로 만드신 인간 안으로 자신의 생기를 불어넣었기 때문이다. 여기서 살아 있는 존재란 웰빙의 상태를 말한다. 살아 있는 존재가 되기 전에 인간은 죽어 있는 존재 또는 존재 아닌 존재, 곧 비존재(non-being)였다. 땅의 흙-더 정확히 말하면 먼지(dust)-의 연장선상에 있는 다른 형태의 흙에 불과했다. 이것은, 인간의 웰빙은 전적으로 그리고 본질적으로 하나님의 생명에 의존한다는 것을 말한다. 이것은 또한 본래 웰빙은 영적 언어이며 영적 차원의 존재 방식이라는 것을 뜻한다.

같은 맥락에서 존재가 병들고 죽었다는 것은 하나님의 생기가 없다는 말이다. 하나님의 생기가 없는 존재는 영적으로 죽은 존재이다. 겉으로 보기에는 살아 있고 화려해 보여도 실상은 빈껍데기에 불과하다. 이와 관련하여 맥그라스는 이렇게 말한다.

> 하나님은 아담을 창조하셨을 때 그의 안으로 생기를 불어넣으셨다. 그 결과로, 그는 "생령"(창 2:7)이 되었다. 살아 있는 인간과 죽은 인간 사이의 기본적인 차이는 전자는 호흡을 하는 반면에, 후자는 호흡을 하지 못한다는 것이다. 이것은 생명은 호흡에 의존한다는 개념으로 이끌었다. 하나님은 빈껍데기들(empty shells) 안으로 생명의 기운을 불어넣고 그것들을 소생시키시는 분이다. 하나님은 아담 안으로 생기를 불어넣음으로 소생시키셨다.

그러므로 하나님의 생기가 없기 때문에 영적으로 죽은 존재는 본래 웰빙이 불가능하다. 그것이 성서가 가르치는 진리이다. 그런 까닭에 사도 바울은 아담 안에서 모든 사람이 죽었다고 말한다(고전 15:22). 아담은 하나님의 생기를 잃어버림으로써 죽은 존재가 되었다. 그런 이유로 아담에게 웰빙은 이룰 수 없는 희망사항이었다. 마찬가지로 하나님이 없는 인간은 누구나 진정으로 웰빙의 상태에 이를 수 없고 그 상태에 있을 수도 없다.

웰빙과 비교되는 말로서 종종 통용되는 말 중 하나가 '웰다잉'(well-dying)이라는 말이다. 웰다잉은 말 그대로 '잘 죽는 것'이다. 실제로, 인간은 잘 죽을 필요가 있다. 그러면 잘 죽는다는 것은 무엇을 말하는가? 복되게 죽는 것을 말한다. 그러면 복되게 죽는다는 것은 또 무엇을 의미하는가? 예수 그리스도 안에서 하나님을 향하여 죽는 것을 말한다. 하나님을 향하여 죽는다는 것은 믿음 안에서 죽는 것을 말한다. 믿음 안에서 죽으면 영원한 생명을 얻고 주님과 함께 영원히 영광 가운데 살게 된다. 이것은 믿음이 없이 죽는 사람은 하나님을 향하여 죽는 것이 아니라 땅을 향하여 죽는 것을 의미한다. 땅을 향하여 죽는 사람은 소망이 없다. 그래서 그런 죽음은 복된 죽음이 아니며 궁극적으로 희망도 없다.

하나님을 향하여 죽는 것은 하나님을 향하여 사는 것이다. 즉 예수 그리스도 안에 있는 하나님의 영원한 생명을 지닌 채 죽는 것을 말한다. 그래서 예수 그리스도 안에서 하나님을 향하여 죽는 사람에게는 소망이 있다. "이제 그리스도 예수 안에 있는 자에게는 결코 정죄함이 없나니 이는 그리스도 예수 안에 있는 생명의 성령의 법이 죄와 사망의 법에서 너를 해방하였음이라"(롬 8:1-2). 예수 그리스도 안에 있으면 예수 그리스도 안에 있는 영원한 생명을 얻게 된다. 그래서 그리스도 안에서의 죽음은 절망이 아니라 희망이 되며, 그것은 잘 죽는 것, 곧 웰다잉이 된다. 복된 죽음이 되는 것이다.

웰리빙

그런데 우리의 삶이 풍성한 삶이 되려면 웰빙이나 웰다잉 못지않게 중요한 것이 있다. 웰리빙(well-living), 곧 잘사는 것이다. 특히, 우리가 잘 그리고 복되게 죽으려면 우리에게는 반드시 웰리빙이 있어야 한다. 웰다잉은 웰리빙에 의해 결정되기 때문이다.

그러면 잘산다는 것은 무엇을 의미하는가? 우리는 물질만능주의 시대에 살기 때문에 오늘날 사람들은 대부분 "잘산다"는 말을 물질적, 경제적인 의미로만 이해하는 경향이 있다. 그래서 잘산다는 것은 경제적으로 부유하게 사는 것으로 받아들인다. 그러나 잘산다는 말은 기본적으로 두 가지의 의미를 내포한다. 하나는, 내적인 의미로서 잘산다는 것은 삶의 내용을 말한다. 곧 잘산다는 것은 방법적으로 잘사는 것(to live well)을 말한다. 다른 하나는, 외적인 의미로서 잘산다는 것은 삶의 외형을 말한다. 즉 잘산다는 것은 물질적으로 부유하게 사는 것(to live richly or wealthily)을 의미한다.

그런데 진정한 의미에서 잘산다는 것은 첫 번째 의미에서의 잘사는 것을 말한다. 삶의 내용과 방법에서의 잘사는 삶이 없이는 삶의 외형에서의 잘사는 삶은 온전할 수 없다. 이런 의미에서 우리는 물질적으로도 잘살아야 하지만, 더 중요한 것은 삶의 내용과 방법에서 잘사는 것이다. 그것이 성서에서 잘산다는 말이 지닌 본래 의미이다. 하나님이 인정하시는 삶은 바로 그런 삶이다.

한 가지 주목할 필요가 있는 것은, 웰리빙은 웰빙에 근거한다는 사실이다. 웰빙이 없이는 웰리빙도 웰다잉도 없다. 그런데 앞서 말한 것처럼 모든 인간은 웰빙을 잃어버린 존재가 되었다. 그래서 우리에게 웰리빙과 웰다잉이 있으려면, 무엇보다도 웰빙을 회복해야 한다. 그러나 불행하게도 웰빙은 유한하고 죄인인 인간이 자기 자신의 능력으로 이룰 수 있는 것이 아니다. 그것은 오직 생명의 근원이요 전능하신 하나님만이 하실 수 있는 것이다. 왜냐하면 웰빙의 근원과 토대는 창조주 하나님이시기 때문이다.

그런데 우리에게는 기쁨의 좋은 소식이 있다. 웰빙의 근원이신 하나님이 인간으로 다시금 웰빙을 지니고 웰리빙의 삶을 살다가 웰다잉할 수 있는 길을 열어주셨다는 것이다. 바로 예수 그리스도이다. 그것이 복음이다. 그분은 하나님의 생기요 생명이다. 하나님께서 "자기 속에 생명이 있음 같이 아들에게도 생명을 주어 그 속에 있게 하셨"다(요 5:26). 그래서 사도 바울은 "그리스도 안에서 모든 사람이 삶을 얻으리라"(고전 15:22)고 말했다. 이처럼 하나님의 아들을 믿는 자에게는 영생이 있다(요 3:36). 그분 안에 있으면 웰빙을 회복할 수 있게 된다.

하나님의 아들을 통해 생명을 얻기 전까지 인간은 죄와 사망 가운데 있다. 이것이 진정한 의미에서 하나님의 생명이 없는 자에게는 웰빙이 불가능한 이유이다. 우리가 예수 그리스도 안에서 웰빙을 회복하면, 웰리빙과 웰다잉도 우리의 것이 될 수 있다.

마지막 날 하나님 앞에서

우리는 하나님 앞에 서야 할 운명을 지니고 살아간다. 이 땅에 태어난 사람은 누구나 언젠가 하나님 앞에 서게 된다. 이 점에서는 누구도 예외가 없다. "한번 죽는 것은 사람에게 정해진 것이요 그 후에는 심판이 있으리니"(히 9:27). "우리가 다 하나님의 심판대 앞에 서리라"(롬

14:10). 그날은 우리가 하나님으로부터 인생의 성적표를 받는 날이다. 그 성적표의 맨 처음에는 〈신앙생활: 하나님을 섬기는 삶〉이란 과목이 있다. 그 과목에서 어떤 점수(합격 또는 불합격)를 받느냐에 따라 우리의 영원한 삶의 자리와 질이 달라지게 된다. 곧 우리의 성적표에 따라 우리는 저마다 하나님과 함께 영원히 살게 되든지, 아니면 하나님으로부터 영원히 격리되어 살게 되든지 할 것이다.

다행히도 우리에게는 오늘 여기에서 그 삶을 결정할 기회가 있다. 예수 그리스도 안에서 하나님을 믿는 삶을 통해서이다. "영접하는 자 곧 그 이름을 믿는 자들에게는 하나님의 자녀가 되는 권세를 주셨으니 이는 혈통으로나 육정으로나 사람의 뜻으로 나지 아니하고 오직 하나님께로부터 난 자들이니라"(요 1:12-13). 우리가 이 세상에서 예수 그리스도 안에서 하나님과 동행하는 삶을 살면, 영원한 하나님의 나라에서도 그분과 함께 영원히 살 수 있게 된다. 그것이 장차 복음과 함께 살아가는 사람들이 받아 누리게 될 하늘의 상급이다.

우리는 이런 맥락에서 패커의 다음의 말을 믿음으로 받아들인다.

> 바울은 우리가 모두 "주의 두려우심"(고후 5:11)이신 그리스도의 심판 보좌 앞에 나서야만 한다고 말하며, 그것은 당연한 것이다. 주 예수님은 아버지처럼 거룩하며 순결하시다. 우리는 거룩하지도 순결하지도 않다. 우리는 예수님이 보시는 앞에서 살고 있다. 예수님은 우리의 은밀한 것을 아신다. 심판 날에 우리의 과거 삶 전체가 말하자면 예수님 앞에서 상연되어 조사받을 것이다. 자신을 조금이라도 안다면, 우리는 우리가 예수님을 대면하기에 적합하지 않다는 것을 안다. 그렇다

면 우리는 무엇을 해야 하는가? 신약 성경은 **심판 날에 너의 현재의 구세주를 부르라**고 답한다. 심판자이신 예수님은 율법이시다. 하지만 구세주이신 예수님은 복음이시다. 지금 예수님에게서 도망하면, 당신은 그 때에 가서 그분을 심판자로 만나게 될 것이다. 그리고 그 때에는 희망이 없다. 지금 예수님을 찾으면 당신은 그분을 발견할 것이며('찾는 자는 찾을' 것이므로), 그렇게 되면 당신은 이제 "그리스도 예수 안에 있는 자에게는 결코 정죄함이 없다"(롬 8:1)는 것을 알고, 장차 예수님과 만나는 것을 기쁨으로 고대하게 될 것이다.(저자 강조)

3부 바라는 삶

"이러므로 우리에게 구름 같이 둘러싼
허다한 증인들이 있으니 모든 무거운 것과
얽매이기 쉬운 죄를 벗어버리고
인내로써 우리 앞에 당한 경주를 하며
믿음의 주요 또 온전하게 하시는 이인
예수를 바라보자 그는 그 앞에 있는
기쁨을 위하여 십자가를 참으사
부끄러움을 개의치 아니하시더니
하나님 보좌 우편에 앉으셨느니라."

(히 12:1-2)

21장
하늘

시골에서 살 때 하늘을 보면서 한없는 상상을 하던 적이 있다. 상상의 날개를 펴고 광활한 하늘을 맘껏 여행하곤 했다. 끝없이 펼쳐진 밤하늘에 무수히 빛나는 별들을 보면서 "저 하늘에는 무엇이 있을까?"라고 혼자 중얼거리기도 했다. 그리고 "이 우주는 어떻게 생겨난 것일까?"라고 물으면서 하늘을 향해 경이를 느끼고 경외감에 휩싸이곤 했다. 때로는 그 넓은 공간을 실제로 여행해 보고 싶기도 했다. 누구에게나 한 번쯤은 하늘을 보며 이런 생각을 해본 경험이 있을 것이다.

이처럼 어린 시절의 나에게 하늘은 늘 신비였다. 하나님을 알고 그분을 믿는 믿음을 갖기 전까지 하늘은 이해할 수 없는 신비의 영역이요 풀 수 없는 문제이기도 했다. 그저 무한한 동경의 대상이었다.

하늘과 인간

개인적으로 하나님의 말씀을 통해 하나님을 알고 그분을 내 인생의 창조와 구원의 주로 믿으면서 이 우주는 우연히 생긴 것이 아니라 하나님의 피조물이라는 것을 알게 되었다. 그리고 내가 이 땅에 있는 것은 우연히 생겨나서가 아니라 하나님의 창조의 섭리에 따른 것임을 믿게 되었다. 시인의 다음 고백이 믿음 안에서 개인적인 고백이 되었다. "주께서 내 내장을 지으시며 나의 모태에서 나를 만드셨나이다 내가 주께 감사하옴은 나를 지으심이 심히 기묘하심이라 주께서 하시는 일이 기이함을 내 영혼이 잘 아나이다"(시 139:13-14).

그 때부터 하늘에 대한 물음이 풀리기 시작했다. 하늘은 나에게 여전히 신비이지만 하나님의 신비를 지니고 있는 것이다. 하늘은 하나님이 지으신 것이고 거기에는 하나님이 계시며 그분의 영광이 가득 차 있기 때문이다.

하나님은 하늘의 하나님이다. 시인은 이렇게 노래한다. "여호와께서는 그의 성전에 계시고 여호와의 보좌는 하늘에 있음이여 그의 눈이 인생을 통촉하시고 그의 안목이 그들을 감찰하시도다"(시 11:4). "여호와께서 하늘에서 인생을 굽어살피사 지각이 있어 하나님을 찾는 자가 있는가 보려 하신즉"(시 14:2). "하늘의 하나님께 감사하라 그 인자하심이 영원함이로다"(시 136:26).

예수님도 제자들이 기도를 가르쳐 달라고 요청했을 때 그 기도를 이렇게 시작하도록 가르치셨다. "하늘에 계신 우리 아버지여 이름이 거룩히 여김을 받으시오며 나라가 임하시오며 뜻이 하늘에서 이루어진 것 같이 땅에서도 이루어지이다"(마 6:9-10). 하나님은 하늘에 계신 하나님이다. 그래서 하늘은 지리적 공간이지만 영적 공간이기도 하다. 하늘은 하나님이 계신 곳이다.

하늘에 계신 하나님은 또한 하늘이다. 하나님은 영적 하늘이다. 마태복음 저자는 "하나님의 나라"(the kingdom of God)"를 표현하면서 다른 복음서 저자들과는 달리 "천국/하늘의 나라"(the kingdom of heaven)란 용어를 사용한다. 하나님과 하늘은 나눌 수 없다. 하나님은 하늘이시고(이것은 범신론적 개념이 아니며, 하늘이 하나님이라는 말도 아니다), 그분의 나라는 하늘의 나라이다.

인간은 본래 흙에서 왔지만 하늘에서도 왔다. 그래서 인간은 죽을 때 자신이 왔던 흙으로 돌아가지만 동시에 하늘로도 돌아간다. 이처럼 하늘 없는 인간은 생각할 수 없다.

하늘은 인간 존재의 바탕이다. 피터 크리프트(Peter Kreeft)가 아주 적절하게 말하는 것처럼, 인간에게 하늘은 "심장이 가장 깊이 갈망하는 것이고 인간의 심장이 가장 깊이 바라는 것"이다. 하늘은 인간의 영적 고향이기 때문이다. 이것이 바로 하늘을 품지 못한 인간이 늘 공허함을 느끼게 되는 이유이다. 땅만을 존재와 삶의 기반으로 삼고 살아가는 사람은 어떤 상황에서도 참된 만족을 누릴 수 없다. 하늘 없는 땅의 삶은 온전할 수 없기 때문이다.

인간은 본래 하늘과 함께 살아가도록 지음을 받았다. 땅에 살지만 하늘을 품고 하늘과 함께 살도록 지음을 받았다. "너희는 천지를 지으신 여호와께 복을 받는 자로다 하늘은 여호와의 하늘이라도 땅은 사람에게 주셨도다"(시 115:15-16). 하늘의 하나님은 인간에게 땅을 주셨다. 하늘의 복을 받으며 살라고 주셨다. 하지만 소유로 주시지는 않았다. 돌보고 또 누리는 삶의 환경으로 위탁하신 것이다. 그래서 "땅의 사람, 땅의 인간"은 "하늘의 하나님"과의 관계 안에서 살아야 한다. 그것이 인간의 존재 법칙이다.

하지만 최초의 인간은 땅을 차지하기 위해 하늘을 저버렸다. 낙원을 저버린 것이다. 그래서 인간은 영적으로 죽었고 이 땅에서 하늘 없이 방랑하는 자가 되었다. 이런 모습은 오늘날의 인간에게도 마찬가지다. 많은 사람이 하늘을 잃어버리고 땅만을 위해 산다.

하늘의 낙원을 잃어버린 인간

하늘은 낙원이다. 그러나 인간은 하늘을 잃어버림으로써 그 낙원
을 잃어버렸다. 하나님께 불순종했던 아담과 하와가 에덴의 동산으로
부터 추방을 당한 것은 인간이 낙원을 잃어버렸음을 나타내는 상징이
다. 그래서 우리는 "실낙원"의 삶을 살아간다.

> 여호와 하나님이 이르시되 보라 이 사람이 선악을 아는 일에 우리 중
> 하나 같이 되었으니 그가 그의 손을 들어 생명 나무 열매도 따먹고 영
> 생할까 하노라 하시고 여호와 하나님이 에덴 동산에서 그를 내보내어
> 그의 근원이 된 땅을 갈게 하시니라 이같이 하나님이 그 사람을 쫓아
> 내시고 에덴 동산 동쪽에 그룹들과 두루 도는 불 칼을 두어 생명 나무
> 의 길을 지키게 하시니라. (창 3:22-24)

예수님이 십자가에 달리셨을 때 그 옆에서 함께 십자가에 달렸던 두
강도 중 한 강도는 예수님께 이렇게 요청했다. "예수여 당신의 나라에
임하실 때에 나를 기억하소서"(눅 23:42). 그 때에 예수님은 이렇게 말씀
하셨다. "내가 진실로 네게 이르노니 오늘 네가 나와 함께 낙원에 있으
리라"(눅 23:43). 그 강도의 모습은 우리 모든 인간의 모습이다. 예수 그
리스도 안에서 낙원에 있기 전까지 우리는 낙원 밖에 있다.

"실낙원"의 인간은 "복낙원"을 꿈꾸는 인간이다. 인간에게는 끊임없
이 낙원으로 돌아가고자 하는 갈망이 있다. 영적인 귀소본능이다. 그

럼에도 불행하게도 인간은 스스로 낙원에 이를 수 없다. 그것이 인간이 지닌 문제이다. 인간 스스로가 그 길을 버렸기 때문에 오직 하나님께서 그곳에 이르는 길을 내시고 들어오게 하실 때만, 우리는 낙원으로 들어가 그곳에 거할 수 있게 된다.

땅으로 온 하늘

인간이 하나님이신 하늘을 잃으면 더불어 잃어버리는 것이 있다. 하나님의 나라이다. 그곳에서 누리게 될 영원한 생명이다. 하나님이 불순종한 인간을 에덴 동산에서 추방하신 이유는 그들이 "생명나무 열매를 따먹고 영생할까"하는 염려 때문이었다. 하나님은 자신과 같이 선악을 아는 지식을 갖게 된 인간이 생명 나무를 따 먹고 영생하면서 사탄의 다스림에 따라 하나님의 창조세계와 그분의 나라를 대적하게 될 것을 염려하셨다. 그래서 하나님은 그들로 낙원에서 나가게 하셨다.

반면에 인간이 하늘을 얻음으로써 함께 얻는 것이 있다. 하나님의 나라이다. 영원한 생명이다. 하늘은 하나님과 나누어 생각할 수 없다. 그러면 우리는 어떻게 잃어버린 하늘을 다시 찾을 수 있는가? 믿음을 통해서다. 우리는 믿음을 통해 우리 속에 하늘을 회복할 수 있게 된다.

우리에게 좋은 소식이 있다. 복음이 있다. 하늘이신 하나님이 이 세상과 인간 안에 낙원을 회복하시기 위해 이 세상에 아들을 보내주셨다는 것이다.

그런즉 누구든지 그리스도 안에 있으면 새로운 피조물이라 이전 것은 지나갔으니 보라 새 것이 되었도다 모든 것이 하나님께로서 났으며 그가 그리스도로 말미암아 우리를 자기와 화목하게 하시고 또 우리에게 화목하게 하는 직분을 주셨으니 곧 하나님께서 그리스도 안에 계시사 세상을 자기와 화목하게 하시며 그들의 죄를 그들에게 돌리지 아니하시고 화목하게 하는 말씀을 우리에게 부탁하셨느니라. (고후 5:17-19)

예수 그리스도는 이 땅에 오신 하늘이다. 그 하늘은 말씀이시며(요 1:1-3), 하나님의 본체이시다(빌 2:6). 그래서 예수님은 하나님이다.

우리는 예수 그리스도를 통해 하늘을 얻고 하늘의 삶, 낙원의 삶을 회복하게 된다. 예수님은 사도 요한을 통해 아시아의 일곱 교회 중 하나였던 에베소 교회를 향하여 이렇게 말씀하셨다. "귀 있는 자는 성령이 교회들에게 하시는 말씀을 들을지어다 이기는 그에게는 내가 하나님의 낙원에 있는 생명나무의 열매를 주어 먹게 하리라"(계 2:7). 낙원은 동산이다. 기쁨의 땅이다. 그러므로 우리는 믿음 안에서 낙원의 주인과 함께 낙원에 있는 기쁨을 누릴 수 있게 된다.

우리는 하늘로 간다

십자가에 달린 강도가 예수님과 함께 낙원에 있게 된 것처럼, 우리도 믿음 안에서 예수 그리스도와 함께 낙원에 있게 된다. 예수님은 이렇게 말씀하셨다. "너희는 마음에 근심하지 말라 하나님을 믿으니 또 나를 믿으라 내 아버지 집에 거할 곳이 많도다 그렇지 않으면 너희에게 일렀으리라 내가 너희를 위하여 거처를 예비하러 가노니 가서 너희를 위하여 거처를 예비하면 내가 다시 와서 너희를 내게로 영접하여 나 있는 곳에 너희도 있게 하리라"(요 14:1-3). 우리가 이 세상에서 믿음의 순례 여정을 마칠 때 낙원에 있게 되는 이유는, 우리는 그 나라의 백성이며 우리의 시민권은 그곳에 있기 때문이다. 사도 바울은 확신에 찬 목소리로 이렇게 말했다. "우리의 시민권은 하늘에 있는지라 거기로부터 구원하는 자 곧 주 예수 그리스도를 기다리노니 그는 만물을 자기에게 복종하게 하실 수 있는 자의 역사로 우리의 낮은 몸을 자기 영광의 몸의 형체와 같이 변하게 하시리라"(빌 3:20-21). 우리도 믿음 안에서 사도 바울을 따라 그렇게 고백할 수 있다.

우리가 믿음 안에 있다면, 우리는 죽을 때 이 땅에 믿음을 남기고 하늘로 올라간다. 거기에서 우리는 우리의 심장이 가장 깊이 갈망하는 하늘에 계신 하나님, 하늘이신 하나님을 만나게 된다. 우리는 모두 예수 그리스도의 구속의 피를 통해 구원을 받은 하나님의 사람들이기 때문이다.

22장
유효기간

"엄마! 이것 날짜 지난 거예요?" 예전에 우리 아이들이 가끔 아내에게 묻던 말이다. 전에 아내가 일하던 가게에서 가끔 날짜가 조금 지난 과자들-먹는 데는 아무런 문제가 없는 과자들-을 버리기가 아까워서 가져오는 경우가 있었다. 그때마다 아이들이 아내의 손에 들린 비닐봉지를 보면서 "과자예요?"라고 묻곤 한 것이다. 그러면 아내는 이내 "날짜가 지난 것 가져온 거야!"라고 말하곤 했다. 우리 아이들이 그 말을 듣고는 따라 하게 된 것이다. 그렇게 아내가 일을 마치고 집으로 돌아올 때마다 그렇게 물었다. 엄마는 늘 날짜 지난 것만 가져오는 사람인 것처럼 말이다.

아이들이 그런 물음을 하는 것을 듣다가 문득 '유효기간'이란 말을 생각하게 되었다. 그리고 신앙의 관점에서 그 말을 우리의 삶과 연결지어 생각해 보았다.

인생의 유효기간
인생에도 유효기간이 있다. 그것은 이 땅에 태어나서 죽을 때까지의 기간을 말한다. 그래서 죽음의 시간은 이 땅에서 우리에게 정해진 삶의 유효기간이 끝나는 시간이다. 불행한 것은, 그 기간은 우리 스스로가 정하는 것이 아니라 창조주 하나님이 정하신다고 하는 것과 우리에게는 정해진 삶의 유효기간이 있음에도 그리고 그것이 우리 자신의 것임에도 정작 우리 자신은 그 유효기간이 언제 끝나는지를 정확히 알지 못한다고 하는 것이다. 그 날짜가 우리 인생의 달력에 숫자로 적혀 있지 않기 때문이다. 예수님은 누가복음 12장에서 어리석은 부자의 비유를 통해 이 점을 분명하게 가르쳐 주셨다. 우리의 유효기간이 끝나는 시간은 어느 날 갑자기 찾아온다.

하나님이 우리의 영혼을 도로 찾으시는 것, 곧 우리의 영혼을 다시 가져가는 시간, 우리에게 부여하신 생명을 다시 취하시는 시간이 우리 인생의 유효기간이 끝나는 시간이다. 그 시간은 오직 하나님만 아시며 그것을 취할 능력과 권한도 오직 하나님께만 있다. 그뿐 아니라 그 시간은 도둑같이 이를 것이다. 그러므로 우리는 늘 우리의 생의 유효기간을 생각하면서 그리고 그 시간이 언제 올지 모른다는 것을 기억하면서 그 시간을 준비하며 우리의 삶을 살아가야 한다. 그것이 지혜로운 사람의 삶의 태도이다.

인생의 유효기간을 연장할 수 있다

그러면 우리의 삶은 이 땅에서 우리에게 정해진 인생의 유효기간으로 모든 것이 끝나는가? 아니다. 절대로 그렇지가 않다. 그것은 성서가 가르치는 바가 아니다. 성서는 이 땅에서의 정해진 우리의 삶 너머에도 하나님의 나라에서 이어지는 삶이 있다고 말한다.

문제는 그 삶이 두 가지의 형태로 나뉜다고 하는 데 있다. 하나는 빛의 나라인 하나님의 나라에서의 영원한 삶이고, 다른 하나는 하나님으로부터 격리되어 어둠 가운데 영원히 살아가는 삶이다. 예수님은 이렇게 말씀하셨다. "너희[행악하는 모든 자들]가 아브라함과 이삭과 야곱과 모든 선지자는 하나님 나라에 있고 오직 너희는 밖에 쫓겨난 것을 볼 때에 거기서 슬피 울며 이를 갈리라 사람들이 동서남북으로부터 와서 하나님의 나라 잔치에 참여하리니 보라 나중 된 자로서 먼저 될 자도 있고 먼저 된 자로서 나중 될 자도 있느니라"(눅 13:28-30).

이처럼 이 세상에서의 삶 너머에는 또 다른 삶이 있다. 불행한 일이지만, 하나님 앞에서 불순종하여 죄를 지은 모든 인간은 죽어서 어둠 가운데서 영원을 보내게 된다. 그러나 그것이 전부는 아니다. 지금 이 땅에서 빛의 나라로 우리의 삶의 유효기간을 영원히 연장할 수 있다. 빛의 나라의 주인을 통해서다.

그러면 빛의 나라의 주인은 누구인가? 천지 만물을 지으신 창조주 하나님이다. 죄인인 인간을 구원하시기 위해 이 땅에 오신 그분의 아들 예수 그리스도이다. 사도 바울은 이렇게 말한다.

우리로 하여금 빛 가운데서 성도의 기업의 부분을 얻기에 합당하게 하신 아버지께 감사하게 하시기를 원하노라 그가 우리를 흑암의 권세에서 건져내사 그의 사랑의 아들의 나라로 옮기셨으니 그 아들 안에서 우리가 속량 곧 죄 사함을 얻었도다 그는 보이지 아니하는 하나님의 형상이시요 모든 피조물보다 먼저 나신 이시니 만물이 그에게서 창조되되 하늘과 땅에서 보이는 것들과 보이지 않는 것들과 혹은 왕권들이나 주권들이나 통치자들이나 권세들이나 만물이 다 그로 말미암고 그를 위하여 창조되었고 또한 그가 만물보다 먼저 계시고 만물

이 그 안에 함께 섰느니라. (골 1:12-17)

그러므로 하나님의 사랑하는 아들의 나라로 삶을 연장하기를 바라는 사람은 누구나 예수 그리스도께로 나아가지 않으면 안 된다.

예수님의 자기 증언

영원한 생명은 오직 예수 그리스도를 통해서만 주어진다는 것은 예수님의 자기 증언을 통해 더욱 분명해진다. 예수님은 하늘 아버지께로 돌아가시기 전에 이렇게 기도했다.

> 눈을 들어 하늘을 우러러 이르시되 아버지여 때가 이르렀사오니 아들을 영화롭게 하사 아들로 아버지를 영화롭게 하게 하옵소서 아버지께서 아들에게 주신 모든 사람에게 영생을 주게 하시려고 만민을 다스리는 권세를 아들에게 주셨음이로소이다 영생은 곧 유일하신 참 하나님과 그가 보내신 자 예수 그리스도를 아는 것이니이다. (요 17:1-3)

또 이렇게 말씀하셨다.

> 진실로 진실로 너희에게 이르노니 믿는 자는 영생을 가졌나니 내가 곧 생명의 떡이니라 너희 조상들은 광야에서 만나를 먹었어도 죽었거니와 이는 하늘에서 내려오는 떡이니 사람으로 하여금 먹고 죽지 아니하게 하는 것이니라 나는 하늘에서 내려온 살아 있는 떡이니 사람이 이 떡을 먹으면 영생하리라 내가 줄 떡은 곧 세상의 생명을 위한 내 살이니라. (요 6:47-51)

이 말씀처럼 하나님의 아들 예수 그리스도를 "믿는 자는 영생을" 가지고 있다. 이것은 믿음을 통해 이 땅에서의 우리의 유효기간이 있는 삶이 그 한계를 넘어 영원까지 이르게 된다는 말이다. 예수님은 우리에게 영생을 주시기 위해 십자가를 지시고 죽으셨다가 부활하여 하나님의 우편에 계신다. 그뿐 아니라 지금은 보혜사 성령을 통해 우리와 함께 하신다.

예수님의 죽음은 우리의 삶을 위한 것이다. 예수님은 우리에게 영원한 생명을 주시기 위해 하나님께 철저히 순종했다. 도널드 맥킴(Donald K. McKim)은 이렇게 말한다.

> 예수님이 자신의 사역을 수행해 가실 때, 그분의 가르침은 자신의 죽음에 대한 예언을 포함했다(막 12:1-8). 자신이 하나님의 예언자라는 예수님의 인정은 그분으로 하여금 자신은 예루살렘에서 죽게 될 것을 알도록 이끌어주었다(눅 13:33). 하나님의 뜻에 대한 예수님의 순종은 그분으로 하여금 자신의 죽음은 순종의 마지막 행위라는 것을 알도록 이끌어주었고 이 행동을 통하여 하나님이 영광을 받으실 것을 알도록 이끌어주었다(요 12:28).

우리는 예수 그리스도와 함께 영생을 얻고 이 세상에서 우리의 유효기간을 하나님의 나라에서의 영원한 삶으로 연장할 수 있다. 왜냐하면 하나님의 "아들이 있는 자에게는 생명이 있고 하나님의 아들이 없는 자에게는 생명이" 없기 때문이다(요일 5:12).

영생은 유효기간 내에서만 선택할 수 있다

그러나 하나님 나라에서의 영원한 삶과 관련된 이 선택은 오직 이 세상에서만 할 수 있는 유한한 것이다. 이 세상에서의 삶의 유효기간이 끝나면, 기회는 영영 다시 주어지지 않는다. 그러므로 하나님의 영광 가운데 영원한 삶을 살고자 한다면 이 세상에서 기회가 주어져 있을 때 영원한 생명을 선택하지 않으면 안 된다. 나중에 슬피 울며 후회하지 않으려면 그렇게 해야 한다.

누가복음 16장에는 부자와 거지 나사로의 이야기가 나온다. 이 땅에서 하나님 없이 살았던 부자는 죽어 지옥에서 고통을 당하게 된다. 그 고통이 얼마나 컸던지 아브라함과 그의 품에 있는 나사로를 보고는 "아버지 아브라함이여 나를 긍휼히 여기사 나사로를 보내어 그 손가락 끝에 물을 찍어 내 혀를 서늘하게 하소서 내가 이 불꽃 가운데서 괴로워하나이다"(24절)라고 요청한다. 그러나 아브라함은 다음과 같은 말로 그의 요청을 정중히 거절한다. "얘 너는 살았을 때에 네 좋은 것을 받았고 나사로는 고난을 받았으니 이것을 기억하라 이제 그는 여기서 위로를 받고 너는 괴로움을 받느니라 그뿐 아니라 너희와 우리 사이에 큰 구렁텅이가 놓여 있어 여기서 너희에게 건너가고자 하되 갈 수 없고 거기서 우리에게 건너올 수도 없게 하였느니라"(25-26절).

그 말을 들은 부자는 다른 요청을 한다. "그러면 아버지여 구하노니 나사로를 내 아버지의 집에 보내소서 내 형제 다섯이 있으니 그들에게 증언하게 하여 그들로 이 고통 받는 곳에 오지 않게 하소서"(27-28절). 그 때에 아브라함은 이렇게 대답했다. "그들에게 모세와 선지자들이 있으니 그들에게 들을지니라"(29절). 그러자 부자가 이렇게 대꾸했다. "그렇지 아니하니이다 아버지 아브라함이여 만일 죽은 자에게서 그들에게 가는 자가 있으면 회개하리이다"(30절). 그 때에 아브라함은 이렇게 대답했다. "모세와 선지자들에게 듣지 아니하면 비록 죽은 자 가운데서 살아나는 자가 있을지라도 권함을 받지 아니하리라"(31절).

물론 이것은 비유다. 그러나 그 내용은 언젠가 하나님을 믿지 않은 사람들에게 실제가 되고 현실이 될 것이다. 우리는 우리가 선택한 것을 그 결과로 얻게 된다. 빛을 선택하면 빛을 얻게 되고, 어둠을 선택하면 어둠을 얻게 된다. 복음을 선택하면 하나님 나라에서의 영원한 삶을 얻게 되고, 세상을 선택하면 어두운 곳에서의 고통이 있는 영원한 삶을 얻게 된다. 그들은 그곳에서 이를 갈며 후회하게 될 것이다.

우리는 바로 지금 여기에서 밝고 희망찬 미래, 곧 하나님 나라에서의 영원한 삶을 결정할 수 있다. 믿음을 통해서다. 예수 그리스도를 구주로 영접하고 하나님을 섬기면서 하나님의 나라를 위해 살면, 그 나라에서 하나님의 백성으로 영원히 살게 될 것이다. 다시는 유효기간이 없는 삶을 말이다.

23장
잃어버리는 시간

　지금은 아주 오래전의 일이 되었지만 처음 고국을 떠나 이곳 캐나다로 공부하러 올 때 아내와 아이를 뒤로하고 홀로 비행기에 몸을 실었다. 큰아이가 태어난 지 얼마 되지 않았고 또 개인적인 사정으로 인해 아내와 약 1년만 헤어져 있기로 했다.

　그러나 부모님이 사고로 갑작스럽게 우리 곁을 떠나시는 바람에 그리고 대한민국이 국가부도를 맞는 바람에 우리는 사정상 그 기간을 1년 반 더 연장해야 했다. 부모님 대신 아내가 뒷바라지해야 했기 때문이다. 그래서 나는 힘들고 외로웠지만 2년 반 동안 사랑하는 가족과 떨어져 살았다. 그 때에 그 외로운 마음을 담아 쓴 시가 있다. 〈늦가을 호숫가의 밤〉이라는 시이다(이 시는 기독교 대한성결교회의 교단지인 『활천』 창간 75주년 기념 문학작품 공모에서 가작으로 당선된 것이다).

〈늦가을 호숫가의 밤〉

저 멀리 / 어둠을 가르고 밤을 밝히는 / 불빛 가닥들이
호수에 반사되어 / 하늘로 날아오른다.
흩어져 가는 검은 조각구름들은 / 바람에 몸을 실어

여행을 시작하고, / 가끔씩
길을 잃은 물결들이 / 호숫가로 밀려든다.

늦가을 밤 / 바람은 차갑고,
스치는 그 차가움에 / 나의 마음도 함께 춤을 추며,
마음은 어느 새 / 고향 하늘로 가고 있다.

같은 하늘 아래 살아가지만,
하나의 둘로 살아가는 / 우리네 삶

외로움이 그리움과 조우할 때,
나는 하염없이 / '함께 있음'을 맛보고 싶어 한다.

노을 지는 초저녁 하늘에서
작은 어둠 조각들이 호숫가에 / 사뿐히 내려앉는다.

아름다운 늦가을 밤이 가만가만히 / 호숫가에 찾아든다.
내 마음에 찾아든다.

한 번은 큰아이가 동생들의 사진을 보다가 자기가 아기였을 때 어떠
했는지를 묻고는 곧바로 "아 참! 아빠는 잘 모르지. 여기에 혼자 와 있
었으니까!"라고 말하고는 말을 맺어버리는 것이었다. 순간적으로 나
는 할 말이 없었다. 가족과 2년 반을 떨어져 살았던 이유로 큰아이가

자라는 모습을 보지 못했기 때문이다. 실제로, 내 기억 속에는 그 기간에 우리 큰아이의 삶의 모습이 없다. 그저 태어난 지 3개월까지의 모습과 한참 지난 후 어느 정도 자라버린 후의 모습만 내 기억에 있다. 내게는 그 시간이 되찾을 수 없는 '잃어버린 시간'이다.

우리의 잃어버리는 시간

어떤 의미에서 사는 것은 잃어버리는 것이다. 우리의 삶에서 하루를 사는 것은 하루를 잃어버리는 것이다. 유한한 삶의 시간의 하루만큼을 잃어버리는 것이다. 한번 흘러가 버린 시간은 다시 찾을 수 없기 때문이다.

그렇다면 한 가지 생각해 볼 것이 있다. 어차피 우리의 삶이 잃어버리는 것이라면, 우리는 우리의 삶의 시간을 어떻게 잃어버리는 것이 좋을까 하는 것이다.

인간의 활동을 파괴의 관점에서 설명하면서, 콜린 건톤(Colin E. Gunton)은 이렇게 말한다.

> 인간의 활동은 언제나 파괴(destruction)와 관련되어 있다. 물론, 절대적으로는 아니다. 왜냐하면 우리의 활동은 물질 보존의 법칙을 어기지 않기 때문이다. 그러나 상대적으로는 그렇다. 곧 우리가 하는 것은 창조된 실재(created reality)의 네트워크와 역학에서 피할 수 없는 변화를 일으킨다는 점에서는 우리의 활동은 파괴를 수반한다. 실제로, 빵을 먹고 포도주를 마시는 것은 파괴하는 것이다. 빵이 만들어지려면 곡물의 이삭이 발육하기 전에 곡물의 알곡이 먼저 땅에서 썩어야 한다.

모든 인간의 활동도 마찬가지이다. 예술은 물론이고 심지어는 소비조
차도 무언가를 파괴하는 것과 관련이 있다.

그렇다면 다시 말해서 우리의 삶이 어차피 파괴하는 것과 관계가 있
다면, 어떻게 파괴하느냐는 매우 중요하다. 우리가 창조적으로 파괴
한다면, 우리의 삶과 세상은 더 나은 방향으로 발전해 갈 것이다. 그러
나 우리가 파괴적으로 파괴한다면, 우리의 삶과 우리가 사는 세상은
점차로 망가질 것이다.

마찬가지로 우리의 삶이 어차피 잃어버리는 시간이라면, 우리는 창
조적으로 의미 있게 잃어버리는 것이 중요하다. 우리의 삶의 시간을
무의미하게 허비하며 잃어버리는 것과 창조적으로 의미 있게 잃어버
리는 것은 질적인 차이가 크다. 결국에는 우리의 삶에 큰 차이를 만들
것이기 때문이다.

하나님과 관련하여 삶을 보라

그러면 우리의 삶을 어떻게 잃어버리는 것이 창조적으로 의미 있게
잃어버리는 것일까? 하나님과 함께 하면서 "그의 나라와 그의 의"(마
6:33)를 구하는 삶을 통해서다. "헛되고 헛되며 헛되고 헛되니 모든 것
이 헛되도다 해 아래서 수고하는 모든 수고가 사람에게 무엇이 유익
한가"(전 1:2-3)라고 읊었던 전도서 기자는 인생의 허무함을 역설한 다
음에 결론적으로 이렇게 권면했다. "일의 결국을 다 들었으니 하나님
을 경외하고 그의 명령들을 지킬지어다 이것이 모든 사람의 본분이니
라 하나님은 모든 행위와 모든 은밀한 일을 선악간에 심판하시리라"(

12:13-14).

　전도서 기자는 허무한 인생 속에서 허무하지 않게 사는 방법으로 "하나님을 경외하면서 그분의 명령들을 지키는 것"을 제시한다. 그의 말대로 하나님을 섬기는 것은 모든 인간의 본분이다. 예수님도 자신을 유혹하러 온 사탄을 향해 "사탄아 물러가라 기록되었으되 주 너의 하나님께 경배하고 다만 그를 섬기라 하였느니라"(마 4:10)고 말씀하셨다. 하나님을 경외하지 않는 삶은 우리의 삶을 헛되고 무의미하게 이 세상에 잃어버리는 것이다. 이 세상에 잃어버린 시간은 다시 찾을 수가 없다. 반면에 하나님을 섬기는 삶은 우리의 삶을 하나님의 나라에 잃어버리는 것이 된다. 그래서 우리는 후에 하나님 나라의 영원한 삶속에서 그것을 다시 찾게 된다. 그러므로 의미 있고 가치 있는 삶을 살기 위해 우리에게 필요한 것이 있다면, 그것은 하나님과 관련하여 우리의 삶을 보고 하나님의 관점으로 우리의 삶을 이해하는 것이다. 그리고 하나님을 섬기며 사는 것이다.

　잃어버린 시간은 다시 찾을 수 없지만, 그 잃어버리는 시간 속에서 살았던 삶의 내용은 다시 찾을 수 있고 또 찾게 된다. 우리의 시간을 채우는 것이 우리의 삶의 내용이기 때문이다. 그뿐 아니라 장차 우리는 우리의 삶의 내용을 가지고 하나님 앞에 서게 된다. "한번 죽는 것은 사람에게 정해진 것이요 그 후에는 심판이 있으리니"(히 9:27). "선한 일을 행한 자는 생명의 부활로, 악한 일을 행한 자는 심판의 부활로 나오리라"(요 5:29).

하늘에 쌓아두는 삶을 살라

사도 바울은 로마서 14장 6-8절에서 이렇게 말한다.

> 날을 중히 여기는 자도 주를 위하여 중히 여기고 먹는 자도 주를 위하여 먹으니 이는 하나님께 감사함이요 먹지 않는 자도 주를 위하여 먹지 아니하며 하나님께 감사하느니라 우리 중에 누구든지 자기를 위하여 사는 자가 없고 자기를 위하여 죽는 자도 없도다 우리가 살아도 주를 위하여 살고 죽어도 주를 위하여 죽나니 그러므로 사나 죽으나 우리가 주의 것이로다.

여기에서 사도 바울은 우리의 삶의 시간을, 하나님을 위한 삶으로 채우라고 권면한다. 우리의 삶이 헛되지 않으려면 우리는 하나님과 함께 하나님을 위해 살아야 한다는 것이다.

그리스도인의 삶은 예수 그리스도 안에서 하나님과 관계있는 삶이다. 그래서 사도 바울이 말하는 것처럼 예수 그리스도 안에 있으면, 남을 위한 것도 먹는 것이나 굶는 것도 그리고 사는 것이나 죽는 것도 모두 하나님을 위한 것이 된다. 그것이 그리스도인의 삶이 지니는 신비요 특성이다.

우리가 하나님 없이 자기 자신만을 위해 산다면 아무리 열심히 산다고 할지라도, 우리는 창조와 구원의 주이신 하나님을 향해서는 잃어버리는 시간을 사는 것이다. 그 잃어버리는 시간은 다시 찾을 수 없다. 오히려 심판을 받게 될 것이다. 하지만 하나님을 위해 사는 것은 우리의 잃어버리는 시간을 결국에는 다시 찾는 것이 된다. 하나님이 인정하시고 하나님의 기억 속에 고스란히 담기기 때문이다. 그러므로 어차피 잃어버리는 시간이라면, 우리의 삶의 시간을 하나님과 함께 잃어버리자. 그러면 그 시간은 하나님 안에서 다시 찾게 될 것이다.

하나님을 위하여 사는 것은 하나님을 향하여 부유한 삶을 사는 것이다(눅 12:21). 예수님은 이렇게 말씀하셨다. "너희를 위하여 보물을 땅에 쌓아 두지 말라 거기는 좀과 동록이 해하며 도둑이 구멍을 뚫고 도둑질하느니라 오직 너희를 위하여 보물을 하늘에 쌓아 두라 거기는 좀이나 동록이 해하지 못하며 도둑이 구멍을 뚫지도 못하고 도둑질도 못하느니라"(마 6:19-20). 그런데 하늘에 쌓아두는 것은 보물만이 아니다. 우리의 삶도 있다. 우리가 예수 그리스도를 믿는 믿음 안에서 하나님을 섬기는 삶을 살면, 우리는 우리의 삶을 하늘에 쌓아두는 것이다.

가끔 이런 이야기를 듣게 된다. 하나님과 함께 하는 삶의 기쁨을 말하면, 사람 중에는 "하나님의 은혜로 어차피 구원만 받으면 되는 것 아닌가요? 그러니 젊을 때는 마음대로 세상에서 즐기며 살다가 죽기 전에 모든 것을 회개하고('사랑이 많으신 하나님, 저의 모든 죄를 용서하여 주옵소서. 불쌍히 여겨주옵소서'라고) 하나님을 믿으면 되지 않나요? 그래도 천국에 가게 되지 않나요?"라고 말한다. 한편으로는 그럴듯하게, 어떤 면에서는 매우 현명한 처사처럼 들린다. 그러나 그것은 옳지 않다. 그것은 하나님의 은혜의 복음을 제대로 알지 못하고 하는 말이다. 그뿐 아니라 하나님의 도덕적, 윤리적 피조물로서의 인간 됨의 특성을 거부하는 것이다. "우리는 이성적인 인격체로서 하나님의 도덕적 형상을 지니도록 만들어졌다. 즉 우리의 영혼은 예배, 율법 준수, 진실됨, 정직함, 훈련, 자제 그리고 하나님과 우리의 동료들을 섬기는 것 등을 실천함으로써 '가동'되도록 만들어졌다. 만일 이러한 것들을 행하기를 포기한다면, 우리는 하나님 앞에서 죄를 지을 뿐만 아니라 점점 자신의 영혼을 파괴시키는 것이다"(패커).

따라서 하나님의 은혜를 빙자해서 도덕적 방종의 삶을 살아가는 것과, 젊을 때는 마음대로 살다가 죽음 직전에 모든 죄를 회개하고 믿음을 고백함으로써 구원을 받겠다고 하는 것은 하나님의 거룩한 구원 사역을 모욕하는 죄가 될 수 있다. 하나님은 그것을 등한시하지 않으실 것이다. 주의 이름을 부르는 자는 누구든지, 예수 그리스도를 믿는 자는 누구든지 구원을 받는다는 것이 성서의 가르침이다. 실제로, 예수 그리스도를 믿고 섬기는 자는 누구든지 구원을 받게 될 것이다. 그럼에도 하나님은 주권적으로 어떤 자의 구원을 막으실 수 있다.

예수님을 알기 전에는 자기 마음대로 살다가 후에 예수님을 영접하고 복음을 위해 살게 된 사람들이 한결같게 하는 말이 있다. "전에는 왜 이렇게 좋은 삶을 알지 못하고 살았는지 모르겠어요. 진작 알았더라면 다르게 살았을 텐데 말이죠. 처음부터 하나님을 믿고 섬기며 살았다면 얼마나 좋았을까? 이제야 복음을 알게 된 것이 무척 후회스럽지만 그래도 다행이에요. 지금이라도 알게 되었으니 말이에요"

기독교 신앙은 단지 죄인인 인간이 죽어서 천국에 가는데 필요한 수단이나 도구가 아니다. 오히려 그것은 한 인간이 복음을 통해 영원한 생명을 얻고 자신을 지으시고 구속하신 하나님과 동행하는 삶을 살아가는 것이다. 그것은 이 땅에서부터 하나님 나라의 삶을 사는 것이다. 하나님이 인간을 만드실 때 본래 의도하신 참 인간의 삶을 사는 것이다.

인간이 태어나는 목적은 생의 어느 순간에 예수 그리스도를 통해 하나님과 만나고 믿고 섬기기 위해서이다. 그 순간이 빠를수록 좋다. 왜냐하면 인생의 목적에 부합하는 생의 기간이 그만큼 길어지기 때문이다. 태어나 지상에 존재하는 모든 인간에게 최우선순위는 하나님을 믿고 섬기는 것이어야 한다.

　예수 그리스도를 참되게 만나고 복음을 바르게 알게 되면, 하나님 없이 살아온 모든 잃어버린 시간이 후회로 다가오게 되어 있다. 이 세상에서 하나님과 함께 하는 삶보다 더 의미 있고 가치 있는 삶, 더 좋고 즐거운 삶은 없기 때문이다. 따라서 우리가 인생길을 걸어가면서 후회하지 않으려면, 하나님과 동행하는 삶을 살아야 한다. 오직 그럴 때만 우리의 삶에 후회함이 없게 된다.

24장
복음과 함께 나이 드는 삶

전에 오랫동안 빌리 그래함 전도협회(The Billy Graham Evangelical Association)에서 발행하는 『결단』(Decision)이란 잡지를 정기 구독하여 받아본 적이 있다. 매회 그 잡지의 맨 앞쪽에는 지금은 하나님의 품에 안긴 빌리 그래함 목사의 설교가 사진과 함께 수록되어 있었다. 사진 속의 빌리 그래함 목사는 백발에 주름이 잡힌 노년의 얼굴을 하고 있었지만 얼굴 가득 복음으로 인한 행복이 있었다. 평온함과 기쁨이 있었다.

젊은 나이에 예수 그리스도를 영접하고 복음 전도자가 되어 평생을 복음을 전하며 복음과 함께 살아온 하나님의 사람 빌리 그래함 목사. 그를 통해 복음을 접하고 그리스도인이 된 사람들이 얼마나 많은가! 잡지를 받아들고 사진 속의 그를 보고 있노라면 그의 삶이 숭고하고 아름답게 느껴졌다. 저절로 고개가 숙여졌다.

나이가 들어가는 인생길에서

흔히 하는 말로 우리의 삶에는 확실한 것이 별로 없다고 한다. 모든 것이 빠르게 변해 가는 세상에서 그럴듯한 이야기다. 그럼에도 인간의 삶에서 분명한 것 중 한 가지는, 인간은 늙는다는 것이다.

인간은 태어나면 나이가 들어가게 되어 있다. 나이가 들어가는 중에 얼굴엔 주름이 잡히고 머리카락은 희어지기도 하고 잃어버리기도 한다. 그뿐 아니라 시인의 고백처럼 짧은 인생이 아쉽게도 쉬이 간다. "우리의 연수가 칠십이요 강건하면 팔십이라도 그 연수의 자랑은 수고와 슬픔뿐이요 신속히 가니 우리가 날아가나이다"(시 90:10). 실제로, 젊을 때는 시간의 흐름이 느린 듯하지만, 나이가 들어갈수록 그 흐름은 빠르게 느껴진다.

대부분의 경우에 우리는 시간의 흐름을 의식하면 할수록 마음이 무거워지고 울적해지며 때론 서글퍼지기도 한다. 인생에서 이룬 것이 별로 없다고 느껴질수록 더욱 그렇다. 그럴 때 우리는 "헛되고 헛되며 헛되고 헛되니 모든 것이 헛되도다 해 아래서 수고하는 모든 수고가 사람에게 무엇이 유익한가"(전 1:2-3)라고 말했던 전도서 기자의 심정을 경험적으로 이해하게 된다.

시간의 빠른 흐름을 느낄 때마다 '한 번뿐인 인생을 보람되게 살려면 어떻게 살아야 하는가?'라는 물음이 저절로 나온다. 실제로, 어떻게 하면 나이 들어가는, 더 정확히는 죽음을 향해 가는 우리의 삶을 후회 없이 보람되게 살 수 있을까? 조지 스위팅(George Sweeting)은 『멋지게 나이 드는 기쁨』(The Joys of Successful Aging: Finishing with Grace)에서 이렇게 말한다. "삶에 지속적으로 참여하는 것은 멋지게 나이 드는 일에서 아주 중요한 요소가 된다."

그러면 멋지게 나이 들어가려면 "어떤 삶"에 지속적으로 참여해야 하는가? 이 물음을 제기하면서 지금은 고인이 된 백발에 주름진 얼굴의 빌리 그래함 목사를 떠올린다. 그리고 이렇게 답한다. '다름 아닌,

복음과 함께 나이 들어가는 삶입니다.' 왜냐하면 그는 실제로 복음과 함께 나이가 들어갔고 결국에는 하나님의 품으로 안겼기 때문이다. 그것은 또한 성서가 전하는 중심 메시지이다.

청년 바울, 노년 바울

성서에서 복음과 함께 나이 들어가는 삶을 살았던 대표적인 사람 중에 사도 바울이 있다. 그는 복음과 더불어 새로운 삶을 시작할 때의 삶의 태도를 이렇게 고백했다. "내가 달려갈 길과 주 예수께 받은 사명 곧 하나님의 은혜의 복음을 증언하는 일을 마치려 함에는 나의 생명조차 조금도 귀한 것으로 여기지 아니하노라"(행 20:24). 이 고백은 그가 3차 전도여행을 마치고 "환난과 결박"이 그를 기다리고 있던 예루살렘으로 갈 때 밀레도에서 에베소 교회 장로들 앞에서 한 말이다. 그러나 이 고백은 그가 다메섹 도상에서 그리스도를 만나고 복음을 위해 부르심을 받았을 때부터 지녔던 복음을 향한 마음가짐이라고 말할 수 있다. 그리고 나이 들어 복음과 함께 한 사역과 삶을 마쳐갈 즈음에는 이렇게 고백했다. "나는 선한 싸움을 싸우고 나의 달려갈 길을 마치고 믿음을 지켰으니 이제 후로는 나를 위하여 의의 면류관이 예비되었으므로 주 곧 의로우신 재판장이 그 날에 내게 주실 것이며 내게만 아니라 주의 나타나심을 사모하는 모든 자에게도니라"(딤후 4:7-8).

젊은 시절의 사도 바울과 노년의 사도 바울을 묶어주는 띠는 "예수 그리스도의 복음"이다. 복음은 그의 인생의 목표였으며 자랑이었다. 그가 예수 그리스도를 만나기 전에는 사울이었다. 그 때에 그는 청년으로서(행 7:58) 율법에 헌신하는 삶을 살았다(빌 3:5-6). 그러나 그는 다메

섹으로 가는 도상에서 자신이 핍박하던 예수 그리스도를 만나면서 인생이 전부 바뀌었다. 바울은 예수 그리스도를 처음 만나 그분의 음성을 들었을 때 "땅에 엎드러"졌다(행 9:4). 그가 땅에 엎드렸다는 것은, 그는 예수 그리스도께 복종했다는 것이다. 그는 율법을 위해 살던 삶에서 예수 그리스도와 그분의 복음을 위해 사는 삶으로 회심한 것이다. 그리고 예수 그리스도로부터 받은 사명을 따라 평생 예수 그리스도의 복음과 함께 복음을 위해 살았다.

복음과 함께 살아간 그의 삶은 기쁨의 삶이었다. 종종 복음 때문에 많은 고난과 어려움을 겪어야 했지만, 바울은 복음과 함께 그 모든 것을 감내할 수 있었다. 그는 이렇게 썼다.

> 내가 수고를 넘치도록 하고 옥에 갇히기도 더 많이 하고 매도 수없이 맞고 여러 번 죽을 뻔하였으니 유대인들에게 사십에서 하나 감한 매를 다섯 번 맞았으며 세 번 태장으로 맞고 한 번 돌로 맞고 세 번 파선하고 일 주야를 깊은 바다에서 지냈으며 여러 번 여행하면서 강의 위험과 강도의 위험과 동족의 위험과 이방인의 위험과 시내의 위험과 광야의 위험과 바다의 위험과 거짓 형제 중의 위험을 당하고 또 수고하며 애쓰고 여러 번 자지 못하고 주리며 목마르고 여러 번 굶고 춥고 헐벗었노라 이 외의 일은 고사하고 아직도 날마다 내 속에 눌리는 일이 있으니 곧 모든 교회를 위하여 염려하는 것이라…내가 부득불 자랑할진대 내가 약한 것을 자랑하리라 주 예수의 아버지 영원히 찬송할 하나님이 내가 거짓말 아니하는 것을 아시느니라. (고후 11:23-28, 30-31)

그는 복음 때문에 많은 고난을 당했지만 역설적이게도 복음 때문에 기뻐할 수 있었다. 그는 말년에 감옥에서 빌립보 교인들에게 이렇게 썼다. "주 안에서 항상 기뻐하라 내가 다시 말하노니 기뻐하라 너희 관용을 모든 사람에게 알게 하라 주께서 가까우시니라"(빌 4:4-5). 복음과 함께 나이 들어가면서 기쁘게 살았던 사도 바울이 사랑하는 주의 성도들에게 하는 당부다. 진정으로 복음과 함께 살아가는 사람이라면 누구나 동일한 고백을 할 수 있게 된다. 그것이 복음이 지닌 특성이기 때문이다.

우리도 복음과 함께 나이 들어가자

복음과 함께 하는 삶에는 결코 후회함이 없다. 오히려 기쁨이 있고 의미가 있다. 구원이 있고 영생이 있다. 그래서 복음의 일꾼 사도 바울은 복음을 부끄러워하지 않고 오히려 자랑했다. "내가 복음을 부끄러워하지 아니하노니 이 복음은 모든 믿는 자에게 구원을 주시는 하나님의 능력이 됨이라 먼저는 유대인에게요 그리고 헬라인에게로다 복음에는 하나님의 의가 나타나서 믿음으로 믿음에 이르게 하나니 기록된바 오직 의인은 믿음으로 말미암아 살리라 함과 같으니라"(롬 1:16-17).

복음은 좋은 소식을 말한다. 그리고 복음의 핵심은 예수 그리스도이다. 그러면 왜 예수 그리스도가 복음의 핵심인가? 예수 그리스도는 하나님이 이 세상을 구원하시기 위해 이 세상에 보내신 그분의 아들이기 때문이다(마 1:21; 요 3:16-17). 하나님의 아들 예수 그리스도는 십자가에 달려 죽으심으로 우리를 죄와 사망에서 그리고 영원한 심판에서 구원하시고 영생을 주신다. 그러므로 누구든지 예수 그리스도를 믿고 영접하면 하나님의 구원을 받고 영원한 생명을 얻고 복된 삶을 살 수 있게 된다. 복음과 함께 멋지게 나이 들어가는 삶을 살 수 있게 되는 것이다.

그러나 복음과 함께 나이 들어가다 보면 사도 바울이 경험했던 것처럼 복음 때문에 어려움을 당하게도 된다. 그리고 복음과 상관없을지라도 인간으로서 당하게 되는 어려움도 있다. 다시 말해서, 하나님과 함께 그리고 복음과 함께 살아간다 해도 우리의 삶에는 어려움이 있을 수 있는 것이다. 하지만 그것마저도 우리의 삶이다. 더욱이 우리의 모든 삶은 하나님의 돌보시는 손길 안에 있기에 우리의 삶은 늘 희망적이며 어려움이 유익하게 작용하기도 한다. 궁극적으로는 하나님의 역사하시는 능력 안에서 "모든 것이 합력하여 선을" 이루게 된다(롬 8:28).

스위팅은 이렇게 말한다.

> 10대 시절에 나는 건강에 대해 별 관심이 없었다. 하지만 질병은 나에게 내 몸에 귀 기울이는 법을 가르치고 생명 구조원의 역할을 해 주었다. 오래 살고 싶으면 젊은 시절에 병에 걸릴 필요가 있다는 말이 있다. 그 말을 믿는 것은 아니지만, 나는 암 덕분에 나의 인간적인 연약함과 건강에 필요한 몇 가지 핵심 요소들에 눈을 떴다. 나는 일생 동안 나를 위협해 온 고환암에 진심으로 감사한다. 그로 인해 배운 것이 참으로 많다. 59세 때 내 몸에서 또 다시 암세포가 발견되었다. 이번

에는 전립선암이었다. 나는 또다시 30차례의 방사선 치료를 받아야 했다…내가 독자들에게 이런 이야기를 하는 이유는 첫째로, 내가 그 경험을 통해 암이 곧 죽음을 의미하지 않는다는 것을 배웠기 때문이고, 둘째로, 비록 질병과 고통의 참화를 경험하기는 했지만, 나는 그 모든 것을 통해 몇 가지 유익한 것들과 많은 기쁨을 얻었기 때문이다.

실제로, 우리에게 다가오는 삶의 어려운 순간들이 우리에게 유익이 되기도 한다. 또한 그것들을 통해 삶에 대한 새로운 통찰을 얻게도 된다. 복음과 함께 라면 더욱 그렇다. 하나님이 우리와 함께 하시면서 우리를 지켜주시기 때문이다.

인간의 삶에서 복음과 함께 나이 들어가는 것만큼 복되고 아름다운 삶은 없다. 그러므로 더 나이 들기 전에 그리고 하나님의 마지막 부르심을 받기 전에 복음과 함께 살아가는 삶을 선택하자. 그리고 복음과 함께 나이 들어가자. 복음을 위해 살아가자.

복음을 위해 사는 것은 복음에 참여하는 것이다(고전 9:23). 복음에 참여하는 삶에는 하나님 나라에서의 영원한 생명이 있다. 어느 날 그 영광의 시간이 우리에게 있다. 복음과 함께 기쁘게 나이 들어가다 보면 그 시간에 이를 것이다. 그러므로 날마다 복음과 함께 하나님의 사람으로 복되고 기쁘게 살아가자.

25장

하나님은 다르게도 인도하신다

사람은 저마다 긍정적이든 부정적이든 살아가는 이유를 갖고 산다. 이루고자 하는 인생의 목표를 정하고 그것을 향해 열심히 살아가는 것도 하나의 이유이고, 생에 대한 특별한 의욕이 별로 없는데도 태어났으니까 그냥 사는 것도 하나의 이유가 된다.

그런데 어떤 이유로 살든지 간에 문제는 사는 것이 쉽지 않을 뿐만 아니라 마음대로 되지 않는다는 데 있다. 인생은 녹록하지 않다. 어렵다. 때로는 이해하기 어렵고 감당하기 힘든 일들이 찾아들기도 한다.

이런 점은 삶을 진지하게 받아들이고 보람되고 의미 있게 살아가려는 사람에게는, 특히 하나님의 섭리와 인도를 믿고 살아가는 사람에게는 문제가 된다. 신앙의 걸림돌이 되기도 한다. 어차피 막사는 사람에게는 그것을 운명으로 받아들이고 대충 해결할 것이니 그리 큰 문제가 되지 않을 수 있다. 그러나 삶을 다른 차원에서 보는 사람에게는 자신이 생각하는 의미 있는 삶을 위해 뜻하지 않은 인생의 곤경은 넘어야 할 산이고 건너야 할 강이다. 그래서 그런 것은 아픔이 되고 고민거리가 된다.

인생의 계획

삶에서 보람과 의미를 추구하며 사는 사람은 대부분 자신의 인생에 대한 특정한 계획을 가지고 산다. 계획은 나침반과 같아서 한 사람이 나아갈 길을 이끌어주는 역할을 한다. 그래서 계획이 없는 삶은 대부분 발전이 없다. 인생에 계획이 없다면 삶의 방향을 잃어버리기 쉽다. 반면에 인생의 계획을 갖고 산다면 인생의 계획을 이루기 위해 많은 수고를 아끼지 않아야 하고, 그 계획을 성취하는 데 걸림이 되는 장애물들을 극복하는 어려움을 감내해야 한다. 그래야 좋은 결과를 얻을 수 있게 된다.

일반적으로 한 사람에게 있어서 계획은 그가 갖는 꿈에 따라 세워지며, 또 그의 생의 의미와도 관계가 있다. 그래서 자신의 계획을 이루는 데 차질이 생길 때, 그는 좌절을 경험하게 되고 삶은 고통스럽게 된다. 이것은 신앙인이든 비신앙인이든 별반 차이가 없다. 신앙인에게 다른 점이 있다면, 그 사람은 그런 상황 가운데에서 하나님의 뜻과 계획이 무엇인지를 구하게 된다는 것이다. 그리고 그에 따라 행한다는 것이다.

패커는 우리의 삶과 관련하여 하나님의 인도의 문제를 다루면서 이렇게 말한다. "하나님의 인도가 실재한다는 믿음은 두 가지 기초적인 사실에 의거하고 있다. 첫째는 우리를 위한 하나님의 계획이 실재한다는 것이며, 둘째는 하나님이 우리와 의사소통을 하실 수 있다는 것이다. 성서는 이 두 사실 모두에 대해 많은 것을 말해준다." 이처럼 하나님은 우리를 향한 인생계획을 가지고 계시며, 우리는 하나님과 대화하면서 그 계획을 찾고 그 계획에 따라 인생길을 걸어갈 수 있다.

실제로, 신앙인과 비신앙인을 구분 짓는 특징 중 하나는 삶에서 하나님의 뜻과 인도를 구하며 사느냐 그렇지 않느냐 하는 것이다. 그리고 참된 하나님의 사람은 자신의 계획보다 하나님의 계획을 더 존중하며 자신의 계획을 하나님의 계획에 맞춘다는 것이다. 그것이 우리가 믿음의 선배들의 삶에서 보고 배울 수 있는 바른 신앙의 태도이고 모습이다.

바울과 칼빈

사도 바울은 사도행전 16장 6-10절에서 이렇게 말한다.

> 성령이 아시아에서 말씀을 전하지 못하게 하시거늘 그들이 브루기아와 갈라디아 땅으로 다녀가 무시아 앞에 이르러 비두니아로 가고자 애쓰되 예수의 영이 허락하지 아니하시는지라 무시아를 지나 드로아로 내려갔는데 밤에 환상이 바울에게 보이니 마게도냐 사람 하나가 서서 그에게 청하여 이르되 마게도냐로 건너와서 우리를 도우라 하거늘 바울이 그 환상을 보았을 때 우리가 곧 마게도냐로 떠나기를 힘쓰니 이는 하나님이 저 사람들에게 복음을 전하라고 우리를 부르신 줄로 인정함이러라.

이 말씀에 따르면, 사도 바울은 아시아로 가서 복음을 전하기 원했다. 그러나 하나님의 영이 그의 가는 길을 막았다. 그 대신에 마게도냐로 가서 그곳에서 복음을 전하게 했다. 여기에서 볼 수 있듯이, 하나님을 위한 일에서도 우리의 계획과 하나님의 계획이 다를 수 있다. 이런 경우에 한 가지 분명한 것은 하나님의 계획이 우리의 계획에 우선한다는 것이다. 우리는 하나님과 그분의 나라를 섬기기 위해서 부름을 받았고 그분을 위해 존재하기 때문이다.

사도 바울은 이런 상황에서 자신의 계획을 버리고 성령의 인도를 따랐다. 그는 자신이 예수 그리스도의 복음을 위해 부름을 받은 사람이라는 것을 잘 알고 있었기 때문이다. 그는 언제나 하나님의 생각보다 자기 생각을 앞세우지 않았다. 그는 오직 하나님을 기쁘시게 하는 삶에 관심이 있었다. "오직 하나님께 옳게 여기심을 입어 복음을 위탁받았으니 우리가 이와 같이 말함은 사람을 기쁘게 하려 함이 아니요 오직 우리 마음을 감찰하시는 하나님을 기쁘시게 하려 함이라"(살전 2:4).

사도 바울은 예수 그리스도 안에서 하나님의 부르심에 철저히 순종하는 삶을 살고자 했다. 그로 인해 그는 충실한 믿음의 사람, 복음을 위한 하나님의 일꾼이 될 수 있었다.

기독교의 역사에 길이 남는 교회개혁자(개인적으로는 '종교개혁'이란 말보다는 '교회개혁'이란 말이 더 적절하다고 여겨진다. 당시 타락한 것은 교회였지 종교가 아니었기 때문이다. 그래서 여기서는 종교개혁이란 말 대신에 교회개혁이란 말을 사용한다) 존 캘빈(John Calvin)은 1530년대 초 기독교로 개종했다. 그 당시 이미 박식한 학자요 저자로서 캘빈은 공적인 삶에서 물러나 조용히 학문 연구에 매진할 계획을 하고 있었다. 1536년에 그는 스트라스부르크를 여행하는 동안 전쟁을 피하기 위해 제네바를 통해 우회하지 않으면 안 되었다. 캘빈은 계획에는 없었지만 어쩔 수 없이 제네바에 머무르게 되었다.

그 때에 교회개혁자 중 한 사람이었던 파렐(Farel)이 그 소식을 듣고 그가 묵고 있던 숙소를 찾았다. 그리고는 당시 막 시작된 개혁교회를 위해 함께 일하자고 요청을 했다. 그러나 캘빈은, 그것은 자신의 계획 안에 있는 것이 아니었기 때문에 단호하게 거절했다. 파렐이 압력을 넣어가면서 여러 차례 요청했지만, 캘빈은 계속해서 거절했다. 마지막으로 파렐은 만일 캘빈이 그곳에 남아 그 일을 돕지 않는다면 하나님께서 그를 저주할 것이라고 말했다. 결국 캘빈은 그의 제안을 받아들여 그곳에서 남은 인생을 보내면서 하나님의 말씀을 전했고 교회개혁과 사회개혁을 이끌었다. (Gerald Sittser)

제네바에 머무르면서 하나님의 일을 하는 것이 캘빈 자신의 인생계획은 아니었지만, 그는 하나님의 사람을 통해 온 요청을 받아들임으로써 하나님과 그분의 나라를 위해 크게 쓰임을 받는 삶을 살 수 있었다. 캘빈의 영향력은 그때뿐만 아니라 지금까지도 계속되고 있다. 만일 캘빈이 파렐의 요청을 끝까지 거절했다면, 아마도 교회의 역사는 다르게 쓰였을지도 모른다. 더욱이 하나님께 그토록 크게 쓰임을 받지도 못했을 것이고 우리는 그의 이름을 기억하지도 못했을 것이다.

제럴드 싯처는 그의 이런 삶과 관련하여 이렇게 말한다. "캘빈의 인생의 진로는 그가 계획했던 것이 아니다. 그것은 그가 원한 것도 아니다. 그것은 그가 기도했던 것도 아니다. 그러나 그것은 그에게 주어진 것이다. 이상하게 들릴지 모르지만, 그것은 그가 절대로 기도하지 않은 기도에 대한 하나의 응답이었다." 캘빈을 향한 하나님의 계획은 자신의 삶에 대한 캘빈 자신의 계획보다 크고 깊었다. 하나님은 그를 하나님의 특별한 계획안에 두셨고 그것을 위해 그를 사용하시기 원했다. 그리고 하나님의 이런 계획은 그의 응답을 통해 아름답게 꽃을 피우게 되었다.

우리에게도 현실적으로는 우리가 원하지는 않지만 믿음 안에서 하나님의 계획을 따라야 하는 경우가 있다. 때에 따라 하나님은 자기 뜻을 이루기 위해 우리의 삶을 우리가 원하는 대로가 아닌 그분 자신이 원하는 대로 인도해 가시기 때문이다. 하나님은 우리의 계획이나 기도와 다르게 인도하시기도 한다. 패커는 하나님의 인도하심의 이러한 면을 이렇게 표현한다. "조만간에, 우리를 어두움에서 빛으로 이끌고 나온 하나님의 인도는 또한 우리를 빛에서 어두움으로 이끌고 갈 것이다." 그런 경우에 하나님의 계획을 따르는 것은 우리 자신의 계획을 포기하는 것을 뜻하기에 고통스러울 수 있다. 그러나 그것은 하나님께는 아름다운 헌신이 된다. 그리고 그 헌신은 하나님의 구속 이야기 속에 아름다운 한 장을 장식하게 된다. 따라서 하나님의 뜻과 계획에 따라 살아가는 것은 대단히 복되다.

하나님의 섭리와 인도를 신뢰하면서

하나님의 사람들은 인생에 대한 분명한 계획이 있어야 한다. 그리고 그 계획은 하나님과 관계가 있어야 한다. 사도 바울은 이렇게 말한다. "너희 안에서 행하시는 이는 하나님이시니 자기의 기쁘신 뜻을 위하여 너희에게 소원을 두고 행하게 하시나니"(빌 2:13). 그리고 예수님은 "너희는 먼저 그의 나라와 그의 의를 구하라 그리하면 이 모든 것을 너희에게 더하시리라"(마 6:33)고 말씀하셨다. 그리스도인의 계획은 기본적으로 그리고 궁극적으로 하나님을 섬기는 것이어야 한다는 것이다.

하나님은 우리 안에서 행하신다. 자신의 영을 통해 우리 안에서 역사하신다. 하나님이 성령을 통해 우리 안에서 행하실 때, 기본적으로 하나님은 자기 백성의 마음에 하나님이 기뻐하시는 소원을 주고 행하게 하신다(빌 2:13). 저마다 소명과 재능에 따라 사명을 주시고 삶의 길을 걸어가도록 자유를 주신다. 그러나 사도 바울과 칼빈의 경우에서처럼, 어떤 경우에는 특별한 일을 하도록 하나님이 부르시기도 한다. 이것은 하나님의 뜻과 계획은 우리의 그것과 다를 수 있다는 것을 의미한다. 그래서 우리는 우리의 계획을 세울 때 기도하면서 하나님의 말씀과 뜻을 기초로 하되, 하나님의 역사에 우리의 삶과 계획을 개방해 놓을 필요도 있다.

하나님은 인도하시는 하나님이다. 그러나 그 인도는 사람에 따라 다르며 우리를 향한 하나님의 계획에 따라 다르다. 하나님은 우리가 기도한 대로 인도하시기도 하지만, 우리가 기도한 대로 인도하지 않으실 때도 있다. 하나님은 다른 방식으로 응답하시기도 하는 것이다.

우리가 하나님의 뜻과 계획을 따라 행할 때 중요한 것은 하나님의 섭리와 그분의 인도를 철저하게 신뢰하는 것이다. 하나님의 인도에는 크게 두 가지의 원칙 또는 원리가 있다고 여겨진다. 하나는, 시편 23편에서 보듯이 하나님은 궁극적으로 우리를 좋은 곳으로 인도하신다는 것이다. 다른 하나는, 아브라함과 여러 믿음의 사람들의 경우에서 보듯이 하나님은 우리를 하나님 자신의 계획에 따라 인도하신다는 것이다. 하나님의 계획과 인도는 정확하다. 그런데 그 두 가지에는 두 가지의 공통점이 있다. 하나는, 하나님의 인도는 하나님의 뜻을 이루는 것과 관계가 있다는 것이다. 다른 하나는, 우리 각자가 하나님과 함께 그 과정을 감내해가야 한다는 것이다. 그런 삶을 통해 하나님의 나라가 확장되며 우리의 삶이 하나님과 그의 나라를 위한 도구가 된다.

우리에게는 우리를 부르신 분이 계시다. 우리를 지으시고 구속하신 하나님이다. 그 하나님은 오늘도 우리를 인도하신다. 그러나 다시금 기억할 것은, 하나님은 우리를 인도하실 때 우리의 계획에 맞춰 인도하시는 것이 아니라는 것이다. 하나님은 자신의 계획에 맞게 우리를 인도하신다. 그러므로 오늘 하루도 그리고 날마다 그분의 인도하심을 구하면서 믿음 안에서 하나님과 동행하는 삶을 살아가야 하겠다.

26장
영적 자존심을 지켜라

살다 보면 뜻하지 않게 다른 사람들로부터 무시를 당하거나 자존심에 상처를 입는 경험을 하게 된다. 누구에게나 그런 경험은 유쾌하지 않다. 어떤 경우에는 문제가 생기기도 한다. 무시를 당하면서 즐거워할 사람은 없기 때문이다.

자존심은 남에게 굽히지 않고 자신의 위엄을 세우려는 마음을 말한다. 그래서 자존심을 지키려면 먼저 자존감을 지녀야 하고 그러려면 자신에 대한 분명한 이해와 자기를 존중하는 마음이 필요하다. 자신부터 자신을 존중할 수 있어야 다른 사람들로부터 존중받는 것을 기대할 수 있기 때문이다.

그런데 불행하게도 어떤 경우에는 자신의 야망이나 이익을 위해 스스로가 자신의 자존심을 저버리기도 한다. 그럴 경우에 스스로 비굴하게 되고 자기 자존심에 상처를 입히는 것이 된다. 그래서 그런 경우에는 비록 자신이 얻고자 하는 것을 얻었다 하더라도, 그 사람은 자아와 인간성을 상실하게 되고 내적으로도 상처를 입게 된다. 어떤 것과 자신의 인격을 맞바꾼 것이기 때문이다.

우리는 그런 예를 에서의 경우를 통해서 보게 된다. 에서는 자신의 굶주린 배를 위해 동생 야곱에게 팥죽 한 그릇에 장자권을 팔았다(창

25:29-34). 그러나 더 근본적으로는 에서는 먹을 것 하나에 자신의 자존
감과 영예를 판 것이고 자기와 자신의 신분을 판 것이다.

신앙과 자존심

영적인 면에도 자존심이 있다. 영적 자존심이다. 그것은 하나님에게
서 온다. 하나님에 근거한다. 그래서 영적 자존심은 하나님의 사람만
이 가질 수 있는 것이다. 그렇다고 하나님의 사람이라고 해서 모든 사
람이 이 영적 자존심을 지키는 것은 아니다. 신앙인 중에는 자기의 유
익을 위해서 영적 자존심에 대해 전혀 개의하지 않는 사람들도 있다.

사도 바울은 디모데를 향해 "너 하나님의 사람아"(딤전 6:11)라고 불렀
다. 그것은 또한 모든 그리스도인과 관계가 있는 말이다. 그리스도인
의 정체성의 핵심은 "하나님의 사람"이다. 하나님의 자녀이다. 예수님
은 자기를 따르는 사람들의 정체성과 역할과 관련하여 "너희는 세상
의 소금"과 "빛"(마 5:13-14)이라고 규정했다. 하나님의 사람은 세상의 소
금이고 빛이다. 이것은 허물 많은 죄인인 우리를 향한 놀라운 선언이
다. 우리는 본래 하나님께 가까이할 수 없는 부정하고 죄 많은 인생이
지만 예수 그리스도를 통해 하나님을 믿는 믿음 안에서 특별한 신분
을 얻게 된다. 세상 누구도 줄 수 없고 스스로 얻을 수도 없는, 오직 하
나님만이 주시고 선언하실 수 있는 영적 신분, 곧 하나님의 사람이라
는 신분이다.

자존심이 존중받으려면 먼저 스스로 그것을 지킬 줄 알아야 한다.
지키지 않는 자존심은 상하게 되고 추해진다. 이것은 신앙에서도 마
찬가지이다. 하나님의 사람이 세상과의 관계에서 영적 자존심의 가치

를 망각할 때, 영적 자존심은 구겨지고 망가지게 된다. 그런 이유로 그리스도인은 자신의 영적 신분에 대한 분명한 이해를 토대로 늘 영적 자존심을 지키며 살려고 해야 한다. 세상이 주는 것을 아무렇지 않게 덥석 받아먹는 그런 삶은 버려야 한다. 신앙생활마저 세상의 방식으로 해가는 그릇된 방식을 벗으려고 해야 한다. 당장 자신에게 유익이 되고 이익을 얻는다고 해서 신앙인으로서 자존심을 저버리는 그런 경우는 없어야 한다.

그런데 불행하게도 실제로는 오늘날 적지 않은 교인들이 사회생활과 융통성이란 이름으로 대수롭지 않게 하나님의 사람으로서의 자존심을 쉽사리 팽개치며 사는 것도 사실이다. 세상에 믿음을 저버리며 살아가는 것이다. 예수님은 이렇게 말씀하셨다. "누구든지 사람 앞에서 나를 시인하면 나도 하늘에 계신 내 아버지 앞에서 저를 시인할 것이요 누구든지 사람 앞에서 나를 부인하면 나도 하늘에 계신 내 아버지 앞에서 저를 부인하리라"(마 10:32-33). 예수님과 하나님을 시인하거나 부인하는 것은 말에만 한정되는 것이 아니다. 행동과 삶에도 해당이 된다. 우리가 믿음을 저버리고 영적 자존심을 팽개치면, 그것은 예수님과 하나님께 바르지 못하며 받아들여질 수도 없다. 예수님은 마지막 날에 그런 사람들을 향하여 "내가 너희를 도무지 알지 못하니 불법을 행하는 자들아 내게서 떠나가라"(마 7:23)고 하실 것이다. 예수님은 그런 사람들을 존재론적으로는 아시지만(그들을 지으신 창조자이시기에) 관계적으로는 알지 못한다(자신을 부인하고 거부하기에).

그리스도인에게는 세상보다는 하나님을 두려워하는 마음이 있어야 한다. 그래서 예수님은 이렇게 권면하셨다. "몸은 죽여도 영혼은 능히 죽이지 못하는 자들을 두려워하지 말고 오직 몸과 영혼을 능히 지옥에 멸하실 수 있는 이를 두려워하라"(마 10:28). 이것은 단순히 위협이 아니라 생명과 삶을 위한 가르침이다. 우리에게는 진정 하나님을 두려워하는 마음이 필요하다. 예수님의 가르침을 따르면 예수님으로부터 인정을 받고 영원한 생명을 얻게 된다.

요셉과 다니엘의 영적 자존심

많은 경우에 이스라엘 백성은 쉽사리 영적 자존심을 저버렸다. 그들은 광야에 있을 때 하나님 대신 우상을 만들어 섬겼고 가나안 땅에 들어가서는 이방 신들을 섬김으로써 영적 간음을 자행하곤 했다. 하나님을 섬기는 믿음보다는 자신들의 이익을 먼저 생각했기 때문이다. 그런 행위는 하나님 보시기에 악하고 죄로 여겨졌다. 그리고 그것은 이스라엘 민족이 바벨론에 의해 멸망하고 포로가 되는 원인과 이유가 되었다.

그러나 하나님의 백성 중에는 목숨을 내걸면서까지 영적 자존심을 지키며 살았던 사람들도 있었다. 그런 사람 중의 한 사람이 요셉이다. 요셉은 애굽의 노예로 팔려간 후에 바로의 시위 대장 보디발의 노예가 되었다. 하나님은 그를 통해 보디발의 집에 복을 주셨고, 보디발은 요셉을 전적으로 신임하여 집안의 모든 일을 그에게 맡겼다.

그러던 중에 보디발의 아내가 그를 유혹하게 되었다. 그 때에 요셉은 자신을 유혹하는 주인의 아내를 향해 이렇게 말했다. "내 주인이 집 안의 모든 소유를 간섭하지 아니하고 다 내 손에 위탁하였으니 이 집에는 나보다 큰 이가 없으며 주인이 아무 것도 내게 금하지 아니하였어도 금한 것은 당신뿐이니 당신은 그의 아내임이라 그런즉 내가 어찌 이 큰 악을 행하여 하나님께 죄를 지으리이까"(창 39:8-9).

여기에서 생각해 볼 것 두 가지가 있다. 하나는, 요셉은 자신의 주인과 자신에게 맡겨진 일에 충실했다는 것이다. 요셉은 자신이 해야 할 일과 자신이 하지 말아야 할 일을 정확히 구분했고, 사신이 해야 할 일에 대해서는 최선을 다해 수행했지만 자신이 하지 말아야 할 일에 대해서는 확실하게 하지 않았다. 그것은 자신을 신뢰하는 주인에 대한 도리였다. 우리의 삶에도 이런 모습이 있어야 한다.

그뿐 아니라 그는 자신의 행동을 하나님과 관련하여 이해했다. 왜냐하면 그는 '하나님의 사람'이었기 때문이다. 그는 행동의 기준으로 다른 사람들을 생각하는 대신에 하나님을 먼저 그리고 절대적으로 생각했다. 그래서 그는 그 일이 하나님 앞에서 죄가 됨을 인식했고 그런 짓을 함으로써 하나님께 죄짓기를 원치 않았다. 그는 분명 인간적으로는 자신을 유혹하는 여주인을 통해 자기 야망을 이루어 갈 수도 있었다. 그러나 그는 하나님의 사람으로서 영적 자존심을 저버리지 않았다. 그는 세상의 방식을 선택하면서 높아지기보다는 하나님의 방식을 택하면서 낮아지고 경우에 따라 고난받는 것조차 감수했다. 그에게는 분명 자신보다는 하나님을 먼저 생각하는 거룩한 마음이 있었다. 그런 태도가 하나님의 사람으로서의 그의 삶을 지켜주었고, 하나님은 자신의 영광과 구원계획을 위해 그런 그를 높이고 귀하게 사용하셨다.

영적 자존심을 지키며 살았던 사람 중에 다니엘과 그의 친구들은 단연 탁월하다. 그들은 하나님 중심적으로 살았던 사람들로서 영적 자존심이 탁월했다. 그들은 영적 자존심을 자신들의 목숨보다 더 소중하게 여겼다.

　다니엘서 3장에는 느부갓네살 왕이 금으로 신상을 만들고는 모든 사람으로 그 신상에 절하도록 명하는 장면이 나온다. 그 때에 느부갓네살 왕은 누구든지 엎드려 절하지 않는 사람은 극렬히 타는 풀무에 던져넣으라고 명령했다. 그로 인해 모든 사람이 그 신상에 절했다. 하지만 다니엘과 그의 친구들은 그의 명령을 따르지 않았다. 하나님을 철저하게 믿는 그들로서는 그럴 수가 없었다.

　그러자 느부갓네살 왕은 그들을 앞에 불러 놓고 이렇게 말했다.

> 이제라도 너희가 준비하였다가 나팔과 피리와 수금과 삼현금과 양금과 생황과 및 모든 악기 소리를 들을 때 내가 만든 신상 앞에 엎드려 절하면 좋거니와 너희가 만일 절하지 아니하면 즉시 너희를 맹렬히 타는 풀무불 가운데에 던져 넣을 것이니 능히 너희를 내 손에서 건져낼 신이 누구이겠느냐. (단 3:15)

이에 다니엘과 그의 친구들은 이렇게 대답했다.

> 느부갓네살이여 우리가 이 일에 대하여 왕에게 대답할 필요가 없나이다 왕이여 우리가 섬기는 하나님이 계시다면 우리를 맹렬히 타는 풀무불 가운데에서 능히 건져내시겠고 왕의 손에서도 건져내시리이다 그렇게 하지 아니하실지라도 왕이여 우리가 왕의 신들을 섬기지도 아니하고 왕이 세우신 금 신상에게 절하지도 아니할 줄을 아옵소서. (단 3:16-18)

결국 그들은 타는 풀무 가운데 던져졌다. 하지만 '느부갓네살 왕의 손에서 건져내실 수 있는 신'이신 하나님이 그들을 보호하셔서 그들을 살게 하셨다. 그들을 그의 손에서 건져내신 것이다. 이처럼 다니엘과 그의 친구들에게는 영적인 거룩한 자존심이 있었고 목숨을 내어놓고서라도 그것을 지키려는 헌신적인 마음이 있었다.

반면에 가룟 유다는 그렇지 못했다. 그는 자신의 목적과 이익을 위해 제자로서의 자존심을 버렸다. 자신의 스승을 자신의 영달과 야망과 맞바꿨다. 그에게는 거룩한 자존심이 없었다.

예수님과 사도 바울의 영적 자존심

예수님은 영적 자존심의 모범이다. 예수님은 아버지 하나님 앞에서 영적 자존심을 지키는 일에 늘 철저했다. 예수님은 하나님의 나라를 위한 공적 사역을 시작하시기 전에 광야에서 사십일을 금식하셨다. 금식을 마치고 굶주려 있을 때, 사탄이 세 가지 유혹거리를 가지고 예수님에게 왔다. 그 때에 예수님은 말씀을 토대로 그 유혹을 물리치셨다(마 4:1-11).

예수님은 사역 기간에도 늘 영적 자존심을 지키며 사셨다. 사람들이나 종교 지도자들의 비위를 맞추지 않고 늘 아버지 하나님 중심적으로 하나님이 기뻐하시는 일을 하셨다. "나를 보내신 이가 나와 함께 하시도다 나는 항상 그가 기뻐하시는 일을 행하므로 나를 혼자 두지 아니하셨느니라"(요 8:29). '항상 하나님이 기뻐하시는 일을 행하는 것,' 이것이 바로 예수님의 삶의 방식이었다.

예수님의 하나님 중심적 삶은 예수님이 빌라도 앞에 섰을 때 더욱 분명하게 드러난다. 예수님을 십자가에 못 박으라는 군중의 말을 듣고서 빌라도는 예수님께 이렇게 말했다. "내게 말하지 아니하느냐 내가 너를 놓을 권한도 있고 십자가에 못 박을 권한도 있는 줄 알지 못하느냐"(요 19:10). 그러나 예수님은 그에게 목숨을 구걸하지 않았다. 예수님은 당당하게 이렇게 말씀하셨다. "위에서 주지 아니하셨더라면 나를 해할 권한이 없었으리니 그러므로 나를 네게 넘겨 준 자의 죄는 더 크다"(요 19:11). 늘 철저하게 영적 자존심을 지키며 사는 것이 쉽지는 않지만, 그럼에도 예수님은 처음부터 끝까지 영적 자존심을 중요하게 여기셨고 또 지키며 사셨다.

이런 모습은 사도 바울의 삶에도 있었다. 사도 바울은 예수 그리스도를 만나 복음을 받아들인 후에 예수 그리스도로부터 받은 사명을 마음에 새기고 평생 한길을 갔다. 그의 가슴속엔 언제나 하나님과 그분의 아들 예수 그리스도가 있었다. 그리고 그는 늘 사람이 아닌 하나님을 기쁘시게 하는 것에 관심이 있었다(살전 2:2-4). 그는 이렇게 말했다. "이제 내가 사람들에게 좋게 하랴 하나님께 좋게 하랴 사람들에게 기쁨을 구하랴 내가 지금까지 사람들의 기쁨을 구하였다면 그리스도의 종이 아니니라"(갈 1:10). 그는 하나님을 기쁘시게 하고 예수님을 기쁘시게 하기 위해 복음과 함께 고난도 기쁘게 받았다. 더욱이, 그는 고난을 받으면서도 자신의 안위보다는 교회를 염려하는 마음이 더 컸다(고후 11:28). 진정으로 충실하게 신앙의 길을 가는 사람은 누구나 그와 같이 살려고 노력한다.

영적 자존심을 지키며 살자

영적 자존심은 모든 그리스도인이 지니고 살아야 하는, 하나님을 향한 바른 신앙의 태도이다. 거룩한 자존심을 잃을 때, 우리는 맛을 잃고 쓸모가 없어 밖에 버려지는 소금과 같이 된다. 그런데도 우리는 너무나 쉽게 영적 자존심을 저버리는 경향이 있다. 세상이 주는 작은 만족을 위해, 세상에서의 작은 성공을 위해 그리고 나의 일시적인 이익을 위해 세상과 쉽게 타협함으로써 하나님의 은혜를 헛되게 한다. 교회를 통한 하나님의 구원계획보다 나의 종교적 필요나 개인적인 욕심을 채우는 것을 우선으로 생각하고 그렇게 행동한다. 그러나 그런 모습으로는 하나님을 기쁘시게 하지 못한다. 하나님께 제대로 쓰임을 받지도 못한다. 한결같은 모습이 없이 어떻게 성실하고 충실한 사람으로, 믿을 만한 사람으로 여겨질 수 있겠는가?

우리가 영적인 자존심을 지키며 살려면, 먼저 우리는 하나님의 사람, 하나님의 구원받은 자녀라는 사실을 늘 기억할 필요가 있다. 그것이 우리의 삶의 정체성이요 신분이다.

> 너희는 택하신 족속이요 왕 같은 제사장들이요 거룩한 나라요 그의 소유가 된 백성이니 이는 너희를 어두운 데서 불러내어 그의 기이한 빛에 들어가게 하신 이의 아름다운 덕을 선포하게 하려 하심이라 너희가 전에는 백성이 아니더니 이제는 하나님의 백성이요 전에는 긍휼을 얻지 못하였더니 이제는 긍휼을 얻은 자니라. (벧전 2:9-10)

이 얼마나 놀라운 말씀인가! 나 같은 한낱 미미하고 죄 많은 존재가 하나님의 은혜로 거룩한 하나님의 사람, 하나님의 백성이 되는 것에 어찌 감격하지 않을 수 있으랴! 하나님이 주시는 은혜는 분명 세상보다 달콤하다. 이루 말할 수 없이 크다.

그뿐 아니라 우리가 영적 자존심을 지키며 살려면, 우리는 우리의 마음과 삶에 하나님의 말씀을 두어야 한다(신 6:6-9). 그리고 우리의 소명을 되새겨야 한다(빌 3:12-14). 우리는 하나님께 영광을 돌리기 위해 이 땅에 있다. 그러므로 우리가 신앙생활을 해갈 때 나의 개인적인 만족이나 나의 종교적인 필요를 채우기보다는 하나님의 구원 사역을 먼저 생각하고 그 사역에 자신의 삶을 드리는 헌신이 있어야 한다. 그럴 때에만 우리는 하나님 앞에서 진정으로 하나님의 백성다운 삶을 살아갈 수 있게 된다.

27장
진리로 거룩하게

우리가 사는 세상은 세속화된 세상이다. 세속화의 중심에는 인간이 있다. 그래서 인간이 세상의 중심이 된다. 세속화된 사회는 인간 중심적인 사회이다. 그런 이유로 세속화된 사회에서 인간은 하나님(신)과 진리란 말을 언급하기 꺼려한다. 마치 예수님이 "무릇 진리에 속한 자는 내 소리를 듣느니라"(요 18:37)고 말씀하셨을 때 "진리가 무엇이냐"라고 반문했던 빌라도처럼, 오늘날 많은 사람도 그와 같이 묻는다.

그러나 세속화된 사회의 이런 성향에도 불구하고 인간은 본래 진리를 추구하는 존재이다. 그것은, 인간은 의미를 추구하는 존재라는 말과 같은 맥락에서 이해된다. 인간에게 의미는 마음에 깊이를 제공해 주고 삶을 지탱시켜 주는 중요한 요소 중 하나다. 인간은 의미 없이 삶을 살기 어렵다.

마찬가지로 진리 없이 인간은 깊이 있는 삶을 살 수 없다. 진리는 인간 됨의 바탕이며 우리의 삶을 심층 있게 해 주는 중요한 삶의 요소이기 때문이다. 그러므로 인간답고 깊이 있는 삶을 위해 인간은 진리에 대한 관심을 가져야 하며 또 진리를 알아야 한다.

예수 그리스도와 진리

예수님은 요한복음 8장 31-32절에서 이렇게 말씀하신다. "너희가 내 말(my teaching)에 거하면 참으로 내 제자(my disciples)가 되고 진리(the truth)를 알지니 진리가 너희를 자유롭게 하리라"(요 8:31-32). 여기에서 예수님은 두 가지 중요한 것을 말씀하신다. 하나는 제자 됨의 기준이다. 예수님은 자신의 참 제자가 되는 방법으로 자신의 말씀, 곧 자신의 가르침에 거하는 것을 든다. 말씀을 지키지 않고는, 자신의 가르침을 따르지 않고는 제자가 될 수 없다는 것이다. 이 말이 의미하는 바, 참 제자는 진정으로 스승의 말을 듣고 따르게 되어 있다는 점에서 당연하다. 엄밀한 의미에서 스승의 가르침을 따르지 않는 제자는 실제로 제자가 될 수 없다. 다른 하나는 진리를 알면 진리가 우리를 자유롭게 한다는 것이다. 진리는 우리의 자유로운 삶의 바탕이다. 그래서 진리를 모르고서 우리는 진정으로 자유로운 삶을 살 수 없다.

그러면 진리란 무엇인가? 존재의 근원을 말한다. 그래서 모든 진리는 존재의 근원에서 나온다. 모든 것에, 특히 인간에게 자유를 줄 수 있는 존재는 오직 모든 존재의 근원인 존재 그 자체이다. 존재의 근원은 누구인가? 존재 그 자체는 누구인가? 창조주 하나님이다. 시인은 이렇게 말한다. "땅과 거기에 충만한 것과 세계와 그 가운데에 사는 자들은 다 여호와의 것이로다"(시 24:1). 그러면 왜 존재하는 모든 것이 하나님의 것인가? 여호와 하나님께서 그 모든 것을 만드셨기 때문이다(창 1:1-2:3). 존재하는 모든 것이 존재 자체, 곧 절대 존재이신 하나님에게서 왔기 때문이다.

하나님은 진리이다(요 14:17; 15:16). 그분은 진리의 하나님이다(시 31:5;

사 65:16). 그리고 그분의 말씀이 진리이다(시 119:142, 151; 요 17:17; 엡 1:13).
더욱 놀라운 사실은 진리이신 하나님이 이 세상에 자신의 진리를 보
여 주셨다는 것이다. 그 특별한 진리는 누구인가? 예수 그리스도이다.
그래서 로버트 파즈미뇨(Robert W. Pazmiño)는 "기독교 신앙의 관점에서
진리의 궁극적 근원은 진리라고 주장했던 예수 그리스도의 인격에서
구체화된다. 예수님의 제자가 되려고 하는 사람들은 그 진리에 접근
할 수 있는 약속이 있다"라고 말한다.

　예수 그리스도는 하나님의 진리이다. 하나님이 그를 세상에 보내셨
기 때문이다(요 3:16-17). 예수님은 이렇게 말씀하셨다. "내가 곧 길이요
진리요 생명이니 나로 말미암지 않고는 아버지께로 올 자가 없느니
라"(요 14:6). 그래서 은혜와 함께 진리와 생명은 예수 그리스도로 말미
암는다(요 1:17). 이것이 우리가 예수 그리스도 안에 거하면 그분의 제자
가 될 뿐만 아니라 생명을 얻고 진리를 알게 되는 이유이다. 예수님이
가르치신 진리는 하나님의 진리이다. 하나님의 진리를 지니면 우리는
자유롭게 된다. 예수 그리스도 안에서 새로운 존재가 되는 것이다.

　그러면 우리는 진리를 알게 될 때 무엇으로부터 자유롭게 되는가?
온갖 얽매이기 쉬운 것들로부터 자유롭게 된다. 더 근본적으로는 죄
와 사망과 심판과 인생의 무의미에서 자유롭게 된다. 인간을 얽어매
는 가장 절망적인 것은 죄와 사망이다. 죄는 우리에게 사망과 심판을
가져다주고, 사망은 허무와 절망과 무의미를 가져다준다. 그러나 우
리가 예수 그리스도 안에 있으면, 우리는 죄와 사망과 심판과 무의미
에서조차도 자유로운 사람이 된다(요 5:24; 롬 8:1-2).

　우리는 진리에 매이지 않으면 다른 무엇인가에 매이게 된다. 다른

것에 매이는 것은 그것에 구속되는 것이다. 자유를 잃어버리는 것이다. 다른 것들에 구속되면 우리의 삶은 황폐해진다. 그러나 진리에 매이면 진리가 우리를 자유롭게 한다. 그것이 예수님의 말씀이다.

진리와 거룩

진리가 가능하게 하는 것이 또 하나 있다. 거룩한 삶이다. 진리 안에 있으면 거룩한 삶이 가능하게 된다. 거룩한 삶의 바탕은 진리이기 때문이다. 그래서 그리스도인의 삶의 특징 중 하나는 거룩이다. 거룩은 하나님의 사람과 그렇지 않은 사람을 구분 짓는 중요한 요소다. 스토트는 이렇게 말한다. "기독교적 삶은 거룩한 삶이다. 성서를 읽는 사람은 누구도 이것을 놓칠 수 없다. 만일 우리가 그리스도인이라면, 우리는 '거룩한 부르심으로' 부름을 받았다."

그리고 도널드 블러쉬(Donald G. Bloesch)는 이렇게 말한다.

우리는 그것[구원]을 오직 믿음에 의해서만 받으며, 믿음 그 자체는 우리 안에서 행하시는 성령의 사역이다. 그러나 우리가 일단 믿음을 갖게 되면, 우리는 선행(good works)의 삶으로 우리의 믿음을 입증하도록 요구받는다. 우리의 행위들은 우리의 구원을 가져오거나 초래하지는 않지만, 그것들은 우리의 구원이 진짜인지 아닌지를 보여 준다…우리의 목표는 기독교적 완전(Christian perfection)이다. 비록 우리는 결코 우리가 이러한 복 받은 상태에 이르렀다고 여기지 않아야 할지라도 말이다. 거룩은 죄와 죽음 그리고 악령에 대항하여 싸우는 끊임없는 투쟁이다.

진리 안에 거하면, 우리는 거룩한 삶을 살 수 있게 된다. 그래서 예수님은 이 세상을 떠나 아버지 하나님께로 가시기 전에 제자들을 위해 이렇게 기도하셨다.

내가 아버지의 말씀을 그들에게 주었사오매 세상이 그들을 미워하였사오니 이는 내가 세상에 속하지 아니함 같이 그들도 세상에 속하지 아니함으로 인함이니이다 내가 비옵는 것은 그들을 세상에서 데려가시기를 위함이 아니요 다만 악에 빠지지 않게 보전하시기를 위함이니이다 내가 세상에 속하지 아니함 같이 그들도 세상에 속하지 아니하였사옵나이다 그들을 진리로 거룩하게 하옵소서 아버지의 말씀은 진리니이다 아버지께서 나를 세상에 보내신 것 같이 나도 그들을 세상에 보내었고 또 그들을 위하여 내가 나를 거룩하게 하오니 이는 그들도 진리로 거룩함을 얻게 하려 함이니이다. (요 17:14-19)

우리가 하나님 안에 있으면 진리로 거룩하게 된다. 거룩한 삶은 죄악에 빠지지 않는 삶이다. 그렇게 되려면, 우리는 분명 하나님의 진리 안에 있어야 한다.

본래 거룩은 하나님의 속성으로 하나님께 속한 것이다. 그래서 거룩은 신적 용어이며 하나님만이 거룩하신 분이다. 그런데 하나님은 이스라엘 백성을 향하여 "나는 너희의 하나님이 되려고 너희를 애굽 땅에서 인도하여 낸 여호와라 내가 거룩하니 너희도 거룩할지어다"(레 11:45)라고 명하셨다.

그러면 거룩이 하나님의 영역임에도 불구하고, 우리는 어떻게 거룩하게 될 수 있는가? 믿음을 통해서이다. 인간은 거룩한 존재가 아님에도 불구하고 믿음을 통해 거룩하게 될 수 있고 거룩을 힘입을 수 있다. 믿음 안에 있으면 거룩하게 된다. 믿음 안에 있으면 말씀과 기도는 가치가 있고 신자 안에서 작용하게 된다. 그래서 말씀과 기도는 거룩의 또 다른 통로이다. 그런 이유로 바울은 디모데에게 이렇게 썼다. "하나님의 말씀과 기도로 거룩하여짐이라"(딤전 4:5).

그러나 그 거룩은 하나님의 절대 거룩과 구별되는 거룩이다. 오히려 그것은 '관계 안에 있는 거룩'이다. 곧 하나님의 거룩성에서 파생되는 거룩이다. 더글라스 윌슨(Douglas Wilson)은 이렇게 말한다. "피조물의 거룩은 파생적(derivative)이며, 우리는 하나님이 거룩하시기 때문에 (벧전 1:16) 거룩할 수 있다고 성서는 가르친다. 이스라엘의 모든 거룩함은 지성소(the Holy of Holies)로부터 나왔다." 그래서 우리가 하나님 안에 있으면 그리고 예수 그리스도 안에 있으면, 우리는 거룩하게 된다. 하나님의 거룩을 옷 입고 힘입게 되기 때문이다.

우리는 이것을 모세의 경우를 통해서 알 수 있다. 모세가 하나님의 산 호렙에서 양을 치던 중 가시떨기 나무에서 나오는 빛을 보게 되었다. 그것을 본 모세는 왜 가시떨기 나무가 타는지 궁금했다. 그래서 그곳으로 가까이 갈 때, 하나님께서 모세에게 "이리로 가까이 오지 말라 네가 선 곳은 거룩한 땅이니 네 발에서 신을 벗으라"(출 3:5)고 말씀하셨다. 어떻게 모세가 선 곳이 거룩한 땅일 수 있을까? 거룩하신 하나님이 계신 곳이기 때문이다. 거룩하신 하나님은 자신이 계신 곳을 거룩하게 하신다. 마찬가지로 거룩하신 하나님은 자신이 거하는 사람을 거룩하게 하신다. 사도 바울은 "너희는 너희가 하나님의 성전인 것과 하나님의 성령이 너희 안에 계시는 것을 알지 못하느냐 누구든지 하나님의 성전을 더럽히면 하나님이 그 사람을 멸하시리라 하나님의 성전은 거룩하니 너희도 그러하니라"(고전 3:16-17)고 말했다. 이것이 거룩하신 하나님과의 '관계를 통한 거룩'이 의미하는 바다.

진리와 그리스도인 그리고 교회

그리스도인의 삶은 진리와 함께 하는 삶이다. 그래서 그리스도인은 진리와 함께 살고 진리와 함께 죽는다. 진리와 함께 기뻐하고 진리와 함께 슬퍼한다. 진리와 함께 감사하고 진리와 함께 고통을 당한다. 이렇듯 그리스도인은 진리를 떠나서는 살 수 없고 늘 진리를 추구하며 진리와 함께 살아간다.

진리를 따라 사는 삶은 또한 거룩한 삶을 추구하며 사는 것이다. 진리와 거룩은 분리될 수 없기 때문이다(벧전 1:15; 엡 4:22-23). 진리를 따라 살려면 진리에 관심을 기울여야 한다. 거룩한 삶을 살려면 거룩한 삶에 관심을 기울여야 한다. 더욱 중요한 것은 진리가 우리 안에 있어야 한다. 진리 안에서 거룩하게 되려는 마음과 삶이 있어야 한다.

그리스도인들이 진리와 함께 거룩한 삶을 추구하며 사는 하나님의 사람들이라면, 하나님의 백성이요 그리스도의 몸으로서의 교회는 당연히 진리와 거룩의 공동체가 된다. 그리스도인은 예수 그리스도 안에서 하나님의 자녀이다. 하나님의 자녀는 하나님의 본성을 따른다(출 19:5-6; 벧전 2:9). 하나님은 우리를 거룩하게 하시려고 우리를 부르셨다(살전 4:7). 우리를 향한 하나님의 뜻은 우리의 거룩함이기 때문이다(살전 4:3).

우리 안에 하나님의 아들 예수 그리스도가 계시면, 우리는 진리의 사람이다. 우리 안에 우리 자신이 아닌 예수 그리스도가 사신다면, 우리는 거룩함을 얻는다(히 10:10). 진리요 거룩이신 예수님으로 인해서다. 그래서 우리는 성도, 즉 거룩한 백성이라고 불린다.

하나님에 대해, 진리에 대해 그리고 거룩한 삶에 대해 무관심한 이 타락하고 음란하고 죄 많은 세상에서 우리가 거룩한 삶을 살고 거룩한 상태를 유지하려면 우리에게 진리요 거룩이신 하나님과 함께 하는 삶이 필요하다. 그분의 말씀과 함께 하는 삶이 필요하고 기도가 필요하다(딤전 4:5). 그래서 예수님은 사랑하는 제자들을 두고 떠나시면서 하나님을 향해 "진리로 거룩하게" 해 달라고 기도하셨다.

예수님이 제자들을 위해 하신 기도는 믿음 안에서 오늘 우리를 위한 기도가 된다. 예수님은 우리를 향해서도 "진리로 거룩하게" 되기를 바라신다. 그것이 우리가 매일 매일 진리와 거룩을 추구하며 살아야 하는 이유이다. "범사에 헤아려 좋은 것을 취하고 악은 어떤 모양이라도 버리라 평강의 하나님이 친히 너희를 온전히 거룩하게 하시고 또 너희의 온 영과 혼과 몸이 우리 주 예수 그리스도께서 강림하실 때에 흠 없게 보전되기를 원하노라 너희를 부르시는 이는 미쁘시니 그가 또한 이루시리라"(살전 5:21-24).

28장

질적인 하나님

우리는 종종 "다다익선"이란 말을 사용하곤 한다. "많으면 많을수록 좋다"는 뜻이다. 그리고 그것은 사람들 대부분의 생각일 것이다. 적은 것에 만족할 사람은 많지 않을 것이기 때문이다. 아마도 이것은 "최대 다수의 최대 행복"을 표방하는 공리주의와도 맥을 같이한다고 볼 수 있다.

그러나 "다다익선"이란 말이 늘 옳은 것은 아니다. 많다고 해서 꼭 좋은 경우만 있는 것은 아니기 때문이다. 실제로, 우리가 사는 세상에는 적지만 좋을 수 있는 경우가 많이 있다. 믿음의 관점에서 보면 더욱 그렇다.

양보다 질을 더 중요시하는 하나님

하나님은 외모보다는 마음을 중시하시는 것(잠 21:2)처럼 양보다는 질을 중요시하신다. 하나님은 '양'의 하나님이 아니라 '질'의 하나님이다. 하나님은 이사야 선지자를 통해 이렇게 말씀하셨다.

너희의 무수한 제물이 내게 무엇이 유익하뇨 나는 숫양의 번제와 살진 짐승의 기름에 배불렀고 나는 수송아지나 어린 양이나 숫염소의 피를 기뻐하지 아니하노라 너희가 내 앞에 보이러 오니 이것을 누가 너희에게 요구하였느냐 내 마당만 밟을 뿐이니라 헛된 제물을 다시 가져오지 말라 분향은 내가 가증히 여기는 바요 월삭과 안식일과 대회로 모이는 것도 그러하니 성회와 아울러 악을 행하는 것을 내가 견디지 못하겠노라. (사 1:11-13)

하나님께는 의미 없는 무수한 것보다는 의미 있는 적은 것이 더 귀하게 여겨진다. 그것이 하나님 나라의 신학이고 원리이며 법칙이다(마 25:40; 눅 7:28).

하나님은 양적인 하나님이 아니라 질적인 하나님, 곧 양보다는 질을 중시하신다는 사례들이 성서에는 많이 있다. 다음은 그것 중 몇 가지 예이다.

첫째는 노아와 그의 가족들이다. 아담과 하와가 하나님 앞에서 불순종하여 죄를 지은 후에 인간으로 인해 세상에 죄가 급속히 퍼졌다. 하나님을 떠난 인간은 죄와 더불어 살아가는 존재가 된 것이다. 창세기 저자는 그런 상황을 이렇게 쓴다.

여호와께서 사람의 죄악이 세상에 가득함과 그의 마음으로 생각하는 모든 계획이 항상 악할 뿐임을 보시고 땅 위에 사람 지으셨음을 한탄하사 마음에 근심하시고. (창 6:5-6)
그 때에 온 땅이 하나님 앞에 부패하여 포악함이 땅에 가득한지라 하나님이 보신즉 땅이 부패하였으니 이는 땅에서 모든 혈육 있는 자의 행위가 부패함이었더라. (6:11-12)

그 때에 하나님은 죄에 빠진 인간과 세상을 심판하기로 하시고(창 6:7), 실제로 물로 심판하셨다(창 7:10-8:14). 하지만 "노아는 여호와께 은혜를 입었"다(창 6:8). 왜냐하면 "노아는 의인이요 당대에 완전한 자"이자 "하나님과 동행"하는 사람이었기 때문이다(창 6:9). 결국 노아와 그의 가족은 심판을 면할 수 있었고, 하나님은 그와 그의 가족을 통해 자신의 창조계획을 새로이 이루어가셨다. 하나님은 죄악으로 가득한 무수한 사람들-하나님의 창조계획을 망가뜨리는 사람들-보다는 소수의 사람이라고 하더라도 자신의 말씀에 순종하면서 자신과 동행하는 사람들을 원하셨다. 그래서 하나님은 자신을 사랑하고 사신의 말씀을 존중하며 살았던 노아와 그의 가족을 택하시고 사용하셨다.

둘째는 이스라엘 백성과 여호수아와 갈렙이다. 애굽에서 노예생활을 하면서 고통을 당하던 이스라엘 백성은 하나님의 해방하시는 은혜를 힘입어 애굽을 나와 하나님이 약속하신 젖과 꿀이 흐르는 땅을 향해 갈 수 있었다. 하나님은 이스라엘 백성이 사막을 지날 때 만나와 메추라기로 그들을 먹이셨다. 그뿐 아니라 구름 기둥과 불기둥으로 그들을 인도하시면서 그들을 가나안으로 이끄셨다.

하지만 이스라엘 백성들은 광야를 지날 때 힘든 상황에 처할 때마다 모세와 하나님을 원망했다. '이렇게 고생하느니 차라리 애굽에서 노예로 살던 시절이 더 나았다'고 불평했다. 그리고 결정적으로 가나안 땅으로 들어가기 전에는 가나안을 정탐하고 온 열두 사람 중 열 사람의 부정적인 보고(자신들은 가나안 사람들을 이길 수 없다는 보고)를 듣고는 하나님을 원망하며 여호수아와 갈렙을 죽이려고까지 했다. 그로 인해 하나님께서는 자신을 신뢰했던 두 사람의 지도자인 여호수아와 갈렙 그리고 이스라엘 2세대들만 그곳으로 들어가게 하셨다. 열 사람의 정탐꾼과 1세대의 이스라엘 백성은 광야에서 생을 마쳐야 했다. 하나님은 불순종하고 자신을 신뢰하지 않는 다수의 사람이 아닌 자신을 철저하게 신뢰한 사람들을 통해 새 역사를 이루어가셨다. 그리고 지금도 그렇게 하신다.

셋째는 기드온과 300명의 병사이다. 사사기 7장에는 하나님의 부르심을 받은 기드온이 이스라엘을 치러 온 미디안 사람들과 전쟁을 하는 이야기가 나온다. 그 때에 기도온을 따르던 사람들이 많이 있었는데 3만 2천 명이나 되었다. 그러나 하나님은 기드온에게 사람들의 숫자가 너무 많다고 말씀하셨다. 그들이 전쟁에서 승리한 후 그 공적을 하나님이 아닌 자신들에게 돌리며 자랑할 것을 경계하셨기 때문이다 (2절). 하나님은 기드온에게 싸우는 것이 두려운 사람들을 돌려보내도록 하셨는데, 그 때에 2만 2천 명이 돌아가고 1만 명이 남았다. 하지만 하나님께는 여전히 그들이 많게 여겨졌다. 그래서 하나님은 기드온에게 다시금 말씀하시기를, 백성이 여전히 많으니 그들을 물가로 인도하여 거기서 그들을 시험하게 하셨다.

기드온은 하나님의 말씀에 따라 사람들을 물가로 인도했고, 하나님은 기드온에게 물을 마시는 사람들이 개가 핥는 것같이 혀로 물을 핥아 마시는 사람들과 무릎을 꿇고 마시는 사람들을 구분하게 하셨다(5절). 그 때에 3백 명만 손으로 움켜 입에 대고 핥아 마셨고 그 외의 백성은 모두 무릎을 꿇고 물을 마셨다(6절). 그 때에 하나님은 기드온에게 이렇게 말씀하셨다. "내가 이 물을 핥아먹은 삼백 명으로 너희를 구원하며 미디안을 네 손에 넘겨주리니 남은 백성은 각각 자기의 처소로 돌아갈 것이니라"(7절). 결국 기드온과 3백 명의 용사들은 하나님의 말씀과 능력을 힘입어 미디안 사람들을 물리칠 수 있었다.

하나님은 많은 수의 사람들보다는 비록 소수일지라도 중심이 하나님께로 향한 사람들을 찾아 사용하신다. 능력은 사람에게서 나오는 것이 아니라 능력의 하나님 그분 자신에게서 나오기 때문이며, 사용하시는 분은 하나님이시고 쓰임을 받는 쪽은 사람이기 때문이다.

사울 왕이 하나님의 말씀을 순종하지 않았을 때, 선지자 사무엘은 사울에게 이렇게 말했다. "지금은 왕의 나라가 길지 못할 것이라 여호와께서 왕에게 명령하신 바를 왕이 지키지 아니하였으므로 여호와께서 그의 마음에 맞는 사람을 구하여 여호와께서 그를 그의 백성의 지도자로 삼으셨느니라"(삼상 13:14). 하나님은 자기 마음에 맞는 사람, 자기 마음에 합한 사람, 바로 그런 사람을 사용하시며 바로 그런 사람과 함께 새 역사를 이루어 가신다. 오늘날에도 그렇다.

예수님도 질을 중요시하신다

하나님이 양보다는 질을 중요시하신 것처럼, 하나님의 아들 예수 그리스도도 마찬가지였다. 성부 하나님처럼 예수님도 양적인 주님이 아닌 질적인 주님, 곧 '양'의 예수님이 아니라 '질'의 예수님이다. 이 점은 예수님이 제자들을 부르신 것을 보면 쉽게 알 수 있다. 예수님은 한 번에 많은 사람을 부르지도, 그렇다고 많은 사람과 함께 일하지도 않으셨다. 오히려 예수님은 한 사람 또 한 사람을 부르셔서 열두 명으로 제자를 삼고 그들과 함께 도래하고 있는 하나님의 나라를 위해 일하셨다. 예수님은 무수한 군중보다는 대의(하나님의 나라)를 위해 자신의 삶을 드릴 수 있는 헌신된 사람들을 원하신 것이다. 그것이 바로 예수님이 질적인 분이신 이유이다.

예수님은 하나님의 나라를 위해 자신을 온전하게 따르는 사람들을 원하신다. 예수님이 자신을 따르게 할 사람들을 부르실 때 볼 수 있는 한 가지 독특한 점은, 그분은 절대로 사람들에게 자신을 따르라고 강요하지 않으셨다는 것이다. 예수님은 사람들을 부르시고 말씀에 근거하여 응답한 사람들에게 자발적으로 따르게 하셨다. 예수님은 사람들의 마음이 대부분 실리에 따라 움직인다는 것을 잘 알고 계셨다. 그래서 예수님은 하나님 나라의 비전을 제시한 후에 자발적으로 따르게 하신 것이다.

하나님의 나라는 하나님의 통치 세계, 궁극적으로는 하나님의 구원 세계를 말한다. 그것은 믿음의 세계이다. 이것이 바로 예수님께서 "나더러 주여 주여 하는 자마다 다 천국에 들어갈 것이 아니요 다만 하늘에 계신 내 아버지의 뜻대로 행하는 자라야 들어가리라"(마 7:21)고 말씀하신 이유이다. 그 세계는 믿음을 통해 복음으로 변화를 받고 예수 그리스도 안에서 하나님의 다스림을 받는 사람들이 사는 세상이다. 그 나라에는 하나님을 섬기고 예수 그리스도를 통해 구원을 받은 사람들이 있다. 그것이 '하나님의 나라'이다.

하나님과 그의 나라 그리고 구원받는 사람들

하나님께 대하여 죄인인 인간은 죽을 수밖에 없다. 그래서 인간은 구원이 필요한 존재이다. 그런데 구원의 능력은 유한한 존재인 인간에게 있는 것이 아니라 생명의 근원이신 하나님께 있다. 하나님은 구원의 하나님이다(시 25:5; 79:9). 그래서 인간이 구원을 받고자 한다면 반드시 하나님께로 나아가야 한다.

하나님은 사랑이시며 모든 사람을 사랑하신다. 그리고 하나님은 "모든 믿는 자에게 구원을 주시는 하나님"(롬 1:16)이시며 모든 사람이 구원을 받기 원하신다(딤전 2:4). 하지만 그렇다고 해서 모든 사람이 저절로 구원을 받을 수 있는 것은 아니다. 구원은 반드시 회개의 과정, 곧 전 인격적으로 죄에서 돌이켜 의의 하나님께로 향하는 과거와의 단절과 새로운 시작(새로운 피조물 됨)의 과정을 거친다(그것이 바로 예수님이 공적 사역을 시작하실 때 "때가 찼고 하나님의 나라가 가까이 왔으니 회개하고 복음을 믿으라"[막 1:15]고 선포하신 이유이다). 그래서 하나님은 오직 자신의 말씀에 순종하여 회개하고 예수 그리스도 안에서 죄의 용서를 받고 자신을 섬기는 사람들(성서는 그런 사람들을 '하나님의 백성'이라고 부른다)만을 구원하신다. 그것이 성서가 말하는 하나님의 구원 법칙이고 방식이다.

세상 사람들(특히 믿지 않거나 다른 종교의 사람들)은 이런 주장을 듣게 될 때 많은 물음을 제기하거나 때로는 분노하기도 한다. 사랑이 많으시고 은혜가 풍성하신 하나님이 어떻게 그렇게 하실 수 있는지를 묻는다. 하나님이 사랑이시고 모든 사람이 구원을 받기를 바라신다면 모든 사람을 구원해야 옳지 않은가? 이런 물음은 특히 종교 다원주의적인 견해를 가진 사람들이 제기하는 물음이다. 그리고 그리스도인들이나 그리스도인 학자 중에는 하나님의 사랑의 관점에서 '사랑 구원론'을 펴면서 '만인구원론'을 주장하기도 한다.

그러나 이 물음은 인간 중심적인 물음이며, 만인구원론은 성서적 지지를 받기 어렵다. 패커는 만인구원론(universalism)의 그릇됨에 대해서 이렇게 말한다.

> 만인구원론을 주장하는 사람들은 하나님을 거부하는 사람이 한 명도 없을 것이라고 생각하지만, 성경은 그와 다르게 말한다. 이생에서 내린 결정들은 영원한 결과를 가져오게 될 것이다. "스스로 속이지 말라(만인구원론자들의 말에 귀를 기울인다면 그것은 스스로 속이는 것이 된다). 하나님은 만홀히 여김을 받지 아니하시나니 사람이 무엇으로 심든지 그대로 거두리라"(갈 6:7). 이생에서 하나님을 거부하는 사람들은 하나님께 영원토록 거부당할 것이다. 만인구원론은 무엇보다도 가룻 유다가 구원을 받을 것이라는 교리이다. 하지만 예수님은 유다가 구원받을 것이라고 생각하지 않으셨다. "인자는 자기에 대하여 기록된 대로 가거니와 인자를 파는 그 사람에게는 화가 있으리로다 그 사람은 차라리 나지 아니하였더라면 자기에게 좋을 뻔하였느니라 하시니라"(막 14:21). 예수님이 유다가 결국에 가서는 구원을 받을 것이라고 예상하셨다면 어떻게 그같이 최종적인 말씀을 하실 수 있었겠는가?

구원은 하나님이 결정하실 일이다. 하나님이 인간의 구원을 결정하는 절대 요소는 예수 그리스도 안에서 하나님을 믿고 섬기는 것이다. 도래하고 있는 하나님의 나라에 회개로 응답하고 그 나라를 위해 사는 것이다. 그런 사람들이 구원을 받게 된다. 구원은 믿음 안에서 하나님의 은혜로 거저 받는 것이지만 그렇다고 공짜는 아니다. 우리는 각자 응답이라는 행위 또는 대가(?)를 치러야 한다. 그러므로 누구든지 구원을 받기 원한다면, 예수 그리스도 안에서 하나님을 믿고 섬기면 된다. 대부분 그것이 싫어서 믿지 않는 사람들이 그런 이유를 대는 것이다. 그것은 단지 하나님을 믿고 싶어 하지 않는 자신들의 마음을 감추려는 핑계에 지나지 않다.

게다가 하나님의 사랑은 결코 강제적이지 않다. 참된 사랑은 강요가 아니다. 우리는 사랑이란 이름으로 누구에게도 우리가 원하는 것을 강제할 수 없다. 그것은 억압이다. 자유로운 선택에 대한 존중이 바로 사랑이다. 그래서 사랑의 하나님은 인간이 원하지 않는 것을 강제하지 않으신다. 인간이 원하는 대로 그대로 해 주신다. 인간의 선택을 존중하시는 것이다. 그것이 사랑의 방식이다. 하나님의 사랑의 방식도 그와 다를 바 없다.

이런 하나님은 인간을 지옥에 보내시는 것이 아니라(사랑의 하나님은 절대로 인간을 지옥에 보내지 않으신다) 인간 스스로가 지옥의 상태인 죄와 사망 가운데 머물기를 선택하고 그렇게 살다가 영원히 죄와 사망 가운데 머무는 것이다. 하나님이 인간을 구원하시기 위해 구원의 손길을 내미실 때에 그는 거부하기 때문에 구원의 영광의 세계에 참여할 수 없는 것이다.

이와 관련하여 패커는 하나님의 진노의 관점에서 이렇게 설명한다.

> 그것들[지옥, 불, 바깥 어두움, 이를 갊 등과 같은 것들]은 임의대로 가해지는 형벌이 아니라 오히려 어떤 사람이 의식적으로 이미 자신이 택한 상태로 들어가는 것을 나타낸다. 불신자는 하나님께 도전하고 하나님과 대적하면서 하나님 없이 혼자 있기를 더 선호했다. 그리고 그는 자신이 선호한 것을 갖게 될 것이다. 스스로 택한 사람들 외에는 그 누구도 하나님의 진노 아래 있지 않다. 하나님의 진노의 본질은 사람들에

게 그들이 택한 것을 주는 것이다. 곧 그에 함축된 모든 것을 주는 그 이상도 이하도 아니다. 하나님이 이 정도까지 인간의 선택을 존중하시겠다는 것은 우리를 당혹하게 하고 심지어 두려워하게 만드는 것처럼 보일 수 있다. 하지만 이 점에서 하나님의 태도가 가장 공정하다는 것, 우리가 잔인하다고 말할 때 의미하는 제멋대로이고 무책임하게 고통을 가하는 것과는 하늘과 땅만큼이나 차이가 있다는 것은 명백하다.

그는 계속해서 이렇게 말한다.

그러므로 우리는 왕이시며 심판자이신 하나님이 우리에게 진노와 복수의 행동을 보이시는 것을 묘사하는 많은 성경 본문(종종 대단히 비유적인)을 해석하는 열쇠는, 하나님이 행하시는 일이라고는 그분이 '벌하시는' 사람들이 스스로 따르기로 선택한 길에 의해 이미 자신들에게 부과한 그 심판을 비준하고 확증하는 것에 불과하다는 사실을 깨달을 필요가 있다.

이처럼, 인간에 대한 징벌의 문제는 하나님의 문제가 아니라 인간 스스로 선택한 문제이다. 하나님이 잔인하신 것이 아니라 하나님을 자기 마음과 삶에 두기를 싫어하는 인간이 악한 것이다.

인간이 '인권'이란 이름으로 인정하지 않을지라도, 창조의 하나님은 만물의 주인으로 사람을 죽일 수도 있고 살릴 수도 있는 능력과 권한과 주권과 자유를 갖고 계신다. 하나님권(신권)은 인권보다 더 크다. 하나님은 생명의 근원이요 전능하신 분이며, 인간이란 단지 때가 되면 흙으로 돌아가야만 하는 유한한 피조물이란 사실을 우리는 잊지 말아야 한다.

하나님은 불순종하는 다수의 사람보다는 순종하는 한 사람을 소중하게 여기신다. 하나님의 나라는 그 나라의 주인이신 창조주 하나님을 온전하게 따르는 사람에게만 합당한 나라이다. 믿음이 그 나라에 들어가는 유일한 조건인 이유가 거기에 있다. 믿음이 있어야 순종할 수 있고, 순종하는 삶이 있어야 믿음이 있는 것으로 인정받을 수 있게 된다.

하나님은 일반 은총 안에서 본래 자신이 지은 모든 사람을 사랑하시지만 특별 은총 안에서 참되게 자신을 섬기는 사람들(비록 그들이 소수일지라도)을 더욱 사랑하시고 귀하게 여기신다. 그리고 그런 사람들을 사용하신다. 이것은 교회 안에 아무리 많은 사람이 있다고 하더라도 그것이 하나님을 기쁘시게 하는 것이 아니라는 것을 의미한다. 하나님을 진정으로 기쁘시게 하는 것은 그분이 존재해 계신 것을 믿는 것이며 그분의 말씀에 절대적으로 순종하는 것이다. 그런 이유로 교회는 '양'의 교회가 아니라 '질'의 교회를 지향해야 한다. 그런 가운데 양의 교회를 세워가야 한다. 그런 교회가 하나님의 참된 교회이다.

예수님은 "아버지께 참되게 예배하는 자들은 영과 진리로 예배할 때가 오나니 곧 이 때라 아버지께서는 자기에게 이렇게 예배하는 자들을 찾으시느니라"(요 4:23)고 말씀하셨다. 하나님은 '양적인 하나님'이 아니라 '질적인 하나님'이시기 때문이다.

하나님은 지금도 "영과 진리로" 자신을 섬기는 사람들을 찾으신다. 양의 사람들이 아니라 질의 사람들을 찾고 계신다. 불행하게도 이 세상에는 믿는다고 하면서도 믿는 사람이라고 보기 어려울 만큼 '믿음의 질'이 낮은 사람들이 적지 않다. 이런 때에 우리는 그런 사람들이 아닌 질적으로 다른 믿음의 사람들, 하나님의 사람들이 되어 예수 그리스도 안에서 하나님을 충실하게 섬기며 살아야 하겠다. 그것이 하나님이 우리를 부르신 이유이다.

29장
하나님의 판단

누구나 다른 사람들로부터 평가를 받는 것이 즐거운 일만은 아니다. 특히, 우리 자신에 대해 부정적인 평가를 받을 때 더욱 그렇다. 그래서 우리는 가급적 다른 사람들로부터 좋은 평가를 받고 싶어 한다.

실제로, 우리의 삶은 평가와 분리해서 생각하기 어렵다. 평가는 "어떤 것 또는 어떤 사람에 대해 그 가치나 수준 따위를 평하는 것"을 말한다. 우리는 작은 일에서부터 큰일에 이르기까지 평가를 하고 또 평가를 받으며 살아간다. 학생은 배우면서 그 배움의 성취도에 대해 평가받게 된다. 직장인은 일의 성취도에 대한 평가를 받고 그것에 근거하여 승진이나 상급 또는 해고 등의 대가를 받는다. 이처럼 우리의 삶에는 여러 가지 평가가 있다.

비판과 분별

다른 한편으로, 우리의 삶에는 판단(judgment)도 있다. 판단은 "사람이나 사물을 어떤 기준이나 근거에 따라 어떠하다고 생각하거나, 어떠한 것이라고 단정하는 것"을 말한다. 그런데 예수님은 마태복음 7장 1-2절에서 "비판을 받지 아니하려거든 비판하지 말라 너희가 비판하는 그 비판으로 너희가 비판을 받을 것이요 너희가 헤아리는 그 헤아림으로 너희가 헤아림을 받을 것이니라"고 말씀하시면서 우리가 비판하는 것을 금하셨다.

여기에서 비판을 뜻하는 헬라어 단어 "크리노"는 "결정하다, 언도하다, 벌하다, 정죄하다, 선고하다" 등의 법적인 결정의 의미를 지닌다. 그래서 비판은 판단의 다른 말이고, 판단은 심판의 다른 말이다. 다시 말해서 여기에서 비판은 어떤 특정한 기준에 따른 심판을 뜻한다. 예수님이 판단과 심판으로서의 비판을 금하신 것은, 그것은 하나님만이 하시는 그분의 고유한 영역이기 때문이다.

반면에 사도 바울은 로마서 12장 2절에서 믿음의 교우들에게 "너희는 이 세대를 본받지 말고 오직 마음을 새롭게 함으로 변화를 받아 하나님의 선하시고 기뻐하시고 온전하신 뜻이 무엇인지 분별하도록 하라"고 권면한다. 여기에서 분별(discernment)을 뜻하는 헬라어 단어 "도키마조"는 "구별하고 조사하고 입증하는 것"을 말한다. 이런 판단으로서의 비판과 분별은 분명 서로 다르다. 판단으로서의 비판은 다른 사람이나 일에 대해 하되 그 결과도 다른 사람에게 미친다. 반면에 분별은 다른 사람이나 일에 대해 하되 그 결과가 자기 자신에게 미친다.

판단은 하나님이 하시는 것이고, 분별은 우리가 하는 것이다. 판단은 옳고 그름을 법적인 기준에 따라 공정하게 결정하는 것을 말하고, 분별은 어떤 일의 옳고 그름을 어떤 특정한 기준에 따라(그리스도인들의 경우에는 일차적으로 하나님의 말씀인 성서에 따라) 비평적으로 확인하는 것을 말한다. 결과적으로 예수님의 말씀과 사도 바울의 말을 종합해 보면, 그리스도인인 우리는 판단과 심판으로서의 비판은 하지 말아야 하지만, 분별은 해야 한다. 타락하고 죄가 많으며 험한 세상에서 좋고 올바른 그리스도인이 되기 위해서다.

판단하시는 하나님

예수님은 "나는 내 영광을 구하지 아니하나 구하고 판단(judge)하시는 이가 계시니라"(요 8:50)고 말씀하셨다. 사도 바울도 같은 맥락에서 이렇게 말했다.

> 남을 판단하는 사람아, 누구를 막론하고 네가 핑계하지 못할 것은 남을 판단하는 것으로 네가 너를 정죄함이니 판단하는 네가 같은 일을 행함이니라 이런 일을 행하는 자에게 하나님의 심판이 진리대로 되는 줄 우리가 아노라 이런 일을 행하는 자를 판단하고도 같은 일을 행하는 사람아, 네가 하나님의 심판(God's judgment)을 피할 줄로 생각하느냐. (롬 2:1-3)

판단은 하나님께 있다. 판단하시는 분은 하나님이다. 하나님은 판단하시는 분이라는 말은, 하나님은 자기 기준에 따라 옳고 그름을 구분하시는 분이라는 말이다. 하나님은 옳고 그름을 구분하여 그에 대한 정당한 평가를 하신다. 그래서 하나님의 판단은 정확하다.

우리 인간과 관련하여 하나님의 판단은 크게 두 가지로 나뉜다. 하나는 우리의 믿음에 대해서다. 하나님은 우리가 이 땅에서 그분을 믿고 살았는지 그렇지 않았는지를 판단하신다. 다른 하나는 우리의 삶에 대해서다. 하나님은 우리의 삶이 하나님의 뜻을 구하고 믿음에 합당하게 의를 구하며 살았는지 판단하신다.

그런데 하나님의 그 판단은 또한 예수 그리스도가 지닌 권한이기도 하다. 예수님은 하나님의 아들이시고 삼위 하나님(the triune God)을 이루는 한 분 하나님이시기 때문이다. 이와 관련하여 맥그라스는 이렇게 말한다. "그리스도는 오직 하나님만이 하실 수 있는 것을 하신다. 왜냐하면 그분은 하나님이시며 그와 같이 행할 권한과 능력을 지니고 계시기 때문이다." 예수님도 다음과 같이 말씀하셨다.

> 아버지께서 자기 속에 생명이 있음 같이 아들에게도 생명을 주어 그 속에 있게 하셨고 또 인자됨으로 말미암아 심판하는 권한을 주셨느니라 이를 놀랍게 여기지 말라 무덤 속에 있는 자가 다 그의 음성을 들을 때가 오나니 선한 일을 행한 자는 생명의 부활로, 악한 일을 행한 자는 심판의 부활로 나오리라. (요 5:26-29)

예수님이 판단하시는 분이라는 것은, 믿음에 대해 판단하시는 하나님이 우리의 믿음의 유일한 대상이신 것처럼 그분의 아들 예수 그리스도도 우리의 믿음의 대상이라는 말이다. 그래서 예수님은 장차 자신에 대해 믿음을 갖지 않은 사람들을 판단하시게 된다. "하나님이 보내신 이는 하나님의 말씀을 하나니 이는 하나님이 성령을 한량없이 주심이니라 아버지께서 아들을 사랑하사 만물을 다 그의 손에 주셨으니 아들을 믿는 자에게는 영생이 있고 아들에게 순종하지 아니하는 자는 영생을 보지 못하고 도리어 하나님의 진노가 그 위에 머물러 있느니라"(요 3:34-36).

예수님은 이 땅에 처음 오셨을 때 하나님의 나라와 그분의 판단에 대해 가르치는 분이셨지만, 마지막 판단의 날에는 자신을 믿고 자신의 가르침을 바르게 따랐는지를 평가하고 판단하시는 심판자로 나타나실 것이다. 모든 사람은 마지막 날, 곧 하나님의 의로운 심판의 날에 그분 앞에 서게 될 것이다. "다만 네 고집과 회개하지 아니한 마음을 따라 진노의 날 곧 하나님의 의로우신 심판이 나타나는 그 날에 임할 진노를 네게 쌓는도다"(롬 2:5). "우리가 다 하나님의 심판대 앞에 서리라"(롬 14:10). "한번 죽는 것은 사람에게 정해진 것이요 그 후에는 심판이 있으리니"(히 9:27). 하나님의 마지막 심판으로서의 이 판단에 누구도 예외가 없다. 언젠가 하나님이 정하신 때에 이 세상에 존재했던 모든 사람은 하나님 앞에 서서 심판을 받게 될 것이다. 그리고 그 심판의 결과에 따라 각기 다른 영역에서 영원을 보내게 될 것이다.

하나님의 판단과 지옥

하나님의 판단이 있으려면 죽음 후의 세계가 있어야 한다. 만일 죽음으로 모든 것이 끝난다면, 그 후에 심판이 있다는 말은 무의미한 것이 된다. 허상이며 거짓말에 불과하게 된다.

창세기 19장에는 하나님이 소돔을 멸하시는 장면이 나온다. 하나님의 두 천사는 롯에게 그러한 사실을 알려주고 그의 가족들을 구하도록 했다. 그래서 롯은 자신의 두 사위에게 가서는 "여호와께서 이 성을 멸하실 터이니 너희는 일어나 이곳에서 떠나라"(14절)고 말했다. 그러자 그 사위들은 그것을 "농담으로 여겼"다. 그러나 그들이 농담으로 여겼던 하나님의 말씀은 동이 텄을 때 실제로 일어났다. 말씀이 현실이 된 것이다. 농담으로 여긴 것을 후회했겠지만 때는 이미 늦은 뒤였다. 결국, 그들은 소돔의 다른 사람들과 함께 멸망당했다. 오늘 우리도 하나님의 말씀을 농담으로 여기지 말아야 한다. 그러면 언젠가 후회하게 될 때가 온다.

한 번은 어느 주일에 한 교회에서 말씀을 전하고 집으로 돌아올 때였다. 어떤 사람이 한 지하철 역 안에서 "예수님을 믿으세요. 그러면 구원을 받고 영원한 생명을 얻을 수 있습니다…" 라고 말하면서 전도지를 가지고 복음을 전하고 있었다. 나에게도 하나를 주기에 그냥 받아 들은 후에 긴 에스컬레이터를 따라 올라가면서 그것을 읽고 있었다. 그 때에 바로 뒤쪽에서 젊은 남녀의 다음과 같은 소리가 들려왔다. "예수 좋아하시네. 구원? 그런 게 어디 있어. 모두가 사람들이 만든 거지"라고 말하면서 기독교를 욕했고 그 사람에 대해서도 비난을 했다. 나는 그들의 이야기를 들으면서 뭐라 한마디 할까 하다가 그냥 참았다. 말할 수 있는 분위기도 아니었을 뿐만 아니라 괜한 언쟁을 하고 싶지도 않았기 때문이다. 그냥 속으로 이렇게 말했다. "그래, 하고 싶은 욕 마음껏 다 해라. 그러나 언젠가 그 비웃음과 조롱이 너희의 후회의 이유가 될 것이다. 그때는 눈물을 흘리며 후회에도 아무런 소용이 없을 것이다. 그리고 바깥 어두운 데서 슬피 울며 이를 갈게 될 것이다."

오늘날 많은 사람에게 "천국이니, 지옥이니, 심판이니"하는 말은 모두 우스갯소리로 들린다. 그런 말은 광신적인 신앙을 가졌거나 시대에 뒤진 사람들이나 하는 '정신 나간' 이야기로 치부해 버린다. 오늘날 많은 사람은 내세나 지옥을 믿지 않는 것이다. 일견 자연주의적 진화론적 실재론과 세계관을 가진 사람들이 그렇게 믿는 것은 당연하다.

자신은 우연히 진화의 과정을 통해 생긴 존재라고 믿는 사람이 때가 되어 죽어 흙으로, 무로 돌아간다고 믿는 것은 무리가 아니다. 자연주의적 세계관은 실재란 눈에 보이는 이 세상에 존재하는 것이 전부라고 믿기 때문이다.

더 나쁜 것은 오늘날 교인 중에도 내세와 지옥을 믿지 않는 사람들도 적지 않게 있다는 것이다. 예수님 당시의 사두개인들처럼 그들도 부활을 믿지 않는 것이다. 그러나 그것은 성서적 신앙이 아닐 뿐만 아니라 기독교 복음을 거부하는 것이다. 그런 의미에서 그런 사람들은 진정 성서적 그리스도인들이라고 말할 수 없다.

하지만 참된 그리스도인들이 믿고 따르는 구원의 주 예수 그리스도는 천국과 지옥 그리고 심판을 긍정하고 또 그렇게 가르치셨다. 예수님이 하신 말씀을 보면 죽음 후의 세계가 분명 있을 뿐만 아니라 심판과 지옥도 있음이 분명하다. "내가 진실로 진실로 너희에게 이르노니 내 말을 듣고 또 나 보내신 이를 믿는 자는 영생을 얻었고 심판에 이르지 아니하나니 사망에서 생명으로 옮겼느니라"(요 5:24). 사망 가운데 있다는 것은 영적으로 죽어 있다는 것이고 지옥의 상태에 있다는 것이다. 그래서 그것은 지옥에서의 삶을 말한다. 생명 가운데 있다는 것은 영적으로 살아 있다는 것이고 영원한 생명 세계에 있다는 것이다. 그래서 그것은 하나님 나라에서의 삶을 말한다. 예수님의 가르침에서는 그 둘이 분명하고 확실하게 구분된다. 참된 그리스도인들은 그분의 말씀을 믿는다.

예수님은 마지막 심판 날에 있을 일과 관련하여 이렇게 말씀하셨다. "너희가 아브라함과 이삭과 야곱과 모든 선지자는 하나님 나라에 있고 오직 너희는 밖에 쫓겨난 것을 볼 때에 거기서 슬피 울며 이를 갈리라 사람들이 동서남북으로부터 와서 하나님의 나라 잔치에 참여하리니 보라 나중 된 자로서 먼저 될 자도 있고 먼저 된 자로서 나중 될 자도 있느니라"(눅 13:28-30). 예수님의 말씀처럼 그날이 되면 하나님의 나라에 있을 사람들이 있고, 그 나라의 바깥 아닌 바깥-하나님의 영광에 참여할 수 없는 곳, 그럼에도 하나님의 통치 안에 있는 곳-에 있을 사람들, 곧 지옥으로 쫓겨날 사람들이 있을 것이다. 그 기준은 예수 그리스도 안에서 하나님을 믿는 믿음이다. 믿으면 하나님 나라에서 영원히 살게 될 것이지만, 믿지 않으면 지옥이라고 불리는 바깥 어두운 곳에서 다른 이들로부터 소외된 채로 고독하게 영원히 거하게 될 것이다.

그러면 지옥은 어떤 곳인가? 이와 관련하여 빌리 그래함은 이렇게 말한다. "본래적인 의미에서 지옥은 하나님으로부터의 소외이다. 지옥은 우주에서 가장 외로운 곳이다. 예수님은 당신을 위해 당신의 자리에서 그 고통을 당하셨다. 지금 하나님은 이렇게 말씀하신다. '회개하고 그리스도를 믿고 그리스도를 영접하라. 그러면 결코 슬픔과 외로움과 지옥의 고통을 겪지 않게 될 것이다.'"

지옥이 창조와 구원의 주 하나님을 하나님으로 인정하지 않고 살았던 불의한 자가 거하는 소외된 곳이라면, 하나님의 나라는 하나님을 섬기는 믿음을 통해 의롭다고 인정을 받은 그분의 백성들이 하나님의 영광 가운데 예수 그리스도와 '함께' 거하는 곳이다. 하나님의 나라는 의의 나라다. 하나님이 의롭기 때문이다. 하나님의 의에 맞는 사람만이 하나님 나라의 백성이 될 수 있다. 이 세상 나라도 나라가 정한 법을 국민이 지키며 살도록 되어 있다. 국가의 질서를 위해서다. 사회의 질서를 어지럽히고 국가의 기강을 무너뜨리는 사람들은 감옥이라는 곳에 격리된다.

하나님의 나라도 마찬가지이다. 거룩하신 하나님의 나라는 질서의 나라다. 불의한 자는 하나님의 질서를 무너뜨리는 자다. 아담과 하와는 하나님의 나라와 창조세계를 무너뜨리는 자였다. 그래서 하나님의 동산으로부터 추방을 당했다. 그와 같이 사는 다른 사람들도 그와 같은 운명에 처하게 될 것이다. 그것이 하나님이 판단하실 때 불의한 자로 여김을 받은 사람들이 받게 되는 대가요 운명이다.

믿음과 영원한 삶

영원히 지옥에 처하게 하시는 하나님의 냉엄한 판단을 피하려면, 우리는 오늘 이 땅에서 하나님을 섬기는 삶을 살아야 한다. 예수 그리스도 안에서 하나님을 섬기며 살아야 하는 것이다. 하나님만이 섬김을 받으시기에 합당하신 분이다. 누구든지 창조와 구원의 주 하나님을 거부하고 피조물인 자신과 자신의 육신을 위해 살면 창조주 하나님의 판단을 피할 수 없고 하나님의 나라를 유업으로 받을 수 없다. 그 영광에 들어갈 수 없다. "혈과 육은 하나님 나라를 이어 받을 수 없고 또한 썩는 것은 썩지 아니하는 것을 유업으로 받지 못하느니라"(고전 15:50). "하나님의 나라는…오직 성령 안에 있는 의와 평강과 희락이라 이로써 그리스도를 섬기는 자는 하나님을 기쁘시게 하며 사람에게도 칭찬을 받느니라"(롬 14:17-18). "기쁘시게 한다"는 말은 헬라어에서 받아들여지고 용납된다는 의미이다. 그리스도를 참되게 섬기며 사는 사람은 하나님의 영접을 받는다. 그리고 "칭찬을 받는다"는 말은 헬라어에서 인정을 받는 것을 의미한다. 그래서 예수 그리스도를 참되게 섬기면서 하나님의 영접을 받고 사는 사람은 사람들에게도 인정을 받는다.

예수님은 이렇게 말씀하셨다.

> 다만 너희는 그의 나라를 구하라 그리하면 이런 것들을 너희에게 더하시리라 적은 무리여 무서워 말라 너희 아버지께서 그 나라를 너희에게 주시기를 기뻐하시느니라 너희 소유를 팔아 구제하여 낡아지지 아니하는 배낭을 만들라 곧 하늘에 둔 바 다함이 없는 보물이니 거기는 도둑도 가까이 하는 일이 없고 좀도 먹는 일이 없느니라 너희 보물 있는 곳에는 너희 마음도 있으리라. (눅 12:31-34)

하늘을 믿는 사람만이 하늘을 위해 살 수 있다. 미래를 믿는 사람만이 미래를 위해 오늘을 헌신할 수 있다. 구원을 믿는 사람만이 오늘 예수 그리스도를 따르며 그리스도인으로 살 수 있다. 마음과 삶에 예수 그리스도와 그분의 말씀이 없는 사람은 그리스도의 사람이 아니다. 그런 사람에게는 하나님 나라에서의 삶이 있을 수 없다. 오직 하나님의 판단과 어둠 속에서 살아가면서 이를 가는 삶만이 있을 뿐이다. 그러므로 그 문제를 해결하는 해법은 간단하다. 예수 그리스도 안에서 하나님을 믿고 섬기는 것이다. 그것을 거부하면서 그 나라의 영광을 바라는 것은 헛된 욕심이다.

그리스도인이란 구원의 주 예수 그리스도를 믿고 따라가는 제자를 말한다. 제자는 믿음으로 하나님의 판단을 면할 수 있게 된다. 그뿐 아니라 예수 그리스도를 참되게 따르는 사람은 영원한 생명을 얻고 하나님의 나라에서 영원히 살게 된다. "예수께서 또 말씀하여 이르시되 나는 세상의 빛이니 나를 따르는 자는 어둠에 다니지 아니하고 생명의 빛을 얻으리라"(요 8:12). 믿어야 살 수 있고 믿어야 하나님의 판단을 피할 수 있다. 그리고 믿어야 하나님 나라에서의 영원한 삶이 있다. 그래서 믿음은 영원한 희망이다.

30장
동산에서 도시까지

성서는 이야기이다. 삼위 하나님과 그분의 나라 그리고 창조세계와 그 가운데에 있는 인간에 관한 이야기이다. 그런데 이 이야기는 창조주 하나님에 의해 지어진 동산에서 시작하여 하나님이 장차 완성하실 도시(도성, city)에서의 삶으로 끝이 난다. 그리고 그곳에서의 영원한 삶으로 이어진다. 그러니까 성서의 이야기는 동산에서부터 도시(도성)까지의 이야기인 것이다. 그것이 성서 이야기의 줄거리이다. 하워드 A. 스나이더(Howard A. Snyder)는 이렇게 말한다.

> 하나님은 도시에서 자신의 평화로운 통치를 원하신다. 하나님의 나라는 하나님의 도시(the city of God)를 가져온다. 어떤 사람들은, 성서는 한 동산에서 시작하여 한 도시에서 끝난다고 말한다. 더 정확히 말하면, 성서는 하나님과 더불어 존재하는 이상적인 인간 공동체를 위한 환경으로서의 한 동산과 함께 시작하고…한 동산으로서의 한 도시와 함께 끝난다. 이 이미지는 하나님 나라의 최종적인 완성을 가리킨다.

여기에서 한 가지 주목할 필요가 있는 것은 성서 이야기의 처음과 끝을 포괄하는 것이 바로 "하나님의 나라"라고 하는 것이다. 왜냐하면 영원하신 하나님은 영원부터 영원까지 계신 것처럼, 그분의 나라는 이 세상이 창조되기 전부터 있었고(예수님은 "아버지여 창세 전에 내가 아버지와 함께 가졌던 영화로써 지금도 아버지와 함께 나를 영화롭게 하옵소서"[요 17:5]라고 말씀하심으로 하나님의 나라가 창세 이전부터 존재하고 있음을 알려주셨다), 이 세상에서의 인간의 이야기가 끝이 나고 오는 세상이 될 때도 계속해서 있을 것이기 때문이다. 하나님은 알파(alpha)와 오메가(omega), 곧 처음과 나중이신 것처럼, 그분의 나라도 알파와 오메가, 곧 처음과 나중이다. 하나님과 그분의 나라는 영원하며 서로 나뉠 수 없기 때문이다. 이와 관련하여 스탠리 J. 그렌츠(Stanley J. Grenz)와 존 R. 프랭크(John R. Franke)는 이렇게 말한다.

> 성서 이야기는 하나님과의 세 가지 역사적 만남, 즉 이스라엘의 한 분 하나님과의 만남, 화육하신 아들인 예수와의 만남, 그리고 [신앙] 공동체 안에서 그리고 세상에서 하나님의 계속적인 임재와 인도하심의 현시로서의 성령과의 만남에 대해서 말한다. 기독교 전통을 구성하는 이야기들은 하나님이 세상과 밀접한 관련을 맺으신다는 것을 증언하는 동시에 이 만남을 넘어 영원한 신적 삶을 가리킨다. 성서(the biblical materials)는 하나님이 세상의 역사 안에서 행하시는 것에 더하여 하나의 "역사"를 가지고 있는 것으로 묘사한다. 이 역사에서 창조는 시작점이 아니라 영원한 과거로부터 영원한 미래에 이르는 하나님의 삶의 계속적인 이야기 안에 있는 하나의 사건이다.

성서 이야기의 처음과 끝이 바로 그와 같은 맥락으로 구성된다. 따라서 우리가 성서의 이야기를 바르게 이해하려면 이 이야기의 흐름을 바로 알 필요가 있다.

동산에서 생긴 일

하나님은 천지 만물을 창조하시고 인간을 지으셨다. 특히, 에덴 동산을 창설하신 후에 인간을 그곳에 두시고 하나님의 창조세계를 지키고 돌보며 하나님 안에서 자유롭게 살도록 하셨다. 이 세상과 우주만물의 주인이신 하나님이 인간을 청지기로 삼으신 것이다. 다만 한 가지 금하신 것은, 선악을 알게 하는 나무의 열매는 따 먹지 말라고 하는 것이었다. 그것은 하나님의 절대 주권을 나타내는 것으로 세상의 소유자인 무한하신 창조주 하나님과 그 세상의 청지기인 유한한 피조물로서의 인간 사이를 구분 짓는 상징이었다. 그 영적 경계선은 인간이 절대로 넘지 말아야 할 금기였다.

그러나 인간은 하나님의 말씀을 어기고 사탄의 말을 들었다. 하나님이 금하신 그 열매를 따 먹은 것이다. 따먹게 된 동기는 단순하다. 그들도 하나님과 같이 되고자 함이었다. 하나님의 자리를 탐한 것이다. 청지기가 아니라 소유자요 통치자가 되고 싶었던 것이다.

불행하게도 이 사건은 하나님의 진노를 가져왔다. 그리고 그로 인해 인간은 하나님과의 관계가 끊어져 영적으로 죽은 존재가 되었다. 하나님으로부터 소외된 것이다. 그뿐 아니라 하나님으로부터의 인간의 소외는 또 다른 소외를 낳았다. 인간은 자기 자신으로부터 소외되었고 다른 사람들로부터 소외되었으며 창조 세계로부터도 소외되었다. 이처럼 인간은 하나님께 불순종함으로 타락한 후에 4중적으로 소외되었다. 창조 이래 이것이 영적으로 죽게 된 인간이 처한 상황이다. 이것이 바로 동산에서 생긴 일이다.

결국 인간은 하나님을 떠나 살 수밖에 없는 신세가 되었다. 그 순간부터 인간은 영적 고향을 상실한 채 이 세상에서 타향살이를 하게 되었다. 나그네가 된 것이다. 더 정확히 말하면, 인간은 영적 나그네가 되었다(이것에 대한 두 가지 중요한 예는 아담과 하와가 타락했을 때 "여호와 하나님이 에덴 동산에서 그를 내보내어 그의 근원이 된 땅을 갈게 하"셨다는 것[창 3:23]과 가인이 아벨을 죽이고 하나님의 징벌을 받은 후에 "땅에서 피하며 유리하는 자"[창 4:12]가 되어야 할 운명으로 "여호와 앞을 떠나서 에덴 동쪽 놋 땅에 거주"[창 4:16]했다는 것이다). 나그네는 일시적으로 머물 곳은 있지만 계속해서 거할 곳은 없는 사람을 말한다. 인간은 이 세상에서 살되 하나님을 떠나 바르게 거하지 못하고 잠시 머물며 살아간다. 그리고 때가 되면 땅으로 돌아간다.

나뭇잎 치마와 가죽 옷

사탄의 말대로 하나님이 금하신 나무의 열매를 먹은 아담과 하와는 눈이 밝아져 선악을 알게 되었다. 그뿐 아니라 그들은 자신들이 벗은 줄도 알게 되었다. 그래서 무화과나무 잎을 엮어 치마를 만들어 입었다. "이에 그들의 눈이 밝아져 자기들이 벗은 줄을 알고 무화과나무 잎을 엮어 치마로 삼았더라"(창 3:7).

그 때에 아담과 하와를 지으신 하나님이 자신의 말씀을 어기고 불순종한 그들을 찾아오셔서 그들을 부르셨다. 하지만 그들은 하나님으로부터 피하여 숨었다. "내가 동산에서 하나님의 소리를 듣고 내가 벗었으므로 두려워하여 숨었나이다"(창 3:10). 아담이 바르게 이야기하는 것처럼, 그들이 나뭇잎으로 치마를 지어 입었다고 하더라도 그들은 실상은 하나님 앞에서 벗은 것이었다. 하나님의 말씀을 떠났기 때문이다.

누구든지 하나님을 떠난 인간은 하나님 앞에서 벗은 것이다. 존재론적이고 영적인 의미에서 그렇다. 그래서 인간은 숨을 곳을 찾아 숨는다. 요한복음 저자는 이런 현상을 다음과 같이 설명한다. "빛이 세상에 왔으되 사람들이 자기 행위가 악하므로 빛보다 어둠을 더 사랑한 것이니라 악을 행하는 자마다 빛을 미워하여 빛으로 오지 아니하나니 이는 그 행위가 드러날까 함이요"(요 3:19-21). 그러나 아무리 좋은 것으로 자신을 감싸더라도 인간은 영적으로, 존재론적으로 벗은 것이고 아무리 깊이 숨어도 하나님을 피할 수 없다. 하나님의 편재는 창조세계 전체에 이르기 때문이다(시 139:7-10).

아담과 하와를 찾아오신 하나님은 그들에게 불순종의 죄를 물으셨고 그들이 지은 죄를 책망하셨다. 하나님은 죄를 미워하신다. 죄는 하나님의 본성에 맞지 않기 때문이다. 그러나 사랑의 하나님은 그것으로 자신의 이야기를 끝내지 않으셨다. 은혜가 풍성하신 하나님은 그들에게 은혜도 베푸셨다. 그들을 위해 무화과나무 잎으로 만든 나뭇잎 치마 대신 가죽옷을 만들어 입히신 것이다. "여호와 하나님이 아담과 그의 아내를 위하여 가죽옷을 지어 입히시니라"(창 3:21).

하나님은 최초의 의상 디자이너이시다. 아담과 하와는 자신들이 벗은 것을 알고 부끄러운 부분만을 가릴 수 있는 옷을 만들어 입었다. 조금 지나면 시들어버려 다시 지어 입어야 하는 잎으로 된 옷이었다. 그러나 하나님은 그들을 위해 부분만을 가릴 수 있는 옷이 아니라 몸 전체를 가릴 수 있는 옷을 만들어 입히셨다. 그것도 오래도록 입을 수 있도록 가죽으로 옷을 만들어주셨다.

우리는 여기서 조금은 우화적(allegorical)이지만 나뭇잎 치마와 가죽옷이 지닌 상징적 의미에 대해 생각해 보는 것도 좋을 듯싶다.

인간은 끊임없이 자신을 위해 무엇인가를 만든다. 아담과 하와가 벗은 자신의 몸의 필요를 채우기 위해 나뭇잎으로 치마를 만들어 입은 것처럼, 인간은 자신의 필요나 욕망을 채우기 위해 무언가 끊임없이 한다. 하지만 나뭇잎으로 된 치마는 금방 시들어버려 부끄러운 부분이 다시 보이게 되는 것처럼, 그런 일들은 진정으로 자신이 지니는 필요를 온전하게 충족시켜주지 못한다. 설사 그 필요가 일시적으로는 충족된다고 하더라도, 그것은 또 다른 필요를 낳게 된다.

반면에 하나님은 아담과 하와에게 가죽옷을 지어 입히실 때 그들의 필요를 아시고 그 필요에 맞는 것으로 채워주셨다. 하나님은 우리의 진정한 필요가 무엇인지를 아신다. 비록 인간이 하나님 자신을 거부한다고 하더라도, 인간은 본래 하나님 자신을 필요로 한다는 것을 하나님은 아신다. 그래서 하나님은 자신을 인간에게 계시해 주시고 인간을 찾아오셨다. 그래서 아담과 하와가 하나님께서 만들어주신 가죽옷을 입고 옷에 대한 걱정을 던 것처럼, 인간은 하나님이 준비하신 것을 받음으로 필요에 대한 걱정을 덜 수 있다. 인간이 지닌 근본적인 필요를 채움 받으면, 나머지는 그 안에서 누릴 수 있는 것들이 된다.

창세기 11장과 사도행전 2장

창세기 11장과 사도행전 2장은 성서에서 서로 대칭되는 장이다. 창세기 11장이 나뉨과 흩어짐의 장이라면, 사도행전 2장은 하나 됨과 모임(함께 함)의 장이다. 즉 창세기 11장은 인간이 자신들의 욕망을 좇다가 서로 나뉘게 된 이야기인 바벨탑 사건을 다루는 장인 반면에 사도행전 2장은 하나님의 영 곧 성령을 통해 인간이 다시 하나가 되는 이야기인 오순절 성령 사건을 다루는 장이다. 후스토 J. 곤잘레스(Justo L. Gonzales)가 말하는 것처럼, 두 이야기는 특히 "언어"와 "소통"과 관계있다. 바벨탑에서 인간의 하나 됨은 하늘에까지 오르려는 인간의 잘못된 욕망으로 인해 하나님에 의해 깨어지고 혼란으로 바뀐다. 그러나 오순절 다락방에서 그 깨어짐과 혼란은 하늘로부터 내려오시는 보혜사 성령의 하나 되게 하시는 역사에 의해 극복된다.

이것이 두 사건이 말하는 이야기의 요지이다. 인간이 서로 하나가 되어 하나님을 대적하면 결국에는 나뉘고 분열된다. 그리고 인생의 목적과 방향을 잃어버리게 된다. 하지만 비록 서로 다를지라도, 인간이 하나님의 뜻에 따라 성령의 하나 되게 하시는 사역 안에서 살아가면 이 땅에 하나님 나라의 생명 공동체를 형성해 갈 수 있게 된다. 인생의 목적과 방향이 분명하게 된다.

인간의 역사에서 죄가 하나님과 인간 사이를 나누고 인간과 인간 사이를 분열시키는 요인이었다면 그리고 인간의 허황한 욕심이 하나님의 노여움을 사는 요인이라면, 보혜사 성령은 예수 그리스도 안에서 하나님과 인간을 그리고 인간과 인간을 서로 화해시키고 하나 되게 하는 능력이다.

인간이 하나님의 말씀에 순종하고 하나님의 뜻을 좇아 살면 그리고 하나님의 영의 인도를 따라 살면, 늘 그 길이 형통하고 풍성해진다. 하나님과의 관계에서도, 그 밖의 다른 모든 관계에서도 원활한 소통이 이루어진다. 그것이 하나님이 이 세상에 정해 놓으신 법칙이다. 그러나 인간이 하나님의 뜻을 저버리고 자기 인생의 주인이 되어 하나님을 인정하지 않고 더 나쁘게는 하나님을 대적하며 살면 심판을 받게된다. 그래서 그 끝은 언제나 분열이고 패망이다. 결국에는 사망에 이르게 된다.

첫 번째 아담과 마지막 아담, 부활의 첫 열매와 마지막 열매

사도 바울은 이렇게 말한다. "한 사람으로 말미암아 죄가 세상에 들어오고 죄로 말미암아 사망이 들어왔나니 이와 같이 모든 사람이 죄를 지었으므로 사망이 모든 사람에게 이르렀느니라"(롬 5:12). 첫 번째 아담은 죄와 죽음의 실체이며 상징이다. 그는 하나님의 말씀을 듣지 않음으로써 자신뿐만 아니라 모든 인간을 사망에 이르게 했고 세상을 고통에 처하게 했다. 하나님과의 관계에서 분리된 것은 두말할 필요가 없다. 우리는 아담의 죄와 죽음에서 우리의 죄와 죽음을 본다.

죄와 죽음은 우리에게 고통이고 절망이다. 그 이상의 출구를 발견할 수 없기 때문이다. 타이타닉호 같이 바다 한 가운데서 침몰해 가는 한 척의 배 안에 있는 사람들이 느끼게 되는 절망처럼, 우리에게는 그러한 원초적 불안과 절망이 있다. 죽음 앞에서 희망이라고 말할 수 없는 이유가 바로 여기에 있다. 죽음 앞에 다가갈수록, 우리의 절망감은 점점 더 깊고 커진다.

그러나 우리의 이런 운명은 바뀔 수 있다. 그것이 성서가 말하는 바다. 그것이 성서가 인류에게 전하는 희망이다. 그러면 어떻게 그것이 가능한가? 하나님이 우리의 절망스러운 삶을 희망이 가득한 삶으로 바꾸고 채우시기 위해 독자 예수 그리스도를 보내주셨다. "한 사람의 범죄로 말미암아 사망이 그 한 사람을 통하여 왕 노릇 하였은즉 더욱 은혜와 의의 선물을 넘치게 받는 자들은 한 분 예수 그리스도를 통하여 생명 안에서 왕 노릇하리로다"(롬 5:17). 그래서 우리는 예수 그리스도 안에서 우리의 새 생명을 얻게 된다. 사도 바울이 말하는 것처럼, 우리는 그 안에 있으면 새로운 피조물이다(고후 5:17).

우리가 예수 그리스도 안에 있다는 것은 무엇을 의미하는가? 예수 그리스도를 나의 구원자로 영접하는 것을 말한다. 우리가 예수 그리스도를 믿으면, 우리는 그분으로부터 영원한 생명을 얻게 된다. 사망에서 생명으로, 절망에서 희망으로 옮겨지는 것이다. 그래서 예수 그리스도는 마지막 아담이다. 마지막 아담은 첫 번째 아담이 가져온 죽음을 생명으로 바꾸어 놓으신 분이다. "기록된바 첫 사람 아담은 생령(a living being)이 되었다 함과 같이 마지막 아담은 살려 주는 영(a life-giving spirit)이 되었나니"(고전 15:45).

그런데 마지막 아담 예수 그리스도는 부활의 첫 열매이다. 사도 바울은 이렇게 말한다.

> 또한 그리스도 안에서 잠자는 자도 망하였으리니 만일 그리스도 안에서 우리가 바라는 것이 다만 이 세상의 삶뿐이면 모든 사람 가운데 우리가 더욱 불쌍한 자이리라 그러나 이제 그리스도께서 죽은 자 가운데서 다시 살아나사 잠자는 자들의 첫 열매가 되셨도다 사망이 한 사람으로 말미암았으니 죽은 자의 부활도 한 사람으로 말미암는도다 아담 안에서 모든 사람이 죽은 것 같이 그리스도 안에서 모든 사람이 삶

을 얻으리라. (고전 15:18-22)

　예수 그리스도는 영원한 생명이시기 때문에 죽음이 그분을 죽일 수 없었다. 오히려 그분이 나중에 사망을 사망케 하실 것이다. 성부 하나님이 아들을 죽은 자들 가운데서 다시 살아나게 하셨다. 그것이 부활이다. 우리가 그분을 믿고 살면, 부활의 첫 열매를 통해 우리는 부활의 마지막 열매가 된다.

> 그러므로 우리가 그의 죽으심과 합하여 세례를 받음으로 그와 함께 장사되었나니 이는 아버지의 영광으로 말미암아 그리스도를 죽은 자 가운데서 살리심과 같이 우리로 또한 새 생명 가운데서 행하게 하려 함이니라 만일 우리가 그의 죽으심과 같은 모양으로 연합한 자가 되었으면 또한 그의 부활과 같은 모양으로 연합한 자도 되리라…만일 우리가 그리스도와 함께 죽었으면 또한 그와 함께 살 줄을 믿노니 이는 그리스도께서 죽은 자 가운데서 살아나셨으매 다시 죽지 아니하시고 사망이 다시 그를 주장하지 못할 줄을 앎이로라. (롬 6:4-5, 8-9)

　예수 그리스도 안에서 우리도 생명의 부활을 경험하게 될 것이다. 예수 그리스도의 부활이 우리의 것이 될 것이다. 그리고 그 이후로 영생하시는 하나님과 함께 그의 나라에서 영원히 살게 될 것이다. 그것이 장차 도시(도성)에서 생길 일이다. 곧 영원한 생명의 도시(도성)인 하나님의 나라에서 생길 일이다. 그것에 대해 조금 더 이야기하면 다음과 같다.

도시에서 생길 일

사도 요한은 하나님이 보여 주신 환상을 통해 이렇게 썼다.

> 내가 속히 오리니 네가 가진 것을 굳게 잡아 아무도 네 면류관을 빼앗
> 지 못하게 하라 이기는 자는 내 하나님 성전에 기둥이 되게 하리니 그
> 가 결코 다시 나가지 아니하리라 내가 하나님의 이름과 하나님의 성
> (city) 곧 하늘에서 내 하나님께로부터 내려오는 새 예루살렘의 이름과
> 나의 새 이름을 그이 위에 기록하리라. (계 3:11-12)
> 또 내가 보매 거룩한 성 새 예루살렘이 하나님께로부터 하늘에서 내
> 려오니 그 준비한 것이 신부가 남편을 위하여 단장한 것 같더라. (계
> 21:2)
> 성령으로 나를 데리고 크고 높은 산으로 올라가 하나님께로부터 하늘
> 에서 내려오는 거룩한 성(the Holy City) 예루살렘을 보이니 하나님의 영
> 광이 있어 그 성의 빛이 지극히 귀한 보석 같고 벽옥과 수정같이 맑더
> 라. (계 21:10-11)

하나님의 좋은 창조는 창조세계의 지배자가 되고자 했던 아담과 하
와가 사탄의 꾐에 빠짐으로써 깨어지고 모든 피조물에 고통이 찾아들
었다. 인간은 하나님의 생명을 상실하고 영적으로 죽은 존재가 되었
다. 하지만 성서의 이야기는 그것으로 끝나지 않는다. 성서의 이야기
는 하나님의 구원 계획안에서 그 마지막 장을 향해 유유히 진행된다.
그 마지막 장은 새 하늘과 새 땅의 세계, 새 창조의 세계이다. 그것이
이루어지는 곳이 도시다. 도시는 하나님의 구원계획이 완성되는 곳이
다. 도시에서 이루어지는 하나님의 새로운 세상은 새 하늘과 새 땅이

다.

죽음이 인간의 삶의 마지막이 아니듯이, 심판은 성서가 말하는 인간의 삶의 마지막 이야기가 아니다. 기독교 이야기의 마지막은 구속함을 받은 백성이 하나님과 함께 하나님의 나라, 곧 '하나님이 사랑하시는 아들 예수 그리스도의 나라'(골 1:13)에서 하나님께 영광을 돌리면서 영원히 사는 것이다. 그것이 성서의 각 부분이 말하는 것이고 성서의 마지막 책인 요한계시록이 전하는 궁극적인 메시지이다.

새 하늘과 새 땅의 희망은 우리로 처음 창조인 에덴동산의 이야기로 돌아가게 한다. 새 하늘과 새 땅이 되면, 처음 인간이 타락하기 전에 하나님과 자기 자신과 이웃과 창조세계에서 누렸던 복된 삶을 다시금, 그러나 훨씬 더 좋은 모습으로 다시는 깨어짐 없이 하나님의 통치 안에서 영원히 누리게 될 것이다. 도시에서 생길 일은 동산에서 생긴 일을 바꾸어 놓게 될 것이다. 고통을 웃음으로, 슬픔을 기쁨으로, 나뉨을 하나 됨으로, 사망이 있는 유한한 삶을 사망이 없는 영원무궁한 삶으로, 절망을 희망으로 다시 바꾸어 놓게 될 것이다. 그래서 새 하늘과 새 땅은 영존하시는 하나님이 다스리시는 영원한 하나님의 나라, 곧 평화의 세계인 샬롬의 세계이다.

로널드 하버마스(Ronald Habermas)는 에덴동산에서의 아담과 하와의 삶, 이 세상에서의 우리의 삶 그리고 장차 도래할 하나님 나라에서의 성도의 삶의 특성과 관련하여 이렇게 말한다.

우리가 **좋은**(good) 이 현재의 삶에서 경험하는 것은 무엇이든지 (타락 이전) 에덴에서는 훨씬 **더 좋았고**(better) [장차] 하늘에서는 **가장 좋을**

(best) 것이다! 지금의 모든 친절, 아름다움 그리고 만족시키는 만남-이를테면, 궁핍한 사람을 돕는 것, 변함없는 사랑을 지니는 것, 힘든 하루의 일을 하는 것-은 하나님이 처음으로 에덴에서 사람들을 위해 만드신 친절, 아름다움 그리고 만족에서 비롯되었다(우리의 과거). 그것은 하늘에서 우리를 늘 기다려 온 완전한 즐거움들의 한 부분을 나타낸다(우리의 미래).

그 마지막 문장의 과거 시제 단어('기다려왔다')가 '우리의 미래'라는 말과 어떻게 조화를 이룰 수 있을까? 마태복음 25장 34절은, 영원한 나라와 그것의 모든 상급(rewards)은 실제로 '창세로부터' 예비되었다고 주장한다. 그러니까 하나님의 나라는 우리의 미래를 나타내지만, 부분적으로 그것은 또한 창조와 관련되어 있다. **과거의 영원성**(eternity past)은 **미래의 영원성**(eternity future)과 묶여 있다고 우리는 말할 수 있다.

그는 계속해서 말한다.

모든 시대 중에서 가장 중요한 사건은 하나님이 예수 그리스도를 통하여 자기 백성을 구원하신다는 것이 거의 틀림없다. 출애굽기 12장의 유월절은 구약에서 그 영광스러운 승리를 예시한다…누가복음 22장 14-20절[유월절 만찬]에서 그 메시아[예수]는 세 가지 모든 시기인 과거, 현재 그리고 미래를 연결시키면서, 단편적인 사실에서 어떤 결론을 도출하는 놀라운 가르침을 제시하신다. 영광된 시간 여행과 같은 것에서 (1) 예수님은 15절 하반절에서 분명하게 '유월절'을 언급하면서 하나님의 과거의 회복시키시는 사역을 인용하신다; (2) 예수님은 자신이 고난을 당하기 전에 제자들과 함께 이 마지막 만찬을 하기를 간절히 원하셨다고 고백하면서 하나님의 현재의 회복시키시는 사역을 선포하신다. 예수님은 곧바로 포도주와 빵에 대한 새로운 의미를 부여하시는데, 그것은 자신의 임박한 희생(15절 상반절과 17-19절)을 예언하신다. 그리고 ⑶ 예수님은 "내가 고난을 받기 전에 너희와 함께 이 유월절 먹기를 원하고 원하였노라"(16절)고 말씀하시면서 하나님의 미래에 있을 완성된 회복의 사역에 대한 자신의 기대를 알리신다.

하나님 안에 있는 예수 그리스도의 미래는 그리고 예수 그리스도 안에 있는 하나님의 미래는 분명 역사상 가장 좋은 것이 될 것이다. 유한한 현세에서는 그 실체를 경험적으로 다 느끼고 알 수 없을지라도, 그날이 되면 그것을 온전히 느끼고 알고 누리면서 참된 만족과 감사를 하게 될 것이다. 그러므로 우리는 환난과 핍박 중에도 그 영광의 시간을 향하여 믿음을 지키며 살아간다. 아브라함이 하나님이 약속하신 땅이었지만 이방의 땅과 같은 곳에서 장막에 거하면서도 "하나님이 계획하시고 지으실 터가 있는 성을"(히 11:10) 바랐던 것처럼, 우리는 모든 것이 지나가는 이 세상에서 '하나님이 자기 백성을 위해 예비하신 한 성, 곧 하늘에 있는 더 나은 본향'(히 11:6)을 사모하며 살아간다. 나그네의 정처 없는 발걸음이 아니라 순례자의 정처 있는 발걸음으로 그 본향을 향해 힘차고 희망차게 나아간다. 그것이 바로 하나님의 백성의 발걸음에 담긴 것과 다른 사람들의 발걸음에 담긴 것의 차이점이다.

우리가 그 본향에서의 복되고 영광스러운 삶을 누리며 살기 위해서는 오늘 바로 이 땅에서 예수 그리스도를 통해 하나님과의 관계를 회복하고 성령의 인도하심을 따라 하나님을 섬기며 살아야 한다. 인간에게 구원은 값없이 주시는 하나님의 은혜이지만 우리의 결단과 응답을 통해 받게 되는 값비싼 은혜이다. 믿는 사람들은 하나님의 자녀요 백성으로 이 은혜를 따라 살아감으로써 그날에 하나님의 거룩한 도시에서 영원히 주님과 함께 살게 된다. 그리고 그 때에 그곳에서 '믿음은 세상보다 달콤하다'는 것을 진정 경험적으로 알게 될 것이다.

> 내가 들으니 보좌에서 큰 음성이 나서 이르되 보라 하나님의 장막이 사람들과 함께 있으매 하나님이 그들과 함께 계시리니 그들은 하나님의 백성이 되고 하나님은 친히 그들과 함께 계셔서 모든 눈물을 그 눈에서 닦아주시니 다시는 사망이 없고 애통하는 것이나 곡하는 것이나 아픈 것이 다시 있지 아니하리니 처음 것들이 다 지나갔음이러라 보좌에 앉으신 이가 이르시되 보라 내가 만물을 새롭게 하노라 하시고 또 이르시되 이 말은 신실하고 참되니 기록하라 하시고 또 내게 말씀하시되 이루었도다 나는 알파와 오메가요 처음과 마지막이라 내가 생명수 샘물을 목마른 자에게 값없이 주리니 이기는 자는 이것들을 상속으로 받으리라 나는 그의 하나님이 되고 그는 내 아들이 되리라. (계 21:3-7)

아멘.